PALACIO DE INJUSTICIA

SIN ESPERANZA Y SIN MIEDO

Grandes Temas/76

Joaquín Navarro

PALACIO DE INJUSTICIA

SIN ESPERANZA Y SIN MIEDO

temas'de hoy.

Colección: Grandes Temas

Paseo de la Castellana, 28. 28046 Madrid
Fotografía de cubierta: Plata Negra
Primera edición: marzo de 1998
ISBN: 84-7880-907-4
Depósito legal: M-4.835-1998
Compuesto en Puntographic, S. L.
Impreso en: SITTIC, S. L.
Printed in Spain - Impreso en España

ÍNDICE

A Pura Mañas —consejera y amante— y a nuestros hijos Alicia, Susana y Joaquín. Con todo mi amor.

PRÓLOGO

Prologar es más difícil que epilogar. Incluso para el autor de la obra. Generalmente, los prólogos sobran. Casi todos suelen ser inanes, convencionales, aburridos o pretenciosos. Prologar un libro de otro implica la temeridad de adelantarse a su razón. Para ofuscarla con vapores de incienso o para diluirla en divagación. Ni la amistad disculpa el riesgo de introducir al entendimiento de otra razón que, pese a las concomitancias de sensibilidad y percepción, en este caso evidentes, no deja de ser un producto objetivado del talento ajeno. Que, si logra expresar algún tipo de sentimiento inefable, debe ser comprendido y admirado, sin mediaciones, como se hace con las obras de arte.

Por eso no ha sido la íntima y cabal amistad con el autor, sino la viva emoción moral y estética que me ha producido la rápida lectura de su libro, lo que me impulsó a escribir *in continenti* este espontáneo prólogo de fantasía a una obra fantástica.

Por conocer muy bien lo relatado en el libro, y haberlo visto y vivido desde la misma trinchera que el autor, tal vez yo no sea el más indicado para hablar de la sinceridad y la exactitud del relato. Pero justamente por eso, porque no podía tener curiosidad por saber lo que ya sabía, por enterarme de lo que objetivamente dice el libro, toda mi atención y toda mi capacidad de percepción se centraron, sin proponérmelo, en el modo de decir y de contar el autor esos previsibles y dramáticos episodios españoles que han puesto al desnudo las miserias de la justicia legal. He visto en ellos, más que leído, la historia universal de la injusticia.

No es lo que dice y denuncia el autor lo que produce, para mí, el fascinante atractivo de su obra. Tampoco creo que lo sea, para toda persona sensible, lo que tiene de normalidad en su explícita oposición radical y en su crítica implacable a la justicia del príncipe. Ni siquiera lo será, para un espíritu científico, la incondicionada entrega del autor a la verdad que permanentemente sacrifica el sistema, en aras del más pequeño bienestar de los altos tribunales y del mayor poder político de sus patronos.

El famoso juez Navarro encuentra y transmite la medida de su humanidad y de su talento, como creador de una obra literaria, en la forma plástica de representar, con un retablo palaciego de los altos dignatarios de la justicia, de por sí insignificantes, el drama histórico de la injusticia del príncipe. Los personajes retratados, sin facciones ni perfiles individualizados, pasarán y se olvidarán. Pero sus inicuas acciones y el modo servil de cometerlas permanecerán. Es la ley de todos los sistemas, pasados o presentes, que hacen depender la promoción de los funcionarios judiciales del favor o de la confianza del poder político.

El texto de Joaquín Navarro, como buen libro de historia coetánea, siendo de palpitante actualidad es, sin embargo, intemporal. Y ahí, en esa rara abstracción de los sentimientos y pasiones personales, en ese elegante distanciamiento de la circunstancia, encuentro yo el secreto del gran humanismo renacentista y de la fascinación que aún nos causan sus inmortales obras de arte.

Joaquín Navarro ha concebido y redactado su libro literalmente al fresco y al temple, sin pastas untosas ni barniz lustroso. Se limita a narrar tranquilamente el triunfo, en estrados, de la mentira sobre la verdad, como si estuviera decorando los muros interiores del Palacio de Justicia de Madrid, al modo de aquellos dos artistas del realismo crítico, Cosme Tura y Del Cossa, hijos de zapatero y de albañil, cuando pintaron al duque Borso saliendo del Templo de la Justicia de Ferrara para partir de caza.

Allí está, decorando el Palacio de Schifanoia en tres escenarios de un mismo mural, la representación artística de lo que Navarro llama cortésmente «la justicia que complace al príncipe». A la derecha, glosadores de derecho romano cubren la espalda del duque a su salida del Templo de la Justicia. El canonista más anciano le despide con parsimoniosa y solemne gratitud por las sentencias que el príncipe, ignorante del latín, porta en su mano derecha. A respetuosa distancia, un humanista lo mira de frente, sin temor ni esperanza, mientras sostiene a una viuda que, fuera ya del edículo, hace humilde ademán de entregar al duque la solicitud de justicia redactada por el valeroso letrado. Pero un edecán salta presuroso para cortarle el paso. Y por el otro lado se le acercan entrelazados sus dos jóvenes favoritos, vestidos con medias de seda y lujosas túnicas adamascadas, apretadas en la cintura para que vuelen sus plisadas y acartonadas minifaldas.

A la izquierda, un grupo de expertos jinetes rodean al príncipe. Todos montan, con elegancia clásica y larguísimas espuelas, en sus caballos lujosamente enjaezados. Un palafrenero arrodillado se afana en la tarea. Los perros husmean al pie de los caballos. Y el majestuoso Borso, para no molestar al halcón ya posado en su antebrazo, extiende con quieta energía su mano derecha, libre de papeles engorrosos, dando la orden de partida al nervioso guía que no sabe hacer volver a su cabalgadura, sin encabritarla, para encabezar la marcha de la brillante cabalgata.

Finalmente, la expedición de cetrería se aleja por arriba, hacia el horizonte, después de pasar delante de los obreros que están iniciando la construcción de un techado de madera. Mientras tres de ellos continúan imperturbablemente absortos en su trabajo, el cuarto, más joven y atildado, llama la atención de la comitiva con saludos y aspavientos afeminados, impropios de su clase.

A pesar de la calidad de esta pintura, tan bella como dura, su composición en tres perspectivas le impide transmitir, en una sola emoción, la acerba crítica que contiene a la concepción del mundo que la inspira. La justicia que complace al príncipe deja fuera de su protección a viudas, huérfanos y obreros.

En la composición de su libro, Navarro no incurre en ese error de dispersión de la perspectiva que Leonardo da Vinci reprochó a las narraciones de los muralistas del Quattrocento. Para evitar la visión casuística de los males tratados en su texto, sin caer en la parcialidad de toda monografía, y para impedir que unos puedan ser considerados como causantes de los otros, como si el vicio estuviera en los genes judiciales, el autor compone su obra como aconsejaba aquel genial hijo de notario.

Una sola perspectiva para toda la serie de escenas de Injusticia y un solo punto de vista, a la altura del lector, para todo el escenario. Navarro ha logrado conjugar así, con meras letras impresas y sin efectismos de estilo literario, sentimientos encontrados de repugnancia a lo retratado y de amor a la verdad sacrificada; de melancolía por la degradación de sus compañeros y de confiado entusiasmo por la falta de miedo en sus amigos; de esa tristeza y de esa alegría que sólo podemos sentir de modo simultáneo y confuso en las emociones estéticas de la sinfonía musical o de la sincronía pictórica en una gran composición. El autor confiesa la dificultad de la síntesis sentimental al adoptar la divisa *quattrocentista*: «Sin esperanza y sin miedo.»

La unidad de perspectiva ha sido lograda, sin artificio, porque el complicado problema de la Injusticia frente a la Justicia, tan difícil de plantear en términos de objetividad científica, ha sido deliberadamente identificado por Navarro, en la esfera penal y procesal, con la sencilla cuestión de la mentira frente a la verdad en los hechos justiciables.

Todas las escenas pintadas en el libro (desde las de un poderoso editor sin escrúpulos en la administración del dinero ajeno a las de un jefe del Gobierno y sus ministros disponiendo de las vidas, las famas y los fondos públicos o privados; desde las de la terca persecución de fiscales honestos, la perseverante recusación del juez íntegro imputado de conspirar con sus amigos para delinquir, la protección y promoción de los magistrados corruptos o las escuchas de los servicios secretos del Estado a la intimidad de las vidas privadas y la negación de auxilio a la justicia en los crímenes de la autoridad; desde las de castigo a los insumisos y presos de ETA a las de permanente maniobra fraudulenta de la jurisdicción militar y demás jerarquías judiciales en la vida de los procesos políticos) han sido escrupulosamente descritas por Navarro, no como actos meramente ilegales, cometidos por error, ignorancia o iniquidad, sino como productos deliberados de la pura mentira, como fundamento fáctico de las decisiones que, sin mentir, estigmatizarían a los patronos de la justicia.

Podemos preguntarnos con razón si es o no lícita esta reducción de la justicia penal y procesal a la Verdad. Navarro no lo hace expresamente. La justicia-legal, única de la que trata el libro, es cosa bien distinta de la justicia-virtud. Una persona legal puede ser una persona injusta. Y una persona verdaderamente justa tiene que ser a veces ilegal. Se puede ser verdadero e injusto. Aunque difícilmente, y al mismo tiempo, justo y falaz. Pero éste es un problema de índole moral que no está planteado en el libro. Lo que invita a reflexión, viendo los impresionantes interiores dibujados en el texto, es una cuestión de índole jurídica.

Si la justicia penal no se reduce a la Verdad, ¿qué debemos pedir a un buen juez?; ¿que sea justo o que sea veraz?; ¿que falle en conciencia o que se atenga ciegamente a las consecuencias legales de la verdad del hecho investigado? Donde rige el sistema del precedente judicial, lo que se espera del juez penal es que sea justo. Pero aquí lo más y mejor que se puede esperar de un juez es que sea legal. Es más fácil ser un buen juez aquí que allí.

Entre nosotros no se puede decir en rigor que los jueces pueden ser justos o injustos. Eso sólo se puede predicar de las leyes que aplican. Las leyes sí son justas o injustas. Pero nuestros jueces sólo pueden ser correctos o incorrectos. Y para ser correctos necesitan cumplir dos condiciones: ser veraces en la estimación de los hechos, con posibilidad de errar pero no de mentir (como buenos detectives o rigurosos científicos), y ser legales en la estimación de sus consecuencias, lo que implica un perfecto conocimiento del derecho penal. Correcto y derecho son dos sinónimos del mismo apego a la justicia de la verdad.

Lo que Navarro nos hace contemplar, desde esa única perspectiva leonardesca que nos hace confundir, en este caso, la Justicia con la Verdad, no es que un sistema sin separación de poderes, como el nuestro, no pueda producir jueces y fiscales correctos, pero sí que, en los juicios penales contra miembros del poder político o de su círculo de apoyo, ese juez correcto no podrá actuar con independencia en su juzgado o en su sala, ni ocupar cargos de responsabilidad en la organización judicial. Y que si no pierde su carrera es por la protección social que le da el escándalo. Para disminuir esa protección, los medios de comunicación afines al poder difaman por sistema a los jueces y fiscales correctos.

Pero el mérito principal de esta composición sobre el Palacio de Injusticia no está tanto en esa singular perspectiva, que le ha permitido dar unidad argumental a una gran serie de narraciones independientes, como en el punto de mira elegido para pintar tan colosal fresco. Un punto de observación que le permite presentar el espectáculo a la altura de los ojos del lector, sin necesidad de rebajar la línea del horizonte mayestático que da sentido político a la composición. Es el truco de Leonardo en *La última cena.* Poner a todos los actores en estrado o, más bien, en un teatrillo de guiñol. Situar la acción en un teatral interior.

Leonardo, sin embargo, no cumple en ese soberbio Cenáculo su propia preceptiva. Ciertamente, la composición unificada está situada casi al nivel del ojo del espectador. Pero como no ha pintado el escalón del basamento elevado sobre el que reposa la mesa, y ésta ocupa el primer plano de lo pintado, la composición parece estar metida en un nicho abierto y a punto de resbalar a los pies del espectador. La línea del suelo no es la que está en lo pintado, sino la que el espectador pisa. No se ve lo mismo una pintura de lienzo o tabla de caballete que una de mural.

Este inconveniente lo evita Ghirlandaio, no sólo dibujando en perspectiva lineal todo el basamento o estrado donde se apoya la acción de *La Cena*, sino sentando incluso de espaldas uno de los apóstoles a este lado de la mesa, para dar perspectiva aérea a los cuerpos presentados de frente y distanciar al espectador de la acción principal. Pero ese efecto lo consigue Leonardo por su maestría en el color y el movimiento. El ritmo de alejamiento o de acercamiento de los cuatro grupitos de apóstoles al centro de la mesa, presentados de escorzo, permite dejar sólo a Cristo de cara al espectador. Leonardo es tan superior en todo lo que hace que su Cenáculo seguirá siendo *La última cena* que se retiene.

En el libro de Navarro no existe el riesgo de que el lector vea lo que pasa en la justicia como una acción, lejana o intimista, que tiene lugar en un mundo cerrado del que él no forma parte. Finos hilos dorados, como los de un guiñol, sujetan por arriba a los muñecos judiciales que los poderes políticos y económicos manejan a distancia. Sin la corrupción sistemática de los patronos sería inimaginable la de los funcionarios judiciales. Y lo que cuenta Navarro del mundo de la Alta Justicia no es diferente, salvo en la mayor mezquindad que origina el menor poder, de lo que sucede en el mundo de la Alta Política y la Alta Finanza, que es donde se condiciona la vida cotidiana de los gobernados.

La composición del libro nos da una visión impresionista de la injusticia servicial que reina en la cabeza —por señalar un sitio visible aunque no pensante— del sistema judicial. La impresión pesimista de la narración inicial (dedicada al Consejo del Poder Judicial y a su Libro Blanco de la Justicia, a la presidencia de la Sala II del Supremo y a la Audiencia Nacional, es decir, al sistema de reparto del botín) queda de sobra aliviada con las divertidas anécdotas profesionales de los actores que danzan al son del poder en los altos tribunales.

Pero donde el libro de Navarro alcanza su mayor fuerza expresiva, donde comunica la vibrante emoción de sus encontrados y vivos sentimientos, es en la narración de las escenas que describen la progresión judicial de la mentira, la traición, la ignorancia, la envidia y la calumnia (Sogecable, fiscales leales, recusación de un juez correcto, traición de otro juez incorrecto, causa especial) y en las violentas escenas finales que retratan la regresión de la justicia a la dureza de la Edad Media, por la maldad, el rencor, el miedo, el infantilismo y la suspicacia de la política represiva en asuntos relacionados con la esfera militar (presos de ETA, insumisos, jurisdicción militar, seguridad del Estado).

Tanta es la fuerza plástica de los sentimientos retratados en la segunda mitad de este libro, y tan concretos son los personajes togados que en esos episodios arrinconan y machacan a la Verdad con el arma del rumor maledicente y la solemne calumnia, que la narración de Navarro nos lleva directamente, como si él mismo la estuviera viendo, a la más genial representación pictórica del repudio de la Verdad. Me refiero, claro está, a la *Alegoría de la Calumnia* pintada por Botticelli (hoy en los Uffizi) siguiendo en lo esencial la descripción que hizo Luciano de un cuadro de Apeles, el más grande de los pintores de la antigüedad.

Sentado en estrados, a la derecha de una gran Cámara Real de Justicia, un alto magistrado con orejas de asno y gesto de abatida resignación se inclina hacia adelante y extiende su mano, con fatigada elegancia, hacia el abogado de la Calumnia, vestido de negros jirones, para que haga la acusación calumniosa. De pie sobre el estrado y a cada lado del magistrado, la Sospecha y la Ignorancia, dos mujeres, se retuercen en escorzo hacia la cabeza juzgadora, para levantarle las orejas y susurrarle por cada oído lo que ellas saben aconsejar. A este trío lo respalda la tradición cultural del Estado, con sus esculturas de poder y de gloria.

Al pie de estrados, el acusador de mirada penetrante levanta su brazo izquierdo jurando con la mano extendida que dirá la verdad. La Calumnia, una mujer hermosa, intenta adelantarse a las dos que la preceden como testigos de la acusación. Su movimiento es tan violento que una de ellas, la Traición, tiene que defenderse, con su antebrazo y codo levantados, para no ser atropellada. La otra, la Envidia, es una mujer de belleza virginal que porta, en su mano izquierda, la antorcha encendida que prenderá el rencor del magistrado. Con la otra mano arrastra por el suelo, tirándole de los cabellos, al pobre calumniado, un joven desnudo con las manos juntas, en beata actitud de súplica al cielo.

Arrastrando los pies, con la cabeza vuelta hacia atrás, y a la cola del grupo calumniador, una mujer vestida de luto y embozada en un manto negro expresa el Arrepentimiento a la última mujer que figura en la escena completamente separada de la procesión. Esta última mujer es la Verdad. Plena de espiritual hermosura, completamente desnuda, marginada de la acción, la Verdad levanta su mirada y su dedo índice al cielo, indiferente al juicio de los demás y a la mirada lacrimosa del Arrepentimiento.

En el cuadro de Apeles, según la descripción de Luciano, figuraba otra mujer junto a la Calumnia representando al Engaño. Botticelli la ha suprimido. Probablemente porque está ya representada dentro de la Traición, y porque habría impedido el amplio movimiento de la Calumnia dentro del espacio marcado para la composición.

No sé si Joaquín Navarro conoce este duro cuadro de Botticelli, donde nadie lucha, como él, por el derecho. El calumniado y la Verdad se resignan al triunfo judicial de la mentira. En esto se diferencia el cuadro italiano de la historia española contada por Navarro. Pero es él quien le pone nombres y apellidos españoles a los personajes de Botticelli. Basta leer la recusación de Gómez de Liaño y la causa especial para que el lector identifique sin dificultad a la Ignorancia y la Sospecha que soplan al instructor de cada proceso, a la Calumnia que se precipita hacia el estrado, a la Traición que tiene miedo de ser atropellada, a la Envidia que enciende el Rencor, al calumniado arrastrado por los suelos a manos de la Envidia, al abogado denunciador, perjuro de mirada penetrante y alma de mendigo asalariado, al Arrepentimiento que lloriquea su flaqueza y a la Verdad que permanece indiferente a la difamación.

Otras personas retratadas por Navarro, y especialmente una mujer extraordinaria, no están eternizadas en la pintura de Botticelli. Me refiero a la habitual presencia en los procesos sociales de difamación de otros prototipos humanos que también son objeto de persecución y discriminación. Son los amores, los familiares y las amistades de los calumniados. Sobre todo cuando tienen una personalidad destacada como, en este caso, la del padre, la mujer amada y los amigos del calumniado. El autor del libro incluido. Este pequeño grupo sí ha luchado por el derecho a la verdad. Y aunque no ha podido obtener aún la reparación del daño causado por las calumnias, ha impedido al menos que la fiscal fuera *derelicta*, como la mujer de otro célebre cuadro de Botticelli, y que el juez perdiera la confianza de la opinión pública.

En las épocas de represión o consenso, lo primero que sufre es la Verdad y la libertad de expresarla. Navarro la expresa. Pero una parte de ella, la más grave, de forma implícita. No sería posible entender la incorrección judicial que Navarro denuncia a lo largo de su libro (GAL, Filesa, Cesid, ETA, insumisos y jurisdicción militar) sin la corrupción concreta y personal de las altas jerarquías del Estado, del Gobierno y de los grandes medios de comunicación. Todo el mundo informado lo sabe. Pero nadie se atreve a decirlo expresamente. Salvo los artistas del humor y, de modo elíptico, algún periodista.

En todas las épocas de corrupción de las costumbres ha sucedido lo mismo. Incapaz de comprender la razón y el secreto de Estado, el pueblo culpa a la justicia de la impunidad de los crímenes políticos o de los políticos. Y, contra lo que podía esperarse, estima menos, y desprecia más, a la institución judicial que a las que la corrompen. Los magistrados, jueces y fiscales tienen en España menos prestigio que los políticos y los periodistas. Esta degradación ha sido muy rápida. Y la causa fundamental está en el comportamiento miserable de los altos tribunales en esos asuntos capitales analizados en el libro.

Aunque, bien pensado, el rebajamiento de la justicia al último grado en la escala de los prestigios institucionales tiene fácil explicación social. Es normal que se desprecie más a un subpoder corrupto que al poder corruptor, al empleado que delinque que al patrón beneficiado con el crimen de aquél. Y una justicia de patronazgo, como la española, siempre será un poder subordinado al de los patronos y, en consecuencia, un subpoder sin autoridad y sin prestigio social.

Aquí no ha bastado la mentira para sepultar la verdad. Ha sido necesario que el subpoder judicial se imponga, además, por la fuerza ejecutiva del poder político y militar. Tan fuerte es el sentimiento de la arbitrariedad judicial en favor de la inmunidad de los crímenes políticos y de políticos que, a pesar de todo lo mal hecho por los tribunales, para retrasar o impedir el buen fin de esos procesos judiciales, todavía se habla de indultos y de no mirar al pasado, desde la misma jefatura del Gobierno y desde los principales medios de información. No mirar al pasado supone la liquidación de la justicia, la destrucción de la balanza y de los platillos que sólo sopesan actos pretéritos y no preteridos.

En la primera mitad del siglo XIV, el culto Ambrosio Lorenzetti pintó monumentales frescos, en el Palacio Público de Siena, sobre las famosas alegorías del Buen y del Mal Gobierno. En el bueno la Justicia es producto de la Sabiduría y causa de la Concordia. Pero en el Mal Gobierno, el Poder tira por tierra a la Justicia, destruye la balanza y los platillos, y en su lugar pone a la Soberbia, con un yugo en la mano, para que cause la Discordia. La impresionante pintura ilustra las consecuencias que produce la destrucción de la balanza y los platillos: lanzas y soldados aprisionando y guardando presos. Manuel García Pelayo hizo una meritoria interpretación de las alegorías de Lorenzetti y luego sustituyó la balanza de la Justicia por el yugo de la Soberbia, a causa de la razón de Estado, en el caso Rumasa.

Hoy, la justicia está por los suelos en las encuestas sociales. En los capítulos finales, referentes a los presos de ETA, a la jurisdicción militar y a los insumisos, el juez Navarro retira las últimas voladuras ideológicas de la justicia para mirar de cerca y de frente su grotesca cara, infantilmente violenta, y el formidable aspecto de su porte guerrero. Esta vez su relato nos evoca una representación escultural de la justicia realizada en Rímini, durante la segunda mitad del siglo XV, por Agostino di Duccio, para el Templo Malatestiano.

Desgraciadamente ya no podemos contemplar aquella escultura. Los bombardeos de la última guerra mundial destruyeron aquel famoso templo, obra maestra del humanista Leon Battista Alberti. Allí estaba la *Alegoría de la Justicia* más extraña del Renacimiento. Una irritada y jovencísima doncella, cubierta de pies a cabeza con una agresiva armadura, blande amenazadoramente su descomunal cimitarra, levantada ya por su macizo brazo derecho para asestar el golpe mortal, a la vez que su brazo izquierdo sostiene con femenina ligereza la balanza, en forma de yugo, de la que penden dos pequeños platillos. El movimiento de su cuerpo, proyectándose sobre el espectador; la expresión de su imperativa cara, decidida a suprimir toda contrariedad; el cincelado de su coraza como piel de saurio, y la desproporción del colosal armamento daban a la representación de la justicia del príncipe el aspecto terrorífico que mejor respondía a la mujer retratada: *diva* Isotta de Rímini, tercera esposa de Sigismondo Pandulfo Malatesta y asesina de la segunda.

La escultura terrible, aunque no fuera probablemente un retrato carnal de Isotta, se identifica a la perfección con los símbolos y gestos de su tiranía. Ignoro si algún crítico de arte se ha preocupado de estudiar el origen y el porqué de esta insólita escultura. Su autor, el florentino Duccio, era un especialista del relieve plano y de las figuras femeninas elegantes y dulces. Si no fuera por la prueba documental, nadie le hubiese atribuido esta maciza y cruel escultura exenta. En ella se ven las huellas de un discípulo de Donatello. Es evidente que la hizo por encargo y también, en mi opinión, según las directrices de su cliente.

Mi opinión se basa en el parecido que esta Justicia tiene con una medalla en relieve de Isotta (firmada por Mateo da Pasti, que era precisamente el director de obras del Templo Malatestiano) y con una pintura de San Miguel, hoy en el

Louvre, debida al ferrarés favorito del duque Borso, Ercole de Roberti. La medalla, fechada en 1446, es anterior a la escultura de la Justicia. La pintura de San Miguel, inmediatamente posterior.

La medalla realza el perfil de una doncella con la inscripción: ISOTE-ARIMINENSI-FORMA-ET-VIRTUTE-ITALIE-DECOR. En el reverso, una colosal matrona sentada de frente en dos elefantes de grandes colmillos, colocados uno junto a otro pero en dirección opuesta. El manto y los pies de la mujer coronada llegan al suelo. Su armadura es como piel de saurio. Sobre su regazo, los brazos sostienen en el aire una inmensa columna que comienza a quebrarse. El elefante es emblema de la casa Malatesta. La similitud de detalles y de símbolos de fuerza con los de la Justicia son evidentes.

El San Miguel de Ercole de Roberti deriva clara y directamente de la *Alegoría de la Justicia* de Agostino di Duccio. La escuela pictórica de Ferrara, iniciada por Cosme Tura, obedece a modales artísticos de un realismo caricatural muy alejado del refinado realismo idealista de los artistas florentinos. Y Rímini estaba bajo la influencia del gusto estético ferrarés. Agostino debió interpretar la alegoría de la justicia humana tan adecuadamente a este gusto que mereció ser considerada por Roberti como modelo para su San Miguel. Este arcángel, pisando y lanceando a un ángel insumiso, convertido en negro y pequeño demonio cornudo, suspende de su mano izquierda la liviana balanza de la Justicia Divina. La armadura de la Justicia humana y de la divina es exactamente la misma en la escultura y en la pintura. Y también la cara del joven San Miguel, más grotesca aún que la de Isotta, denota la determinación airada de la fuerza del Poder para abatir a los insumisos.

El libro de Joaquín Navarro me ha transportado al mundo de las imágenes y representaciones artísticas de la Justicia. Cuando empecé a escribir este prólogo sabía, por el poco tiempo del que disponía, que no podría hacer otra cosa que transmitir a los lectores las impresiones fantásticas que me causó su texto. He procurado hacerlo con la espontaneidad y la libre intromisión con que las imágenes plásticas de la Justicia iban interrumpiendo mi rápida lectura, en los momentos en que el texto las convocaba. De este modo creo haber conseguido que sea el propio autor quien ilustre artísticamente su obra con este prólogo. Y mi aportación ha consistido en prestarle estas descoloridas láminas artísticas. Las que tenía en la memoria.

ANTONIO GARCÍA-TREVIJANO

CAPÍTULO UNO

LA JUSTICIA QUE COMPLACE AL PRÍNCIPE

«No amo particularmente a los jueces. Los he conocido en los tribunales como perjudicado y como imputado. Y en ambos casos he tenido ocasión de pensar de ellos bien y mal; unas veces muy bien, otras muy mal. Sin embargo, siempre he rechazado poner mi justificada desconfianza al servicio de un poder que durante todo un decenio ha buscado tenazmente y sin pudor, atacando a la magistratura, neutralizar cualquier forma de control de la legalidad para afirmar su propia impunidad.»

Nando dalla Siesa, *Il giudice ragazzino.*

«La sociedad ha sido producida por nuestras necesidades y el gobierno por nuestra maldad; la primera promueve nuestra felicidad positivamente, uniendo entre sí nuestros afectos; el otro crea las diferencias. La primera protege, el segundo castiga. La sociedad es bajo cualquier condición una bendición; el gobierno, incluso en su forma mejor, no es más que un mal necesario; en su forma peor es insoportable.»

Tom Paine, *Common sense.*

La justicia que complace al príncipe es, en primer lugar, la del privilegio. La igualdad como principio, la desigualdad como sistema. El fuero como norma y la inmunidad como fin. Es la que procura por encima de todo la impunidad del poder en medio de grandes protestas de seguridad y democracia. El derecho y los jueces son un instrumento de la política, y el llamado poder judicial una herramienta que el poder real puede utilizar a su arbitrio al servicio del Estado. La razón jurídica del Estado de derecho queda subordinada a la razón de Estado. La seguridad jurídica, al orden público. Las exigencias de justicia, a los criterios de oportunidad y conveniencia. Si los máximos responsables de crímenes de corrupción o terrorismo de Estado forman o han formado parte de la «clave de bóveda» del sistema político, de tal forma que su incriminación puede hacer estallar la urdimbre y la trama de los consensos que están en la base de ese sistema (consenso político, consenso institucional y consenso jurisdiccional), que respondan todos menos los máximos responsables. El «príncipe» es inviolable. No responde, como los dioses. El poder judicial no pasa de ser un subpoder. Juzga y hace ejecutar lo juzgado siempre que no invada la «justicia de palacio» o no toque el corazón del sistema.

Es el «príncipe» el que protege al derecho, no el derecho al príncipe. Sir Edward Coke sigue desvanecido en el suelo después de ser acusado de traición por el rey Jacobo I. Fue el 13 de noviembre de 1608, en Londres. El rey acababa de proclamar la buena nueva de la justicia que complace al príncipe: él era el juez supremo y todos los tribunales estaban bajo su autoridad. Coke, justicia mayor, no se aquietó ante ese evangelio y dijo con entereza: «La *common law* protege al rey.» Jacobo estalló coléricamente: «Esa afirmación constituye traición; el rey protege al derecho, no el derecho al rey; el rey hace a los jueces y a los obispos.» Edward Coke cayó fulminado, pero su tesis sigue en pie como divisa de cualquier justicia independiente que no admite la «protección» del poder de turno porque admitirla es someterse a él. Como los que se pliegan al canon de protección de los gángsters. O a los llamados «pactos de Estado por la justicia». Suelen ser pactos de impunidad para los poderosos. La justicia que complace al príncipe sigue protegiéndolos del derecho y contra el derecho. Todo príncipe que se precie intenta estar por encima de sus leyes. Casi siempre lo consigue.

Se manifiesta, en segundo lugar, como derecho de excepción frente a los «enemigos» del sistema. Normas de emergencia, policías que se convierten en jueces, jueces que se convierten en policías, tribunales especializados, política penitenciaria con designios pretorianos y represivos, etc. Es la delincuencia de «lesa majestad», y con ella no vale la dialéctica inocente-culpable, sino la de amigo-enemigo. Tampoco cabe el derecho ordinario. Es preciso un derecho extraordinario. El maestro Carrara hablaba del «terrible y fantasmagórico delito de lesa majestad», y añadía: «Lo llamo terrible porque se apoya en millones de cadáveres y fantasmagórico porque su designio es sustituir los preceptos de la justicia por los fantasmas del miedo y por principios excepcionales.» [1]

La justicia de excepción prescinde de la razón jurídica, pero no de la apariencia de justicia para crear un derecho penal, procesal y penitenciario al servicio de la razón de Estado. A esto se le llama «aplicar todo el peso de la ley», o «ir a por ellos, pero con la ley en la mano». A la pena legal de privación de libertad se añaden penas no escritas, pero tan eficaces como aquélla. Son las que Ferrajoli llama «penas en las penas». Si el «enemigo» deja de serlo se le conceden «premios en las penas». El dominio político de la recompensa y del castigo es característica esencial del derecho de excepción propio de esta justicia que complace al príncipe.

Su tercera manifestación es la de siempre: la represión de la delincuencia más común y ordinaria. Son las leyes, los procesos, las penas y las cárceles de toda la vida. Ni privilegio ni emergencia. Es el derecho penal más típico, el de los que son verdaderamente «iguales». Con ellos no existe sobresalto alguno, y el consenso político y social de «extrañarlos» el mayor tiempo posible es prácticamente unánime. No son rehenes de nadie. Sus crímenes no son nunca impunes. Ni se les distingue como enemigos ni se les cubre con

---

[1] *Programma*, parte especial, pág. 514.

mantos de impunidad. Para ellos, la «cárcel liberal». El máximo rigor con los más débiles y, encima, si pertenecen a las capas más bajas del lumpen-proletariado, sin seguridad jurídica. Para ellos las palabras de Montesquieu: «No hay tiranía más cruel que la que se ejerce a la sombra de las leyes y con apariencia de justicia, cuando se ahoga a los desgraciados en la misma tabla en la que se habían salvado.» [2]

Nuestros presos más numerosos son así: jóvenes entre dieciocho y veinticinco años, con apenas estudios primarios, de muy humilde extracción social y drogadictos. Nada tienen que ver con el mercado político o económico ni con el mundo del dinero. Su «reserva» es la cárcel. Su pasado, su presente y su futuro convergen en una sola realidad: la desesperanza. Para ellos, todos los tiempos son iguales.

LA LUCHA POR EL DERECHO

> «Un conservador es alguien que aún no ha sido detenido.»
>
> Tom Wolfe, *La hoguera de las vanidades.*

Ihering vio en esta lucha un deber que tiene todo ciudadano, que se ve atacado en su derecho, para consigo mismo y para con la sociedad. Es la verdadera garantía social de los derechos y las libertades. Como ha dicho Luigi Ferrajoli, «el sentimiento de los propios derechos fundamentales, por su carácter universal, igualitario e indivisible, equivale al sentimiento de los derechos fundamentales ajenos y, por ello, al reconocimiento de los demás como personas, dotadas del mismo valor que nosotros mismos» [3]. Esta garantía social es siempre la mejor defensa de los principios y las identidades amenazadas y el medio más idóneo para reivindicar las nuevas identidades y los nuevos principios del «derecho desbordante» propio de una demo-

[2] *Grandeza y decadencia de los romanos,* Alba, Madrid, 1997, pág. 72.
[3] *Derecho y razón,* Trotta, Madrid, 2ª edición, 1997, pág. 944.

cracia avanzada. Pero lo es en mayor medida en nuestro país, donde brilla por su ausencia la garantía política de los derechos y las libertades. Nuestros poderes públicos están, en general, muy alejados del respeto debido a la legalidad democrática y, sobre todo, a los derechos de libertad y de igualdad. Cuando falla la fidelidad del poder a su compromiso con el derecho, cuando las garantías jurídicas se muestran impotentes, cuando el pluralismo institucional expresado en la separación de poderes y en su recíproco control no existe, cuando la participación popular es un ente de razón, cuando la publicidad y visibilidad de las decisiones del poder brillan por su ausencia y cuando el control del poder judicial sobre los aparatos ejecutivos y sus cuerpos administrativos, militares y policiales es mucho más un desiderátum que una realidad, la garantía social de los derechos y de las libertades es el único instrumento posible para la defensa de la libertad civil y de cualquier sentido democrático de la convivencia.

La lucha por el derecho es la mejor garantía de la democracia. Cuando esa lucha es colectiva y encarna en movimientos, asociaciones y organizaciones nacidas de la sociedad civil produce nuevas formas de contrapoder. Sólo cuando los derechos fundamentales se ejercen colectivamente dan vida a contrapoderes sociales basados en la directa e igual participación de sus miembros. Están dotados por ello de fuerza de gestión, negociación y control para obligar a los poderes institucionales a la satisfacción de los derechos y libertades reivindicados y para impedir las degradaciones autoritarias de esos poderes. Para obligar también a la justicia a comportarse mucho más como un poder de la sociedad en el Estado, es decir, como un contrapoder de singular legitimidad jurídica, que como un un subpoder del Estado frente a la sociedad.

Cuanto más cercano a la realidad de ese contrapoder o, si se prefiere, cuanto más próximo a la realidad social y al pueblo soberano, más lejos estará el poder judicial de la mediatización y manipulación del poder político. Cuanto más contrapoder, más poder y mayor independencia, si ésta es concebida como presupuesto de justicia. Nada mejor que recordar lo que se decía en la declaración preliminar de la Constitución revolucionaria francesa de 1793: «Hay opresión contra el cuerpo social cuando uno solo de sus miembros está oprimido. Hay opresión contra cada miembro cuando el cuerpo social está oprimido.»

Decía Leonardo Sciascia que «el poder cada vez nos degrada más, en una densa concatenación mafiosa», y que «rodeados de mierda como estamos, apenas vemos salida al pesimismo». Pero es también Sciascia quien nos advierte que tenemos que alimentar, pese a todo, las escasas esperanzas que aún podamos depositar en la justicia. Si la desesperanza es resignación equivale a una complicidad pasiva. Como la aquiescencia fatalista de las víctimas que terminan dejando hacer a sus verdugos. Como los carneros castrados de Panurgo. Como los muertos que, según Federico, «gimen en un montón de perros apagados».

Es muy difícil encontrar y defender motivos racionales para alimentar un mínimo optimismo. Podemos llegar, en el mejor de los casos, a la máxima gramsciana: pesimismo de la inteligencia, optimismo de la voluntad. Pero debemos sentirnos obligados a la afirmación de nuestro instinto de libertad. «Negándolo —como decía Noam Chomsky— demostraremos que los humanos son una mutación letal, un punto muerto evolutivo. Alimentándolo, si es real, podremos abordar tragedias y problemas humanos de enorme magnitud.» Todo antes que la parálisis del miedo y el suicidio de la resignación.

Una leyenda turca puede ilustrar muy bien a dónde conduce la cobardía del pueblo y del juez que, queriendo servirlo, se ve desprotegido por el titular de la soberanía. Un pachá dejaba a su elefante pacer y triscar a sus anchas en los campos del pueblo. Asolaba cultivos, rompía caballones y acequias, tiraba árboles y exterminaba bancales. Todo ello en la máxima impunidad. Los ruegos de los campesinos no doblegaban al pachá. Más bien lo regocijaban. Decidieron entonces recurrir al juez del distrito. Aunque éste temía la cólera del pachá, el pueblo lo estimuló asegurándole que todos ellos lo respaldarían acompañándolo hasta el palacio. El juez pensó que, teniendo a su favor la verdad, la razón, la justicia y el pueblo, nada debería temer.

Se puso en marcha hacia la mansión del pachá. Todos los campesinos iban detrás de su juez. Cuando volvió la cabeza a medio camino, sólo quedaba la mitad. Cuando el palacio estaba cerca y el juez volvió a mirar hacia atrás, sólo la cuarta parte lo seguía. Los tres campesinos que llegaron con el juez a las puertas del palacio no pasaron de ellas. El juez estaba solo y solo compareció ante el pachá. Éste le preguntó malhumorado: «¿Qué quieres?» El juez reflexionó durante algún tiempo antes de decir: «Veo muy triste a tu elefante. Creo que debes poner a su lado una elefanta.» Así lo hizo el pachá. La humillación y la ruina fueron completas.

SIN ESPERANZA Y SIN MIEDO

Si la desesperanza es inevitable, que la dignidad y la integridad de nuestra conciencia ciudadana impidan su degeneración en resignación y en cobardía. Hagamos nuestra, al menos, aquella divisa del Quattrocento que recogió Spinoza y formó parte del juramento de los jueces ingleses: «Sin esperanza y sin miedo.» Fieles aunque afligidos. Fieles a la verdad y a la justicia, aunque afligidos por sus continuos desastres y fracasos. Sería ya una buena nueva para esta Celtiberia de nuestros pecados en la que la desesperanza va siempre acompañada de un miedo casi ilimitado a casi todo. Miedo a la opresión, miedo a la libertad, miedo a la pobreza, miedo a la fortuna, miedo al poder, miedo a la anarquía, miedo a la guerra y miedo a la paz de los vencedores. Y, sobre todo, miedo al miedo. Sin esperanza, pero con mucho miedo.

Cuando éste se supera o se sacude, comienza a tambalearse el poder y se hace posible la libertad. Como ha dicho Antonio García-Trevijano, «no hay poder que no fomente miedo en el pueblo; no hay libertad que no lo procure a los poderosos». Sin esperanza ni miedo. Pero con libertad y pasión por la justicia, que es indisociable de la pasión por la igualdad.

Cada vez entiendo mejor la recapitulación autobiográfica de Bertrand Russell, uno de los pocos liberales verdaderos que en el mundo han sido, es decir, de los que han puesto siempre la libertad sobre la propiedad y la dignidad humana sobre la riqueza. «Tres pasiones simples, pero abrumadoramente intensas, han gobernado mi vida: el ansia de amor, la búsqueda del conocimiento y una insoportable piedad por el sufrimiento de la humanidad.» Amor. Verdad. Justicia. Son el mejor equipaje humano para el derecho propio de una democracia efectiva.

Pero no hay que ponerse demasiado serios. Recientemente nos recordaba Dario Fo que los cómicos actúan contra la hipocresía, la violencia y el poder. Y, encima, haciendo reír. «Al poder —decía— no le gusta la risa.» Sigue estando dispuesto, como Federico II de Suecia, a insultar, golpear e incluso matar a los «juglares que difaman e irritan». Tenía fama de liberal e iluminado.[4]

No hay cosa mejor que reírse y distanciarse despectivamente del poder cuando olvida o desprecia la libertad, la igualdad y la justicia, es decir, el derecho. La risa lo pone histérico. Si en vez de la verdad togada la justicia buscase siempre la verdad desnuda, con sus atributos al aire, todos seríamos más felices. Nadie podría candarnos la boca ante la impunidad ni exigirnos poner jeta de acelga ni comparar la seriedad del burro con la bragueta de un juez. Y si el poderoso se empeña en la púrpura y en la liturgia, debemos apostrofarlo con las palabras de Alonso Quijano: «¡Llaneza, muchacho; no te encumbres que toda afectación es mala!»

---

[4] «Contra jogulatores obloquentes», discurso-pantomima de Dario Fo al recoger el premio Nobel de Literatura de 1997. Traducción de Carla Matteini. Publicado en *Página Abierta*, nº 79, enero de 1998.

CAPÍTULO DOS

EL CONSEJO GENERAL DEL PODER JUDICIAL: EL REPARTO DEL BOTÍN

«¡Y cómo que no hay justicia! ¿Pues no has sabido lo de Astrea, que es la Justicia, cuando huyendo de la Tierra se subió al Cielo? Pues por si no lo sabes, te lo quiero contar. Vinieron la Verdad y la Justicia a la Tierra; la una no halló comodidad por desnuda, ni la otra por rigurosa. Anduvieron mucho tiempo ansí, hasta que la Verdad, de puro necesitada, asentó con un muro. La Justicia, desacomodada, anduvo por la Tierra rogando a todos, y viendo que no hacían caso della y que le usurpaban su nombre para honrar tiranías, determinó volverse huyendo al Cielo. Salióse de las grandes ciudades y cortes y fuese a las aldeas de villanos, donde, por algunos días, escondida en su pobreza, fue hospedada de la Simplicidad hasta que envió contra ella requisitorias la Malicia. Huyó entonces de todo punto y fue de casa en casa pidiendo que la recogiesen. Preguntaban todos quién era y ella, que no sabía mentir, decía que la Justicia. Respondíanle todos: "¿Justicia y por mi casa? Vaya a por otra."»

Francisco de Quevedo, *Los sueños.*

LA MUERTE DE MONTESQUIEU

Dijo Pablo Castellano [1] que «de los tres consejos hasta la fecha constituidos el primero representa el ansia de amplia-

[1] Prólogo de mi obra *Manos sucias*, Temas de Hoy, Madrid, 1995.

ción de sus competencias, el segundo la ambición de ordenar la dependencia y el tercero la avaricia en dar el mejor servicio a quien lo nombra, conduce y guía; esto en el tiempo que le deja libre la lucha intestina y la esgrima de querellazos y contraquerellazos».

La síntesis de Pablo es genial. El primer Consejo (presidido por mi amigo Federico Carlos Sainz de Robles) vio frustradas sus ansias de colocar al órgano de gobierno del poder judicial en el puesto que le correspondía según una aplicación leal de la Constitución. Es más: tan evidente fue su «plumero» que produjo la alarma del sistema, de un sistema fundado, de forma excluyente, en el poder de las oligarquías partidarias con mayor implantación en el Parlamento. Una mayor fuerza del Consejo implicaba la reducción de la partitocracia, la limitación de las facultades ejecutivas dentro del poder judicial y la propia potenciación de éste, como institución independiente de hacer justicia y controlar al poder político. No se podía tolerar. Sobre todo si existían, como existieron, coartadas suficientes para impedir la expansión del Consejo.

La enorme torpeza que supuso la elección de los doce vocales judiciales del Consejo por sufragio mayoritario, lo que supuso que todos ellos fuesen de extracción conservadora (a propuesta de la Asociación Profesional de la Magistratura), a pesar de que el 30 por ciento del total de compromisarios tenía otras adscripciones, fue utilizada a fondo por quienes habían llegado a la conclusión de que era preciso controlar eficazmente tanto el Consejo como la carrera judicial.

También fue explotada próvidamente la incapacidad de la Asociación Profesional de la Magistratura para integrar en su seno corrientes organizadas que encarnasen el pluralismo ideológico existente en la judicatura. Con penoso desconocimiento de la realidad y radical olvido de unos mínimos principios de flexibilidad y tolerancia (pese a los buenos oficios de su presidente), el primer Consejo concedió al felipismo brillantes avales de *progresía* para la operación reaccionaria que se avecinaba.

González y los suyos pudieron exhibir esta operación como una exigencia de la democracia y de la justicia. Su deslealtad con la Constitución y su decisión de invadir y someter todos los ámbitos institucionales del poder judicial fueron presentados como una superación del corporativismo y el conservadurismo de la judicatura española. Improvisaron a última hora su apoyo a la «enmienda Bandrés» (que proponía la elección parlamentaria de todos los vocales), yendo contra sus propios actos anteriores de apoyo a la composición «constitucional del Consejo» y, una vez garantizada la dependencia de éste a su mayoría absoluta, redujeron brutalmente sus competencias. Con anterioridad, la excusa para no apoyar la ampliación de éstas fue la mayoría conservadora del Consejo. Ahora, con un Consejo garantidamente felipista, se mutilaban sus competencias constitucionales. Había muerto Montesquieu. El botín esperaba.

El segundo Consejo ordenó su propia dependencia del poder omnímodo del felipismo. Quince vocales eran suyos. Y el presidente era don Antonio Hernández Gil, en quien Alfonso Guerra veía la encarnación de Astrea o de la matrona que con los ojos vendados sostenía la balanza de la justicia. Tuvo, efectivamente, los ojos vendados ante las múltiples tropelías que, a través de Fernando Ledesma y sus edecanes (a la cabeza, Javier Moscoso), arrasaron nuestro sub-poder judicial hasta convertirlo en una dependencia doméstica del poder político. Una chacrita de González. Una alquería para sus soldurios más acrisolados. Tanta confianza tenía don Antonio Hernández Gil en la vitalidad del Consejo que lo llamó «cementerio de elefantes». Mi malogrado amigo Francisco Huet lo definió con parecido optimismo y mayor agudeza: el mandato de los vocales era un «quinquenio sabático».

DON PASCUAL ENTRA EN ESCENA

En el tercer Consejo llegó hasta el paroxismo el afán de servicio de sus miembros a quienes les habían regalado ese quinquenio. Lo presidía don Pascual Sala. Su presidencia le daba un plus de peana, un coturno muy especial. Es imposible superar su «sentido del Estado», su disponibilidad para el jefe, su capacidad para someter cualquier consideración del derecho y de la justicia a los intereses de la oligarquía gobernante. Cuando aún estaba lejano el «pascualazo» (aquella vergonzosa resolución del Tribunal de Conflictos Jurisdiccionales), ya don Pascual recomendaba a los alumnos (jueces en prácticas) del Centro de Estudios Judiciales que ejerciesen la función jurisdiccional «no frente a otros poderes, sino en coordinación con los otros poderes». A los jueces andaluces que estaban conociendo de los desmanes cometidos con el PER les recomendó públicamente «prudencia». Como si fuesen sus empleados. Como si la ferocidad pesquisidora de tales jueces exigiese un cariñoso toque de atención.

Don Pascual fue seleccionado por el felipismo para presidir el tercer Consejo después de su exhibición de «prudencia» en la presidencia del Tribunal de Cuentas. Su mandato tuvo perfiles vidriosos. Fue acusado de hacer la vista gorda a la hora de no contabilizar en las cuentas de Ateinsa (empresa del INI) las comisiones pagadas a Enrique Sarasola (el duque del Metro de Medellín) o de ignorar ciertas operaciones exportadoras de Eductrade a Uruguay con el «colchonazo» de los créditos FAD (de tan bello recuerdo para Jesús Polanco).

Don Pascual había asegurado con toda solemnidad que las cuentas de todos los partidos políticos con representación parlamentaria eran escrupulosamente correctas. Casi de inmediato estalló el caso Filesa. El mayor escándalo conocido de financiación ilegal de un partido político en nuestro país. Así de sañudo se manifestaba don Pascual en el control del poder. Era idóneo para presidir el Consejo General del Poder Judicial.

Igual que ocurriese con don Antonio Hernández Gil, los aspirantes a ser vocales se tuvieron que comprometer, como condición inexcusable, a votar como presidente a don Pascual Sala. Con esta independencia de criterio, inauguraban su periplo como miembros del órgano constitucional encargado del gobierno del poder judicial, de los nombramientos más importantes, del poder disciplinario sobre los jueces y de amparar su independencia. Tras destacar la desconfianza y el recelo que el nuevo Consejo (atenido a la «mecánica» institucional del anterior) podía suscitar entre los ciudadanos, Jesús Peces Morate censuraba aquella predesignación del presidente («incluso en el supuesto de que el nombrado fuese el mejor de los candidatos posibles») y afirmaba: «La ciudadanía necesita y espera un cambio de rumbo para confiar en las instituciones políticas; este Consejo tiene la obligación de contribuir a su logro.» [2]

Contribuyó notablemente a lo contrario. Ni don Pascual era el mejor de los candidatos ni cabía esperar más cambio de rumbo que el de pilotar la nave hacia una mayor sumisión al poder. Como había dicho (si bien refiriéndose a algo muy distinto) el inefable José Aranda (a la sazón fiscal jefe de la Audiencia Nacional), «un tuareg no se puede cabrear porque haya mucha arena en el desierto». Aquí la arena era infinita y el oasis no existía. Ya don Pascual había anunciado su decidida apuesta por el Estado democrático de derecho defendiendo ardorosamente la fórmula de la «patada en la puerta» de la «ley Corcuera», que después sería declarada inconstitucional. No se sabe si llegó a meter su ilustre pluma (como lo hiciera Álvaro Gil-Robles, Defensor del Pueblo) para damasquinar aquel adefesio. Pero vendrían otros.

Por ejemplo, el «placet» pastueño del Consejo al nombramiento de Eligio Hernández como fiscal general del Estado. Era patente su ilegalidad, pues Hernández no cumplía, ni de lejos, el requisito de los quince años en el ejercicio efectivo de su profesión. No llegaba a diez, pues no cabía computar como actividad judicial ser gobernador civil de Tenerife y delegado del Gobierno en Canarias o haberse dedicado a la lucha canaria bajo el sobrenombre de «El

[2] *Jueces para la Democracia*, nº 10, septiembre de 1990.

Pollo del Pinar». Sin embargo, una gran mayoría de vocales (a la cabeza, don Pascual, mullidor, entre otros, del nombramiento) votó a su conmilitón don Eligio (era vocal, a la sazón, del Consejo). Las críticas de la minoría, singularmente de José Luis Manzanares, sólo sirvieron para potenciar en don Pascual y demás felipistas designadores la seguridad de su acierto.

Don Pascual decidió meterse a profeta y aseguró que no prosperaría el recurso contra el nombramiento de don Eligio. Cuando la Sala III del Tribunal Supremo declaró, por una inmensa mayoría de sus miembros, la ilegalidad de aquél, nadie en el Consejo dio una explicación, una muestra de rectificación, una conseja de humildad. Era el Tribunal Supremo el que se había equivocado.

El Consejo asistió impávido al linchamiento de Marino Barbero, a los ataques sistemáticos contra la instrucción de los casos GAL, a la aparición de Sancristóbal ante las cámaras de TVE (desde el despacho del director de Alcalá-Meco) para denunciar conjuras contra el Gobierno en las que estaría metido de hoz y de coz el juez Garzón, a las campañas antijudiciales sobre los fondos reservados y al proyectado indulto a Amedo y Domínguez. O a las repetidas hazañas antijurídicas de su ex vocal Juan Alberto Belloch, que, entre otras gestas democráticas, urdió, junto al «comando Rubalcaba», aquella exhibición televisiva de Sancristóbal y la entrega a *El Mundo* de la declaración íntegra de García Damborenea en la que acusaba a González de la fundación del GAL. Después insinuaría que el filtrador había sido Garzón. En medio de los escándalos de corrupción y crimen de Estado, el Consejo de don Pascual no sólo actuó como espectador, sino como pieza beligerante en defensa del felipismo en el poder y en contra de la justicia.

PASCUAL ESTEVILL COMO SÍMBOLO DE UN SISTEMA

Hasta que llegó lo de Luis Pascual Estevill. Había sido abogado mercantilista, en Barcelona, hasta que, en 1990, ingresó en la carrera judicial por el cuarto turno, es decir, por la categoría de magistrado. Su biografía humana y profesional había sido ya muy densa. Siempre le gustó lucir su origen humilde (decía haber sido pastor de cabras y mendigo en su pueblo tarraconense de Cabacés), en el que se fundaba para exhibir una actitud despectiva hacia la «burguesía insolidaria». Sin embargo, compartía mesa y mantel con lo más florido de la política y la sociedad (Pujol, Roca, Alavedra, Rato, Samaranch, generales de la Guardia Civil y banqueros ilustres). Presumía de poseer una vasta cultura en medicina, filosofía y derecho canónico (disciplina de la que fue profesor), y había publicado una monografía sobre *El pago* (lo que no deja de ser una premonición para quien después sería acusado y condenado por cohecho). Tenía una estrecha amistad con el abogado Piqué Vidal y con Javier de la Rosa, a la sazón, en definición pujolista, «empresario modélico» (después preso en la cárcel Modelo de Barcelona).

Fue consejero legal y económico del grupo Bertrand, al que habría provocado pérdidas de unos 1.000 millones de pesetas mientras se beneficiaba personalmente de los malos pasos que hacía dar a sus clientes. Ante las pérdidas que sufría el grupo, su presidente, Lorenzo Rosal Bertrand, contrató como gestor a Enrique Marugán. Éste denunciaría a Estevill por haberle propuesto compartir al 50 por ciento los ingresos que obtuviera a costa de las pérdidas de la empresa. Marugán lo destituyó fulminantemente. Tanto él como Lorenzo Rosal pagarían su atrevimiento.

Por supuesto, era perfectamente conocido el desprestigio de Estevill, pero el tribunal que juzgó sus «méritos» ignoró tan brillante biografía y lo ingresó, sin obstáculo alguno, con la categoría de magistrado, en la carrera judicial. Así de eficaces e implacables fueron los filtros institucionales para impedir el progreso de un truhán.

Su primer destino fue un juzgado de Tarrasa (el nº 5), donde tuvo ocasión de seguir exhibiendo su gusto por los negocios y las intermediaciones. El entonces alcalde de Sant Adriá del Besós, Antoni Messeguer, y su jefe de gabinete, Joan Dalmau, lo acusaron de representar los intereses del inversionista francés Gérard Gómez, que estaba obsesionado por la recalificación municipal de unos terrenos para construir un centro comercial. El juez Estevill asistió a la reunión de los representantes de Gómez con el alcalde. Aquellas gestiones condujeron al estallido del escándalo Regesa y a la salida de Messeguer de la alcaldía, que recuperó en las últimas elecciones municipales.

Ni ésta ni otras hazañas impidieron la llegada de Luis Pascual al Juzgado de Instrucción nº 26 de Barcelona. Se comportó, aparentemente, como un juez implacable con la corrupción económica, ordenando prisiones a troche y moche y constituyéndose en látigo de los corruptos. «Cualquier cosa era mejor que te tocara Estevill», decía un veterano abogado. Industriales, banqueros y agentes de cambio y bolsa fueron enviados generosamente al trullo por Estevill, a veces ante la complacencia de ciertos fiscales y el aplauso de la *progresía* barcelonesa. Dos de los presos de Estevill, Salvador Forcadell y Jaime Parera, murieron poco después de ser liberados y ver archivada su causa. Parera estuvo cincuenta días en prisión preventiva sin fundamento alguno. Como su abogada (Marta Vila), se dirigió con decisión contra juez tan peculiar, la multó y la amenazó por escrito.

Estevill alardeaba de los «poderes omnímodos del juez de instrucción» y lo demostraba en la práctica. Una cincuentena de banqueros y empresarios catalanes fueron desfilando por la cárcel, la inmensa mayoría sin más causa que el arbitrio del juez. Lo llamaban «el lobo», pero era más bien una corneja.

Todo ello acompañado de ingresos multimillonarios que nada tenían que ver con la humilde retribución de juez, ejercicios de cargos empresariales incompatibles con la actividad judicial (fue consejero de la sociedad Sefige, en la que adquirió la mayoría de las acciones) y notorias prevaricaciones. En 1993, con motivo de una sustitución en el juzgado de Ramón Massiá, que disfrutaba de un permiso, cambió la condición de testigos de Enrique Marugán y Lorenzo Rosal Bertrand (el gestor y el presidente que lo expulsaron del grupo Bertrand cuando era su asesor jurídico) por la de imputados, ordenando su busca y captura. Marugán y Rosal pasaron setenta y dos horas en la cárcel, hasta que Massiá regresó y anuló las increíbles decisiones de Estevill. Al declarar sobre estos hechos en el Tribunal Supremo (siendo todavía vocal del Consejo), Luis Pascual manifestó ante el instructor Luis Román Puerta que encarceló a Marugán y a Rosal sin pruebas pero con «íntima convicción».

Con la misma convicción decidió, el 8 de noviembre del mismo año 1993, la prisión preventiva de la cúpula del Banco Vitalicio. Se trataba de un caso de compra de facturas falsas para eludir el pago del IVA, que le sirvió a Estevill para inculpar, entre otros, a Carlos Zurita (cuñado del Rey), aunque la movilización institucional que se produjo obligó al «lobo» a dar marcha atrás.

Pese a que estos y parecidos hechos eran conocidos en el ambiente empresarial y judicial de Barcelona (la Audiencia barcelonesa había hecho nuevas advertencias sobre las proezas judiciales de magistrado tan peculiar), CiU propuso a Estevill para ocupar una vacante en el Consejo General del Poder Judicial. Al parecer, Pujol y los suyos no encontraron mejor candidato en un tiempo en que los escándalos de corrupción y terrorismo de Estado estaban en todo su esplendor. Puede que pensasen que era un puesto liviano. O que tanto Pujol como Alavedra y Roca le estuviesen singularmente agradecidos por la «desactivación» judicial del caso Casinos (que implicaba a Convergència en una financiación ilegal) y por el archivo del caso Prenafeta (ex secretario de la Presidencia de la Generalidad), en el que Estevill tuvo el honor de recibir declaración de su amigo Maciá Alavedra.

Ningún político barcelonés informó al Senado de quién era aquel individuo. Ningún grupo parlamentario indagó en su biografía. Y toda la Cámara Alta lo votó con la indiferencia debida. Saliendo al paso de ciertas críticas, don Manuel Fraga lo felicitó por su nombramiento y don Pascual Sala dijo que era un honor para el Consejo recibirlo como vocal. Sin embargo, había trascendido que, al conocer que se manejaba el nombre de Estevill, Sala le dijo a Miquel Roca: «Podéis nombrar a quien queráis, pero ese hombre es impresentable.» Roca lo avaló con finura asegurando que las acusaciones contra Estevill eran «habladurías».

Así funcionaron los controles institucionales. El Colegio de Abogados de Barcelona no actuó como debía contra los desmanes del letrado Estevill. El tribunal que lo aupó a la condición de magistrado no se informó de la catadura moral del candidato al cuarto turno. El Consejo General del Poder Judicial no tomó iniciativa disciplinaria o inspectora alguna, pese a las advertencias reiteradas de la Audiencia Provincial de Barcelona. CiU lo propuso al Senado como si fuese Arístides el Justo o el mismísimo Gayo en persona. Y los senadores lo votaron sin saber lo que hacían ni esforzarse lo más mínimo por saberlo. Todo redondo. Como la nada.

Estevill tomó posesión de su cargo el 3 de noviembre de 1994. Doce días más tarde, la Agencia Tributaria abría una investigación sobre él, dirigida por el inspector Enrique Sancho. El día 28 de noviembre el fiscal general del Estado, Carlos Granados, ordenaba asimismo una investigación sobre Estevill. En julio de 1995, Salvador Sanz Estevan interpuso contra él una querella por varios delitos, que fue admitida a trámite el 18 de diciembre (cinco meses invirtió el Tribunal Supremo en trámite tan elemental). En ella se pedía la prisión preventiva del flamante vocal del Consejo General del Poder Judicial, cuyos ingresos extrajudiciales entre 1989 y 1993 habían ascendido a 750 millones de pesetas.

Pese a que las querellas (hasta nueve) fueron llegando al Tribunal Supremo, Estevill se mantuvo impávido en el Consejo. El mandato del Consejo expiraba el 8 de noviembre de 1995, pero se prolongó hasta finales de julio de 1996. De vez en cuando, Pascual Sala se quejaba tímidamente de aquella situación intolerable. Pero se dejaba. Como decía Salvador de Madariaga, «mal se queja quien se deja». Jamás planteó un ultimátum, una actitud de insumisión con aquel disparate, rayano con el golpe de Estado institucional. Jamás exigió de los presidentes del Congreso y del

Senado que incluyesen en sus respectivos órdenes del día la elección de los nuevos vocales, para que se patentizase la deslealtad constitucional de las oligarquías partidarias con mayor implantación en el Parlamento. Aunque eran conscientes, todos ellos, del despropósito institucional que significaba un Consejo caducado y muerto que, sin embargo, seguía existiendo como un espantajo de circo, aunque estaban al tanto de la mierda amontonada sobre el Consejo por el caso Estevill, aunque éste se crecía, interponiendo querellas contra los medios de comunicación que contaban sus hazañas delictivas, nadie decidía nada. Era todo un símbolo de la moribundia y petrificación del felipismo tardío.

Estevill no perdía el tiempo. Como vocal delegado para Cataluña, abrió una información sobre diversos juzgados de Barcelona, entre ellos algunos en los que se tramitaban causas que podían afectar a sus intereses. La Junta de Jueces Penales de Barcelona acordó reprobar esa conducta y solicitar al Consejo que «al menos» cesase a Estevill de su cargo de delegado territorial para Cataluña. Lo mismo hizo la Sala de Gobierno del Tribunal Superior de Justicia de esta comunidad. Ante tales hechos, a los que se unió la denuncia por Gregorio García Ancos de que Estevill había intentado captar su voto prometiendo un empleo para su hijo, Sala planteó nuevamente una votación para expulsar del Consejo a don Luis Pascual. Ya se había intentado, a propuesta de los vocales del PSOE y de IU, en el mes de julio de 1995, «en aras de la ética profesional». Pero nueve vocales votaron en contra aduciendo que, según la Ley Orgánica del Poder Judicial, no existía causa formal de suspensión o expulsión, ya que las acusaciones contra tan bizarro vocal del Consejo estaban fundadas en hechos ajenos al desempeño del cargo.

Parecía llegado el momento. Ahora se le podían imputar a Estevill hechos cometidos en el desempeño de sus funciones como vocal. Pero tampoco. Las tensiones y los recelos existentes entre los vocales impedían una resolución normal. Los procedentes del PP entendían que, en el fondo de las protestas ético-jurídicas de los del PSOE, latía la conveniencia de aumentar su mayoría para conseguir nombramientos en el Tribunal Supremo que favoreciesen el horizonte felipista en los casos Filesa y GAL. Afinaban por ello su meticulosidad en la aplicación de la ley contra Estevill.

El líder del grupo de vocales elegidos a propuesta del PP (el vicepresidente del Consejo, José Luis Manzanares, látigo conservador del felipismo) aseguraba que Sala no era, en realidad, presidente del Consejo, sino de una facción del Consejo, y que él y los suyos (básicamente Andrés de la Oliva y Margarita Mariscal de Gante) no estaban dispuestos a prescindir de la ley para someterse a los designios de esa facción. Lo cierto es que, entre unos y otros, entre omisiones y pasiones contradictorias, «el lobo» se mantenía ululando en el Consejo.

Fue necesario que el Tribunal Supremo lo condenase por un delito continuado de prevaricación y dos de detención ilegal (precisamente los cometidos en la causa contra Enrique Marugán y Lorenzo Rosal) para que Estevill saliese del Consejo. Era el 4 de julio de 1996 cuando la Comisión Permanente, por unanimidad, decidió expulsarlo, teniendo en cuenta que Estevill había sido condenado a seis años de suspensión. Parva condena para la más innoble y degradante conducta concebible en un juez. Sin embargo, el Tribunal Supremo entendió que Estevill no había decidido arbitraria e ilegalmente la prisión de Marugán y de Rosal, con ánimo de venganza o por animadversión hacia sus víctimas. ¿Por qué entonces? ¿Por una falsa intuición emotiva? Muy poco tiempo después lloverían más procesos y condenas por prevaricación, cohecho, delito fiscal, etc., que darían con los huesos de Estevill en la cárcel. Pero ya nadie quería saber nada del problema.

NADIE TIENE LA CULPA

Sala lloró abundantemente ante los medios de comunicación. Toda la culpa la habían tenido los vocales conservadores por su «defensa numantina y a ultranza» del personaje, que había provocado un «daño irreparable a la institución». El presidente aseguró que «estaba esperando todavía una respuesta» de los vocales que habían impedido durante varios meses una «solución honorable en defensa de la institución, para que ésta no sufriera en sus propias carnes los problemas personales de Estevill». Manzanares le respondió de inmediato: Sala sabía perfectamente «que la Ley Orgánica del Poder Judicial contempla la expulsión de un vocal sólo cuando infringe gravemente los deberes de su cargo, al margen de actuaciones anteriores».

Inmersos en una interminable bronca interna, ambos habían perdido el sentido de la perspectiva. Sala no había defendido como debía la honorabilidad institucional del Consejo (por demás inexistente desde hacía años) ni su propia honorabilidad como presidente. Se había plegado de forma sistemática a las exigencias y a los guiños gubernamentales; había colaborado frontalmente (pese a gemidos y lamentos coyunturales) con la indigna moribundia del Consejo, sometido a un verdadero golpe de Estado por el Gobierno, y había ensuciado con el «pascualazo» la propia dignidad de la presidencia del Tribunal Supremo. No tenía derecho alguno a denunciar a los vocales conservadores como culpables de aquel aborto.

Sabía que los culpables estaban en otro sitio. En quienes silenciaron las proezas de Estevill como abogado. En quienes las ignoraron a la hora de ingresarlo en la carrera judicial. En quienes miraron a otro lado ante sus exhibiciones de impudicia como juez de Tarrasa. En quienes dejaron de investigar los escándalos y dramas procesales y económicos de su paso por el Juzgado de Instrucción nº 26 de Barcelona. En quienes lo propusieron como vocal del Consejo, pese a conocer su catadura moral y profesional. En quienes se callaron (nuevamente la *omertà* de los mafiosos) en aras del ayuntamiento felipista-pujolista.

Dentro de este marco, la acusación de Sala contra Manzanares, De la Oliva y Mariscal de Gante sonaba a pura estupidez, a *flatus vocis*. Es cierto que debieron mostrar una mayor sensibilidad jurídico-institucional y un menor legismo, pero tenían razones para desconfiar de una facción conciliar esencialmente vinculada al amparo de los crímenes del felipismo gobernante y al desamparo de la independencia judicial. De una facción que, entre otros triunfos, había hecho posible un dictamen favorable al nombramiento del fachendoso don Eligio como fiscal general del Estado, pese a su flagrante ilegalidad.

La reacción de los «convergentes» fue modélica. Pujol dijo, desde un catamarán, durante un recorrido turístico por el río San Lorenzo, allá por el Quebec, que CiU era tan responsable del escándalo de Estevill como los demás partidos que lo votaron. Cualquier fuerza parlamentaria podía haber bloqueado el nombramiento, pero nadie lo hizo. Parecía que era el hombre adecuado... «Era un juez que actuaba sin conflicto con los demás jueces y con los fiscales de Barcelona. [...] Si alguien tenía algo que decir [en contra de su candidatura] debía haberlo hecho entonces, pero no ahora. [...] Si fue un error, fue compartido por todos.» Terminó asegurando que el caso Estevill era «importante», pero que el problema fundamental estaba en el funcionamiento de la justicia y, en particular, en la relación entre política, medios de comunicación, jueces y fiscales. Este problema debía ser abordado a fondo y seriamente, y no con ocasión del caso Estevill. [3]

Y se quedó tan pancho. Cierto es que el cinismo de su actitud no excluía su gran parte de razón. El sistema era así. Formulada una propuesta por un grupo con derecho a hacerla, todos los demás tenían un derecho teórico de investigar la vida y milagros del candidato. Como lo tenían, en principio, las personas que conociesen al personaje sin haberlo podido olvidar. Los suyos tenían la absoluta certeza de que (pese a los repetidos escándalos protagonizados por los delincuentes promovidos a altas funciones públicas) nadie investigaría nada porque, entre otras razones, a nadie le

[3] Declaraciones publicadas, el 8 de julio de 1996, en todos los diarios de información general.

importaba cómo fuese uno de los veinte vocales de un Consejo desprestigiado y cutre. La responsabilidad de los pujolistas era máxima, y no valían excusas ni ventiladores. Pero nadie se la exigió, ni antes ni ahora. Pujol era, es y seguirá siendo, mientras le peta, un hombre necesario para la «gobernación» del sistema.

Pero la lección debió servir para algo. Y sirvió para, en primer lugar, entonar trenos y lamentos y, en segundo, dejar todo como estaba. Así, las asociaciones judiciales pidieron «mecanismos más cuidadosos» en la elección de vocales, insistiendo Jueces para la Democracia en la necesidad de que los candidatos fueran sometidos a un «examen» del Parlamento, «porque no se puede meter a cualquiera en el Consejo». La Asociación Profesional de la Magistratura recordó la necesidad de recuperar el sistema constitucional de elección de los doce vocales judiciales, añadiendo que cuando Estevill fue designado ya existían «sospechas». Los «vitorinos» consideraron que la sentencia contra Estevill era un reflejo más de la situación del Consejo. Por la Unión Judicial Independiente, Arturo Beltrán dijo que aquel episodio debía servir para romper amarras con un criterio judicial enfeudado al poder político. Pero quien no se consuela es porque no quiere. La Asociación Profesional estimó que la sentencia del Supremo demostraba la independencia de los jueces y que la igualdad ante la ley de todos los ciudadanos era «un hecho».

Es decir: si Roldán es condenado hay que celebrarlo porque es una muestra de independencia judicial e igualdad ante la ley. Pero, ¿qué debe hacerse para que sean imposibles o muy improbables los González, Roldanes, Veras, Barrionuevos, Rubios, Salanuevas, Cacerolos, Pujoles, Estevilles y demás tropa?

TODO SIGUE IGUAL

En el caso del Consejo, nada. Después de la pesadilla del tercer Consejo, todo siguió igual. Mientras el Tribunal

Supremo condenaba a Estevill, los muñidores designados por PSOE (Almunia) y PP (Gabriel Cisneros, que había sucedido a Luis de Grandes, enfermo) seguían negociando la nueva lista, incluidos los nombres del presidente y del vicepresidente del Consejo, para descargar de trabajo y tensión a los nuevos vocales cooptados. Debió pensarse que, al fin y al cabo, el tercer Consejo había tenido en sus filas gente tan importante para Celtiberia como Eligio Hernández, Juan Alberto Belloch (el «Terminator felipista»), María Teresa Fernández de la Vega (la única magistrada, procedente del tercer turno, que existe en el universo sin haber puesto una sola sentencia), Margarita Mariscal de Gante, etc. Casi como la Escuela de Fútbol de Mareo o la cantera de Anoeta. No se podía aguantar. Y, a la cabeza, no lo olvidemos, «Pascualazo» Sala, prodigio de sabiduría e independencia. Más deslumbrante que Cicerón y Ulpiano juntos, mucho más cisne que Shakespeare y más luminoso y levantino que un Sorolla. Como diría el propio cisne de Avon, «el inventario de sus virtudes causaría vértigo en la aritmética de la memoria».

Cuando el Consejo de don Pascual ya estaba camino del «sexenio sabático», todavía iluminadas sus filas por Luis Pascual Estevill, le dediqué esta meditación, titulada «El Consejo de nunca acabar» [4]:

> «No hay quien dé más. El culebrón en que se ha convertido la larga agonía del Consejo General del Poder Judicial no lo superan los más geniales guionistas y productores del ramo. Es, sin embargo, una moribundia perfectamente previsible, prevenible y evitable. Que se diga ahora que la causa de todos los males es la presencia del atrabiliario Estevill o que la culpa es del clima de tensión y confrontación que ha presidido nuestro escenario político, o de la actitud banderiza de una u otra de las facciones del Consejo, o de la

[4] *ABC*, en «Tribuna Abierta», 8 de abril de 1996.

contraposición de intereses en la provisión de las vacantes actuales e inmediatas en la Sala de lo Penal del Tribunal Supremo, con el borrascoso horizonte de los GAL al fondo, es conmovedor. Que se insista ahora en que las patologías institucionales del Consejo se superarían con su inmediata renovación, sin más, o con simples retoques de fachada, estructura y funcionamiento, provoca la más negra melancolía. Igual que los frutos de un árbol cuyas raíces están podridas estarán fatalmente podridos, el Consejo sufre ahora la metástasis de su propia podredumbre de base. Si el escándalo de Estevill ha sido el detonante de esa metástasis, habrá que agradecer a tan bizarro magistrado, a sus proponentes, a sus electores y a los numantinos escuderos de su ignominia que la realidad parezca como es, con todas sus vergüenzas al aire.

»En su célebre —mas nunca bien celebrada— sentencia 108/1986, el Tribunal Constitucional sentó la sorprendente doctrina de que la elección parlamentaria de los vocales judiciales del Consejo era constitucional, pero "menos constitucional" que su elección por jueces y magistrados. Para el tribunal, la reserva de doce vocales del Consejo a miembros de la judicatura respondía a una finalidad esencial: "La de asegurar que la composición del Consejo refleje el pluralismo existente en el seno de la sociedad y, muy en especial, en el seno del poder judicial. [...] Que esta finalidad —añadía la sentencia— se alcanza más fácilmente atribuyendo a los jueces y magistrados la facultad de elegir a doce de los miembros del Consejo es cosa que ofrece poca duda. [...] Se corre el riesgo de frustrar la finalidad señalada en la norma constitucional si las Cámaras, a la hora de efectuar sus propuestas, olvidan el objetivo perseguido, atienden sólo a la división de fuerzas existentes en su propio seno, y distribuyen los puestos entre los distintos partidos en proporción a la fuerza parlamentaria de éstos. [...] La lógica del Estado de partidos empuja a actuaciones de este género, pero esa misma lógica obliga a mantener al margen de la lucha de partidos ciertos ámbitos de poder y, entre ellos, señaladamente, el poder judicial."

»Era música para camaleones. El propio Tribunal Constitucional era consciente de ello, pero prefirió mirar hacia otro lado invocando la conseja de que los partidos parlamentarios debían ser justos y benéficos. La nueva fórmula electiva de los doce vocales judiciales sólo se concibió como elemento de subordinación del Consejo a las oligarquías partidarias con mayor implantación en las Cámaras y, muy especialmente, a la oligarquía del partido gobernante. No se buscaba una interpretación más "democrática" de la Constitución, sino la servidumbre del Consejo al Gobierno y a las fuerzas que con él consensuasen la composición del Concilio Judicial. Para que ninguna duda cupiese, el nuevo sistema designativo fue acompañado de una brutal mutilación de las competencias del Consejo. De "ministro colectivo de Justicia", como saludó su nacimiento Peces-Barba, pasó a ser bastante menos que un comisionado político del Gobierno para las relaciones con la justicia.

»Cuando el Tribunal Constitucional dictó, o asestó, su sentencia, las cosas eran ya muy claras. La distribución de cuotas partidarias en el Consejo se había llevado a cabo con la inexorabilidad propia del reparto de un botín. Y así continuó. Tan acendrado fue el espíritu de facción o de colmena, que los vocales señalados por los chamanes de cada tribu hubieron de comprometerse, antes de su epifanía, a elegir al presidente predesignado por las cúpulas partidistas.

»Respeto muy de veras a los que de buena fe siguen pensando en la mayor bonanza democrática de un Consejo enteramente parlamentarizado. Temen, no sin razón, que las oligarquías imperantes en las asociaciones judiciales sustituyan, sin más, a las oligarquías partidarias. Pero si aquéllas pueden conducir al cabildeo corporativista, éstas imponen la dependencia del Consejo a las facciones parlamentarias, su reparto entre ellas como rehén del poder y su instrumentalización al servicio del clientelismo político y del pasteleo más garbancero. Se ignoran, además, las exigencias más elementales de la separación de poderes y del control del poder. Madison lo dijo muy claramente: "La conservación de la libertad exige que los tres grandes departamentos del poder sean separados y distintos... Donde todo el poder de un departamento es ejercido por quienes poseen todo el poder de otro departamento, los principios fundamentales de una Constitución libre se hallan subvertidos."

»El Consejo es una prueba elocuente de ello. Cuando nuestra Constitución pareció superar el modelo napoleónico de subordinación del poder judicial al ejecutivo, siguiendo el modelo pluralista del Consiglio Superiore de la Magistratura italiana, el felipismo desenterró *pro domo sua* el hacha jacobina. No sólo para amputar cualquier realidad de independencia y pluralismo en el órgano de administración de poder judicial, sino también para mutilar las competencias constitucionales del Consejo en beneficio del Gobierno.

»Pero nada se solucionaría con un simple cambio en la fórmula de elección de los vocales del Consejo ni con la plenitud de sus funciones institucionales si ello no fuese acompañado de profundos cambios en el sistema de selección, propuesta y examen de candidatos, de un funcionamiento radicalmente democrático del Consejo y, sobre todo, de un clima de lealtad constitucional que impida impudicias, dependencias e iniquidades de toda laya. Mientras tanto, el llanto de don Pascual conmoverá bastante menos que el de Boabdil o el de Nausícaa. Quien perpetró un «pascualazo» como el de don Pascual es incapaz de protagonizar la hipótesis de Borges: "Quizá lloró y se dijo / vanamente / busqué alimento en sombras y en errores." De seguir las cosas como están y como son, nada impedirá que el Consejo vuelva a ser escenario y vuelo de la cabalgada de los distintos Ledesmas, Eligios, Estevilles, Belloches y Pascuales que pululan en el solar celtibérico. Será la misma carabina de Ambrosio, aunque damasquinada. Y seguirá el Consejo de nunca acabar.»

UN NUEVO CONSEJO VIEJO

Pese a que el mandato del tercer Consejo expiraba el 8 de noviembre de 1995, las negociaciones para perpetrar el cuarto comenzaron con alguna seriedad en abril de 1996. El día 22, Joaquín Almunia, portavoz del PSOE (todavía no era «suplente» de González), hizo la entrega de una propuesta de «condiciones» para negociar nombres. Eran las siguientes: 1ª) los candidatos comparecerían ante las comisiones de Justicia del Congreso y del Senado para explicar su currículum y su programa de actuación en el Consejo; 2ª) no debían haber ocupado puestos de especial relevancia política ni partidista; 3ª) existiría un equilibrio razonable entre varones y mujeres; 4ª) se tendrían en cuenta los nombres propuestos por asociaciones judiciales y colectivos relacionados con la Administración de Justicia; 5ª) no se incluirían jueces-estrella; 6ª) no habría candidatos de procedencia judicial que se jubilasen durante el mandato del Consejo; 7ª) los puestos reservados a juristas de reconocido prestigio no serían ocupados por miembros de la carrera judicial; 8ª) se evitarían en lo posible las «cuotas de reparto».

No se cumplieron las condiciones esenciales. Eran tiempos de aflicción y era lo mejor no hacer mudanza. Se procedería como siempre. De acuerdo con los «cánones» vigentes desde la Ley Orgánica del Poder Judicial de 1985. El reparto del botín era inevitable. Nadie quiso evitarlo de verdad. Voceros del PP aseguraron con reiteración que no podían llevar la reforma del sistema de elección a las Cámaras porque no tenían mayoría suficiente para que fuese aprobado. Sin embargo, el hecho mismo de presentarla y debatirla habría dado ocasión, por vez primera, a una discusión parlamentaria y mediática sobre la significación institucional del Consejo, su papel institucional, su desventurada historia de iniquidades y desvergüenzas, su desamparo de la independencia y el prestigio del poder judicial, su ocupación por las oligarquías partidarias, su función de mayordomía respecto a las mismas y la abierta inconstitucionalidad de la aplicación de la «lógica partidaria» a dicho organismo. Para todo esto no hacía falta ninguna mayoría. Ni para intentar cumplir, al menos, una reiterada promesa electoral.

Además, el nuevo Consejo tendría que nombrar, sólo hasta el año 2000, a cerca de cuarenta magistrados del Tribunal Supremo (varios de ellos en la Sala de lo Penal, incluido su presidente, cuando dicha sala tenía en puertas el juicio de Filesa, el de la Mesa Nacional de HB y el de Segundo Marey), a todos los presidentes de audiencias provinciales y tribunales superiores de justicia, a muchos presidentes de sala (en la Audiencia Nacional y en el Tribunal Supremo) y a magistrados del Tribunal Constitucional. Tendría también que intervenir en los conflictos —muchos de ellos en curso— suscitados por las maniobras obstructivas de los acusados exquisitos del GAL frente a los jueces instructores e intentar un ejercicio más objetivo y menos faccioso de la función disciplinaria. Contribuir, en definitiva, a que la honorabilidad de nuestra justicia —terriblemente dañada por inhibiciones, omisiones y puñaladas de diverso origen— no continuase por los suelos.

Pero no. Sólo había tiempo y ganas para seguir intrigando y repartir la túnica. Las negociaciones últimas comenzaron, al parecer, el 19 de junio, día en el que la representación del PP la asumió Gabriel Cisneros, sustituyendo a Luis de Grandes, lesionado en un accidente doméstico. Este último ya había pactado algunos nombres con Joaquín Almunia. Como se echaban encima las vacaciones parlamentarias, había que negociar con urgencia si no se quería dejar para septiembre, incluido el hermoso espectáculo de don Pascual Sala interviniendo aún como presidente en la apertura del nuevo año judicial. Además, CiU había «amenazado» con no intervenir en la renovación, denunciando la situación de «caos y bochorno» a que había conducido la incompetencia de socialistas y populares (lo de Estevill, pelillos a la mar).

Cuentan los bien informados que el día 25 de junio ya estaba dispuesto el pacto y mecanografiadas las propuestas para remitirlas a las mesas de Congreso y Senado. Sólo faltaban las firmas de los portavoces parlamentarios. Pero se cruzó el *khan* Belloch, que había obtenido de González el respaldo preciso para que el candidato López Barja de Quiroga, ya consensuado, fuese sustituido por Gerardo Thomas, previamente vetado por el PP. Este último retortijón retrasó el consenso hasta el 16 de julio. A pesar del llanto de Belloch, Thomas no entró.

Pero en el encaje de bolillos habían entrado bolos impresentables. A la cabeza, Moscoso. Ministro de la Presidencia del primer Gobierno González (donde ahormó el clientelismo felipista en la Administración) y cesado en 1986, había sido designado fiscal general del Estado. Su intervención en el caso Amedo, intentando obstruir y abortar por todos los medios la investigación judicial, había sido apoteósica. Fue el verdadero creador «político» de las «cartas portuguesas», aquellas que, atribuidas a diversos elementos del GAL encarcelados en Portugal, resultaron una flagrante falsedad. Pero ya el fiscal Moscoso había asegurado solemnemente que esas cartas falsarias daban un «vuelco espectacular» a la investigación del caso Amedo y, con base en ellas, ordenó al fiscal del caso (Ignacio Gordillo) que apoyase la petición de libertad de los acusados, si bien añadió que dicha orden era «muy compleja de explicar». Tan compleja que todavía no la ha explicado. Como Gordillo no parecía muy feliz con sus órdenes, exigió su sustitución como fiscal del caso.

Era el mes de septiembre de 1988 y don Javier acababa de declarar que dimitiría antes de ordenar a un fiscal una actuación contraria a la investigación de cualquier supuesto criminal. Pero el divino González ya había pronunciado el discurso del «no hay pruebas ni las habrá» (de la implicación de su Gobierno en los GAL) y de que «el Estado de derecho también se defiende en los desagües y en las alcantarillas». Allí lo defendía Javier Moscoso. No dimitió ni por asomo. Ni con escoplo. Fue cesado por su señor («Dios me lo dio, dios me lo quitó», como Job) y hubo de emigrar hacia la Editorial Aranzadi.

No obstante, se le recordaba con añoranza en la grey felipista y se le rescató del ostracismo político para el nuevo Consejo. Sorprendentemente, si sorpresa cabe, nadie lo vetó pese a la condición de que los candidatos no hubieran ocupado «puestos de especial relevancia política ni partidista». Su comportamiento como uno de los grandes inquisidores conciliares del núcleo duro del felipismo iba a ser implacable. Además, intocable. Cuando Javier Gómez de Liaño, ahíto de su parcialidad facciosa y conocedor de su intensa amistad con Antonio González Cuéllar, abogado-lebrel del polanquismo y enemigo jurado de Javier, lo recusó (igual que a Otero Deus), el Consejo rechazó desdeñosamente, sin razonamiento alguno (como suele), tamaña osadía. Los vocales son irrecusables. Como el destino.

Sin embargo, el Consejo reaccionó coléricamente cuando la ministra de Justicia no accedió a la propuesta del inefable Jesús Cardenal de nombrar a don Moscoso fiscal del Tribunal Supremo. Casi un «llanto militar» recorrió la médula del Consejo, de la Unión Progresista de Fiscales y del PSOE. ¡Qué pena tan lastimosa! Faltan otras cartas portuguesas para que Moscoso no encuentre obstáculos en su carrera profesional.

¿Y qué decir de don Bruno Otero Deus? Fue durante muchos años, en el Ministerio de Defensa, el brazo ejecutor de los designios políticos en la jurisdicción militar, promoviendo a los fieles y rechazando a los sospechosos de independencia (que es, como se sabe, intolerable herejía militar y civil). Muchos excelentes jefes del Cuerpo Jurídico Militar vieron rotas sus aspiraciones por no caerle bien a Bruno Otero. Fue hombre decisivo a la hora de conceder una pensión extraordinaria a Enrique Dorado Villalobos, presunto torturador y asesino de Lasa y Zabala, que había sido condenado, por sentencia firme, por varios delitos de tortura y por un delito de robo con intimidación (expulsado, por esto último, de la Guardia Civil). Cuando Otero declaró sobre este extremo ante Javier Gómez de Liaño, reconoció que el expediente de la pensión estaba recomendado para que se tramitase «con mucha rapidez», hasta el punto de que él lo firmó un día y al siguiente lo firmó el ministro García Vargas (que después declararía que puso su firma sin saber de qué iba la cuestión). Fue también autor del informe del Gobierno González para que no se entregasen a los jueces los papeles del Cesid.

Su actuación institucional en Defensa había llegado hasta el Tribunal Constitucional. En 1992, Otero fue nombrado asesor jurídico del Ministerio después de largos años de ocupar una dirección general. Fue la única forma posible, tras su pase a la reserva, de mantenerse en un puesto relevante dentro de Defensa. El comandante jurídico Genaro González recurrió contra tal nombramiento calificándolo como «irregular, ilegal, arbitrario y constitutivo de fraude de ley». El ministro de Defensa sancionó al comandante con treinta días de arresto por entender que las expresiones que empleó en su recurso no se ajustaban «al buen modo» y eran irrespetuosas. Después de sucesivos recursos contra la sanción, hasta el Tribunal Supremo la confirmó. Posteriormente el Tribunal Constitucional la anuló al entender que los términos utilizados por el comandante «insumiso» eran duros, pero no podían considerarse ajenos «a un razonamiento estrictamente jurídico».

Éste es el personaje seleccionado, a instancias del PSOE, como vocal del Consejo. Ni el candil de Diógenes lo hubiera hecho mejor. Cuando un diputado del PP lo llamó para felicitarlo por el nombramiento, dijo algo antológico: «A los creyentes, la justicia nos acerca a Dios; a los no creyentes, los acerca a la verdad.» Amén.

Don Bruno decidió abstenerse en la Comisión Disciplinaria cuando ésta decidió, por cuatro votos y con la abstención del general, sancionar a Javier Gómez de Liaño por su «falta de respeto» a la Sala de la Audiencia Nacional que lo venía «aclamando» en el caso Sogecable. Entendió el general que no debía intervenir, dado que había intervenido como testigo en el caso Lasa-Zabala y había tenido conflictivas relaciones, desde Defensa, con el instructor de Sogecable. Pero no se abstuvo en el Pleno del Consejo a la hora de denuciar éste a Liaño ante el Tribunal Supremo por la presunta prevaricación «descubierta» por José Jiménez Villarejo en la conducta de Javier. Pese a ello, el Consejo desdeñó, como en el caso de Moscoso, la recusación de Gómez de Liaño contra Otero. Delicias de la inmunidad.

Mientras el PP aceptaba, como si nada, a gentes como estos dos personajes, el PSOE vetaba con éxito a juristas sin contaminación política alguna, como Enrique Miguez o Eduardo Salinas. Y conseguía sin mayores obstáculos la designación de felipistas tan ardorosos como Luis López Guerra (que ya fue vicepresidente apostólico del Tribunal Constitucional), Teófilo Ortega (vocal del segundo Consejo y protegido de Juan José Laborda, antiguo presidente del Senado), María Ángeles Huet y Jacobo López Barja. Estos dos últimos, de clara procedencia ledesmista; el último, antiguo compañero mío de tribunal en la Sección 50 de la Audiencia de Madrid, cuando su actitud garantista era una garantía de buen derecho. No entiendo fácilmente (o lo entiendo demasiado) la animosidad que ambos me profesan. Jacobo y yo trabajamos juntos, dentro de un clima de amistad, cordialidad y camaradería, durante más de un año en el mismo tribunal. Y fui amigo íntimo de Francisco Huet, padre de María Ángeles, al que siempre profesé respeto y afecto y con el que compartí momentos entrañables.

Entre los nuevos vocales de propuesta popular sólo tres me eran conocidos. A Benigno Varela lo traté amistosamente desde que, siendo él juez de Valdepeñas, hice allí las prácticas de la Escuela Judicial. Es un buen profesional, aunque más funcionario que titular del poder judicial. En todo caso, es persona decente y capaz. Tengo un excelente concepto de Margarita Retuerto, que trabajó dura y brillantemente como primera adjunta al Defensor del Pueblo y que debió ser la titular de la institución tras cesar Álvaro Gil-Robles. En cuanto a Enrique Arnaldo, había leído con interés algunos ensayos suyos singularmente inteligentes.

Pero había túnica para todos. CiU conseguía vocal y medio (Francisco Carminal y Esther Giménez-Salinas, propuesta por CiU y PP), que se comportaron como un solo «hombre» en su conexión con Pujol, al que llegaron a consultar telefónicamente si respaldaban o no mi suspensión y la de Javier Gómez de Liaño. Y la respaldaron. IU obtenía otro vocal y medio (Ramón Sáez y Manuela Carmena, propuesta por PSOE e IU), cuyo comportamiento ha sido, en general, independiente. Coalición Canaria, un vocal (Rafael Fernández-Valverde que, a última hora, fue preferido al vetado De Lorenzo). Y el PNV otro, Emilio Olabarría, diputado nacionalista desde 1986 y catedrático de Derecho Procesal de la Universidad de Deusto. Curiosamente, la elección de Emilio fue objeto, por su patente militancia política, de grandes críticas, pero su comportamiento ha sido brillante, laborioso e imparcial, al margen de tribus y facciones.

Para que no cupieran dudas de que nada había cambiado en los hábitos institucionales del Consejo a partir de 1985, todos los vocales sabían, desde que consiguieron la categoría de candidatos, que debían votar como presidente a Javier Delgado. Algunos aparentaron una cierta rebeldía ante la imposición asegurando que, para no dar pábulo a su existencia, debería buscarse a otro presidente. Incluso llegaron a decir que aceptar el candidato pactado políticamente sería tanto como ratificar la mediatización del Consejo por voluntades ajenas al mismo. Y pidieron que los vocales presentasen diversos candidatos «que respondan al perfil institucional y legal idóneo» (lo que nunca he entendido y siempre me ha recordado lo de «y se murió de perfil» de García Lorca por Antoñito el Camborio).

Pero no fue así. A pesar de que, a última hora, varios vocales de abolengo felipista propusieron a Clemente Auger (que aprovechó tan postrimera como inútil iniciativa para rechazar su candidatura y asegurar que él, de ser vocal, votaría a Javier Delgado, magnanimidad que le aseguraría una importante vinculación a la presidencia del Consejo), la elección de Delgado se consumó por unanimidad, como debe ser. En ninguna otra ocasión se había conseguido tal apoteosis. Así, el Consejo que se quería nuevo, superador de adscripciones partidistas y razonablemente libre e independiente, aceptó sumisamente, sin excepción alguna, al presidente que le habían designado de antemano. Debo dejar constancia de que Javier Delgado (un juez decente y capaz) cuenta con mi respeto personal y profesional (como la mayoría de los vocales), pese a su desorbitado afán de consensuarlo todo, hasta la existencia de los arcángeles. Pero ese respeto no está por encima de la verdad. Y ésta me dice que una mínima honorabilidad hubiese exigido frustrar su predesignación oligárquica como presidente. Claro que también el Congreso, el Senado y todos los partidos parlamentarios (salvo los excluidos del botín) participaron obedientemente en la farsa. Ésta se extendió hasta la elección (también por unanimidad) del vicepresidente (el que también lo fuese del Tribunal Constitucional y que quizá lo sea del 6º Centenario de lo de América), Luis López Guerra.

Cuando más necesaria era la dignidad, consenso y sumisión. Todos sabían que no sólo se jugaba una u otra participación partidista en la formación del nuevo Consejo, que no sólo se trataba de dar cumplida satisfacción a las distintas clientelas. Al fondo estaban los grandes procesos penales que se instruían en la Sala de lo Penal del Tribunal Supremo (Filesa y Segundo Marey a la cabeza), la presidencia de esa sala, tener o no mayoría suficiente para otros nombramientos neurálgicos, la capacidad de amparo o desamparo a los jueces más molestos, dirigir en uno u otro sentido el celo disciplinario, etc. Era, sobre todo, el horizonte penal de González el que pesaba como una losa fúnebre sobre el nuevo Consejo. Conocida la afición pujolista por una «democracia madura» (así calificaba el honorable a la consagración de la impunidad para «filesios» y «gálicos»), bastaba con asegurar la lealtad de los vocales felipistas con algún otro apoyo coyuntural para afeitarle los cuernos al toro de la justicia, ya lo bastante romos como para no inspirar excesivo desasosiego.

Hay que recordar otra vez la síntesis de Pablo Castellano: «El primer Consejo representó el ansia de ampliación de sus competencias; el segundo, la ambición de ordenar la dependencia; el tercero, el mejor servicio posible a quienes lo nombraron, condujeron y guiaron.» Faltaba el cuarto. Lo que está representando éste es la gestión burocrática de una subordinación resignada y agradecida. La clausura de cualquier renovación institucional. La confirmación de un sub-poder judicial concentrado en papeles funcionariales. Como había dicho Perfecto Andrés, «la idea de cuota y la lógica del reparto parecen hallarse inscritas tanto en el código genético del sistema como en cada uno de sus gestores». Era previsible la frustración de esta nueva oportunidad histórica «para la profundización de la independencia judicial y el desarrollo de un mejor sentir democrático de la jurisdicción en nuestro país» [5].

El nuevo Consejo me hizo reflexionar de la siguiente manera [6]:

> «Casi se daba por hecho que el inefable Pascual Sala protagonizaría la liturgia de apertura del próximo año judicial aconsejando nuevamente a los jueces prudencia, fortaleza y templanza —que no justicia— o recordándoles la conveniencia de no obsesionarse con la independencia del poder judicial y atender en mayor medida a la "coordinación" con los otros poderes del Estado. Pero ni se ha llegado al sexenio sabático ni al nuevo protagonismo litúrgico de don Pascual. Después de nueve meses de *impasse* e hibernación, jalonados de esperpentos y pesadillas (a la cabeza, la del inolvidable Estevill), tras intensos tejemanejes entre los muñidores de las oligarquías partidarias con mayor

[5] «En la renovación del GGPJ», *Jueces para la Democracia*, julio de 1996.

[6] *ABC*, 26 de julio de 1996.

presencia en el Congreso de los Diputados, apareció la *fumata* blanca. Ha habido de todo, como en las viejas ferias. Codazos de repulsa, guiños de connivencia, vetos de todos los estilos, baile de candidatos que se caen y se recuperan, portazos, ventanazos, telefonemas y arúspices. De todo ha existido en esta caja de Pandora en que se ha convertido el Consejo, en este reparto de cargos y prebendas tan parecido a la meticulosa distribución de un botín institucional, aplicándole, como decía Gramsci, "la ciencia política propia de filisteos de farmacia provinciana".»

»Nada más culminar el acuerdo entre los dos negociadores mayores, los medios de comunicación difundieron la noticia de que ya existía nuevo Consejo. Antes de que Congreso y Senado "eligiesen" a los vocales, la elección se daba por hecha. Y había razón para tal sinrazón. La elección parlamentaria no ha sido sino el refrendo inerte de lo ya decidido por las oligarquías partidarias. Diputados y senadores se han limitado a poner en su papeleta los nombres que les han suministrado sus jefes políticos. Nada sabían de las venturas, desventuras, proyectos y perfiles biográficos de los escogidos. Igual que el Senado votó, por práctica unanimidad, en favor de Luis Pascual Estevill (cuando ya eran estruendosos los signos de su indignidad), han votado ahora las Cámaras, sin fisuras ni reservas, a los candidatos agraciados por la lotería oligárquica.

»Puede que resuene en la mente de la infantería parlamentaria el consejo de Anquises a Eneas para conseguir la grandeza de Roma: "Tú, romano, acuérdate de tratar con cuidado a tus súbditos obedientes y de abatir a los rebeldes orgullosos." No en vano prima en el proceso de selección y votación el clientelismo político sobre cualquier asomo de rebeldía crítica o de radicalidad democrática. Cuando a doña Emilia Pardo Bazán se le dijo, para templar sus duras críticas contra el desamparo cultural de la mujer, que, al fin y al cabo, también recibía una cierta educación, contestó que insuflar espíritu de sacrificio, pasividad y obediencia no era educar, sino domar. Y no parece saludable que para la constitución del órgano de gobierno del poder judicial, que ha de velar por la independencia de éste, se estimulen actitudes de subordinación y conformismo.

»El arte de intrigar ha sido siempre imprescindible para conseguir o merecer en la Corte favores, canongías o providencias. Pero esta necesidad cortesana no debía aplicarse al ámbito del poder judicial, que debe ser sustraído, a toda costa, como quería el Tribunal Constitucional, a "la lógica del Estado de partidos". Ésta es la lógica que se ha impuesto de nuevo después de nueve meses de "cierre por liquidación". Ojalá no se cumpla, ni en sus perfiles mínimos, la caricatura de Aristófanes: "Los jueces obedecen dócil y ciegamente a los gobernantes de cuya voluntad dependen el sueldo, la consideración y el rango." Ojalá todos los jueces y tribunales de este país hagan primar el respeto por su oficio, sus convicciones y su amor por la independencia sobre este clima institucional corrompido por la servidumbre, la docilidad y la obediencia al poder. Ojalá recuerden todos, haciéndolas carne y alma de su actividad, las palabras de Rousseau: "Toda dignidad, todo orgullo, se apoya en la independencia; estar manipulado es estar esclavizado."

»No ayuda precisamente la realidad del Consejo. Si antes se pudo hablar de un "Consejo de nunca acabar" ahora se podrá hablar de un "Consejo de nunca empezar". La oscura y clandestina selección de los candidatos (ya vocales desde su cooptación por las oligarquías partidarias) se vio acompañada por el compromiso de cada uno de los agraciados de votar como presidente a una persona concreta. Es más, el presidente es predesignado antes de subvenirse a la selección de los vocales. Si alguno de los candidatos rechaza la humillante condición de "elegir" a ese presidente, deja de ser candidato. No se puede permitir que los futuros vocales del Consejo actúen, desde el principio, con independencia. Que ejerciten a fondo las cuatro libertades: libertad de expresión, libertad de conciencia, libertad frente a la necesidad y libertad frente al miedo. Al fin y a la postre, tampoco se permite su ejercicio por los representantes de la soberanía popular, que los ha de aclamar (más que votar) en su momento.

»Son exigencias del consenso. Como el que presidió el periodo constituyente. Como el que ha presidido los llamados "pactos de Toledo". Y se defiende con el énfasis propio del fervor apostólico o del fervor que Gide prometía enseñar a Nathanael. Cada vez estoy más convencido de la verdad que encierran las reflexiones de Antonio García-Trevijano sobre el consenso: "En un país europeo y occidental, el consenso de los partidos es de carácter reaccionario y moralmente regresivo porque, al reprimir la disidencia y el espíritu crítico, empobrece la cultura y embrutece a los ciudadanos." Lo imponen el miedo a la libertad y el temor a la discrepancia. Y presupone una visión profundamente pesimista de la sociedad y de la democracia. El consenso es consustancial a la oligarquía. El disenso y la libertad política son esenciales para la democracia. Aunque los candidatos y el presidente consensuados sean personas dignas y cualificadas, ello no desvirtúa la perversión del sistema. Más bien ejemplifica la necesidad de cambiarlo radicalmente. Para este Consejo, ningún Consejo.

»Las reflexiones de Tocqueville resultan conmovedoras: "En la Constitución de cualquier pueblo, sea cual sea su naturaleza, hay un punto en el que el legislador está obligado a recurrir al buen sentido y a la virtud de los ciudadanos." Este punto queda más cercano y visible en las repúblicas y más lejano en las monarquías, pero siempre se encuentra en alguna parte. No hay país en el que la ley pueda preverlo todo y donde las instituciones se basten para sustituir a la razón y a las costumbres. ¿Qué ocurre cuando no existen costumbres democráticas, cuando la razón tribal se impone a la razón jurídica y cuando se desconfía absolutamente del buen sentido y de la virtud de los ciudadanos? Lo que ha ocurrido y lo que sigue ocurriendo. Pueden servir de consuelo las palabras de Goldsmith: "De todo lo que el alma sufre cuán pequeña es la parte que pueden causar o remediar leyes o monarcas." Será pequeña, pero pesa mucho.»

LA PRESIDENCIA DE LA SALA II DEL TRIBUNAL SUPREMO, CON FILESA Y LOS GAL AL FONDO

> «Al romper el vínculo social y al conculcar la confianza del ciudadano, el político corrupto destruye la democracia. El magistrado no hace más que defenderla al atacar a aquellos que la traicionan. Querer ocultar la traición a los ojos de los ciudadanos es traicionar por segunda vez la democracia.»
>
> Renaud van Ruymbeke, *La justicia o el caos.*

> «Si el abuso es inevitable, ¿se sigue de ello que al menos no hay que regularlo? Precisamente porque la fuerza de las cosas tiende siempre a destruir la igualdad es por lo que la fuerza de la legislación debe tender siempre a mantenerla.»
>
> J. J. Rousseau, *El contrato social.*

Estaba en plena efervescencia la guerra de todos contra los cuatro fiscales de la Audiencia Nacional opuestos a la *omertà* de las mafias del poder y a su impunidad. El Consejo había aprobado un informe muy crítico del anteproyecto de Secretos Oficiales, una nueva joya inquisitorial y pretoriana con la que Eduardo Serra pensaba blindar adecuadamente, frente a la justicia, cualquier posible actuación criminal del poder. El fiscal-jefe de Torre Annunziata, Alfredo Ormani, insistía en que el cardenal Carles declarase en una trama de blanqueo de dinero negro procedente del Banco del Vaticano y, al parecer, originado en el narcotráfico. La Fiscalía belga solicitaba el procesamiento del viceprimer ministro del Gobierno de Bruselas, Elio di Rupo, por su presunta relación con una red de abuso sexual de menores. Íñigo Iruín (letrado de la acusación particular en el caso Oñaederra) había interpuesto un nuevo recurso contra el acuerdo del Gobierno español —de 2 de agosto de 1996— de no entregar a los jueces los papeles del Cesid. Y Javier Gómez de Liaño le estaba recibiendo declaración al teniente de la Guardia Civil Lorenzo Báez, acusado de participar en el asesinato de Lasa y Zabala y de inducir al secuestro y apaleamiento del testigo protegido José María Velázquez Soriano.

Todo esto ocurría el 19 de noviembre de 1996, un día antes de que el Consejo nombrase al nuevo presidente de la Sala de lo Penal del Tribunal Supremo. La plaza estaba vacante desde la jubilación de Fernando Cotta Márquez de Prado, cuya actuación había sido decisiva en la tramitación del caso Segundo Marey, en la prevención de las intromisiones de Pascual Sala y en el asentamiento de un cierto clima de objetividad en la sala. Había sido nombrado en junio de 1995, después de una reñida pugna entre Francisco Soto Vázquez (que fue miembro, en la Audiencia de Cáceres, de la "Sala de lo Divino", llamada así por sus altas incursiones metajurídicas) y José Jiménez Villarejo. Ambos empataron a votos y el tercero en discordia fue Fernando. Casi nadie se hacía ilusiones respecto a su entereza para presidir sala tan procelosa, pero superó ampliamente las mejores expectativas. No era ni *progre* ni *progresante*. Se comportó de la única forma progresista en que lo puede hacer un buen juez: con dignidad e imparcialidad, sin servidumbre alguna al poder y a sus aledaños.

Las apuestas favorecían por amplio margen a Luis Román Puerta Luis, quien iba a ser apoyado por todos los vocales procedentes del PP, de CiU, del PNV y de Coalición Canaria. Lograría, por tanto, más de los once votos precisos, ya que también contaría con el respaldo del presidente, Javier Delgado.

Nadie parecía dar demasiada importancia al hecho de que Luis Román hubiese sido uno de los cuatro magistrados que había votado unos días antes —el día 4 de noviembre de 1996— a favor de que González fuese llamado como imputado en el caso Segundo Marey. Algunos ponían de manifiesto que, en definitiva, Luis Román había sido quien propugnó una vía intermedia que lograra la citación de González sin inculparlo formalmente. Se destacaba también que, frente al bloque de apoyo a Puerta, no había ningún otro bloque compacto, porque los vocales procedentes del PSOE y de IU no tenían un candidato claro. Parecían divididos entre José Jiménez Villarejo y Enrique Bacigalupo. Además, las candidaturas de Martín Pallín y de José Augusto de Vega (presidente en funciones desde la jubilación de Cotta) podían restar votos al candidato PSOE-IU.

Sin embargo, algo extraño se estaba moviendo en torno a la elección. Algún sector de opinión especulaba que Pujol estaba molesto por el fuego cruzado de unos y otros y que se había dirigido a Javier Delgado para que tratara de animar candidaturas de consenso. Sin embargo, el Gobierno parecía tranquilo en cuanto al mantenimiento del pacto PP-CiU, que Margarita Mariscal de Gante se esforzaba por asegurar en múltiples idas y venidas.

No obstante, las cosas cambiaron bruscamente el día anterior a la votación. Pujol habló telefónicamente con la ministra de Justicia para comunicarle que los vocales de CiU no apoyarían a Luis Román Puerta por su «radicalismo» frente a González. Más tarde habló con Aznar sobre la inminente visita de éste a Cataluña, sin que el Presidente sacase a colación su conversación con Margarita Mariscal de Gante, de lo que Pujol dedujo que Aznar no concedía mayor importancia a la votación del Consejo. En realidad, hacía un mes que Molins y Almunia habían pactado el apoyo de CiU y de PSOE a un candidato distinto a Puerta. La primera votación dio diez votos a éste (los siete del PP, uno del PNV, otro de Coalición Canaria y el del Presidente), ocho votos a José Augusto de Vega y tres votos a Villarejo. Antes de procederse a la votación inicial había retirado su candidatura Enrique Bacigalupo, y Javier Moscoso se había reunido con los suyos para trazar la estrategia del clan felipista. Como sólo podían pasar a la segunda votación los dos candidatos con más votos y José Jiménez Villarejo no sería respaldado en ningún caso por Pujol (que recordaba amargamente la participación del hermano de José, Carlos Jiménez Villarejo, en lo de Banca Catalana), lo más conveniente era apoyar a José Augusto de Vega. Sólo Elisa Veiga desoyó el consejo de Moscoso. La acompañaron, apoyando a Villarejo, Manuela Carmena y Ramón Sáez.

La segunda votación arrojó un empate a diez votos de Villarejo y De Vega. A este último lo habían apoyado Elisa Veiga y Manuela Carmena, mientras Ramón Sáez votaba en blanco provocando la cólera del grupo felipista, singularmente del *progresante* Teófilo Ortega. Si el empate se producía en la tercera y última votación, habría que aguardar una nueva convocatoria de la plaza. Ésta parecía ser la mejor solución institucional. En primer término, porque no era aconsejable que por un solo voto —si alguien lo cambiaba— se decidiese la presidencia de una sala tan esencial en el inmediato acontecer procesal del Tribunal Supremo. En segundo término, porque José Augusto de Vega no era precisamente un candidato de recibo para una posible (ya casi imposible) regeneración ética y política de nuestro país. No existía felipista de mayor fervor apostólico. Había obstruido al máximo la instrucción del caso Filesa por Marino Barbero (intentando por dos veces, mediante sendos votos particulares, la nulidad de actuaciones instructoras singularmente importantes); había sido el ponente de la sentencia del caso Amedo, en la que dijo aquello de que «no hay pruebas ni las habrá» (sobre la implicación de aparatos gubernamentales en los GAL), en la que negó que éstos existiesen, en la que rechazó la responsabilidad civil subsidiaria del Estado y en la que se consagró la inmunidad de los fondos reservados frente a la justicia; había solicitado el archivo de la investigación sobre los fondos reservados, y había participado, con Enrique Ruiz Vadillo, frente al voto de Luis Román Puerta, en la increíble resolución por la que se le denegaba a Barbero la petición de suplicatorio contra Alfonso Guerra en el caso Filesa. Era amigo de Rafael Vera (a quien visitó, pocos días antes de dictarse la sentencia del caso Amedo para, según el propio Vera, «interesarse» por su hija, funcionaria policial del Ministerio del Interior) y el juez favorito, a distancia, de González Márquez.

Pues fue elegido presidente de la Sala de lo Penal del Tribunal Supremo. Por el voto de Javier Delgado Barrio, que había prometido apoyar, en caso de empate, al candidato de mayor edad. Esta exhibición de «sentido institucional» o, si se prefiere, de «sentido del Estado» hizo posible la elección de tan bizarro magistrado, atraído a las filas felipistas desde la extrema derecha judicial por Fernando Ledesma. Era, no cabe duda, un gran *progresante*: nombrado presidente de la antigua Audiencia Territorial de Las Palmas (en 1981, por el primer Consejo), fue ascendido a magistrado del Tribunal Supremo en 1984 y elegido vocal del segundo Consejo (1985-1990) a propuesta del PSOE.

Ni los más pesimistas esperaban realidad tan escandalosa. Pensaban algunos que la decisión de José Augusto de presentar su candidatura era más bien consecuencia de su posición como presidente en funciones de la sala. Se pensaba también que las candidaturas de Villarejo, Bacigalupo y Martín Pallín eran lo suficientemente fuertes como para dividir el voto PSOE-IU, si es que se intentaba un improbable bloque frente a PP-CiU-CC-PNV. Y, sobre todo, se entendía que Pujol no sería capaz, pese a su proclamada oposición a que González fuese implicado en el caso Segundo Marey, de provocar tan grave fractura de su pacto de Gobierno con Aznar.

Todos parecían olvidar el alma del sistema, de la que formaba parte indisociable la inmunidad de González. Tanto, al menos, como la de Pujol. No se podía consentir que un magistrado partidario de que se pidiese el suplicatorio para actuar contra Guerra en el caso Filesa y que había tenido la osadía de contrariar las exigencias —según Pujol— de una «democracia madura» votando a favor de llamar a González a «su proceso», presidiese la sala del Tribunal Supremo encargada del caso Filesa (de ser nombrado, presidiría el tribunal que lo juzgara) y del caso Segundo Marey. Y no se consintió.

El llanto del Gobierno y de los populares no llegó a los puentes del Manzanares, aunque provocó algunas protestas más o menos formularias, singularmente del vicepresidente del Gobierno, Álvarez Cascos. De Vega, eufórico, dijo: «Mis resoluciones no se rigen por criterios políticos... lo importante es aplicar el principio de legalidad en todas las resoluciones.» Quien vio las cosas más claras fue *La Vanguardia*, que glosó la elección de José Augusto de Vega como una rúbrica rotunda: «Pujol, el juez supremo.» Mucho más que el Consejo en su conjunto y que el Tribunal Supremo. Los vocales de aquél se comportaron con una disciplina partidista sin fisuras. Cada uno de ellos votó de acuerdo con su grupo, «libremente», pero con los suyos. Sin embargo, la más notable exhibición de disciplina fue la de los dos vocales de CiU (Esther Giménez-Salinas dejó de ser «a medias» del PP). Su comportamiento fue ejemplarmente castrense: a las órdenes del mariscal Pujol. Sólo Ramón Sáez se quedó solo. Su voto en blanco puso de manifiesto que no compartía aquel orgasmo de obediencia jerárquica y que IU no participó en la parroquia conciliar.

Sobre el espectáculo del Consejo en la elección de José Augusto de Vega escribí en *El Mundo* estas consideraciones bajo el título «Una espuerta de cal ya prevenida» [7]:

> «Aseguraba la escuela hipocrática que los humores básicos del organismo eran cuatro: la sangre, la pituita, la bilis (o bilis blanca) y la atrabilis (o bilis negra). Al equilibrio de todos ellos se le llamaba *eukrásis* (salud); a su desequilibrio, *diskrásis* (enfermedad). El pasado 20 de noviembre la exhibición institucional del Consejo General del Poder Judicial provocó un decidido desbordamiento de la bilis negra, es decir,

---

[7] 3 de diciembre de 1996.

de la melancolía. La vieja melancolía de la ciudad decrépita que inundaba el alma de don Antonio Machado. La turbia melancolía que produce la comprobación, una vez más, de que todo es empeorable y de que todo ser, en cuanto existe, tiende a permanecer en su ser.

»Este "nuevo Consejo viejo", receptáculo y rompeolas del clientelismo y la servidumbre impuestos por las oligarquías partidarias que deciden el nombramiento de los vocales, no podía eximirse ni eximirnos de ese espectáculo sectario y faccioso.

»No hubo ni una micra de desviación de lo previsible. Dos bloques frente a frente (conservadores y felipistas) con minorías periecas, inclinándose, según la instrucción de sus mayores, por uno u otro. Cualquier observador superficial podía prevenir que el bloque conservador se vería apoyado en este trance por las fuerzas que sustentan al Gobierno en el Parlamento. Pero eso comportaba el desconocimiento de algunas variables esenciales: que el candidato de ese bloque —Luis Román Puerta Luis— acababa de compartir el voto particular favorable al llamamiento de González para que declarara en calidad de imputado en el sumario Marey, actitud que, según Pujol, no es compatible con las exigencias de una "democracia madura"; el candidato inicial del bloque felipista —José Jiménez Villarejo— tenía en su contra ser hermano de su hermano Carlos (promotor de la querella fiscal contra Pujol por lo de Banca Catalana) y, al parecer, contaba con la decidida antipatía de amplios sectores de la Justicia Militar.

»Cuando los felipistas llegaron a la conclusión de que jamás alcanzarían con Jiménez Villarejo los votos necesarios, cambiaron de candidato. Y se sacaron de la faltriquera partidaria a José Augusto de Vega, que era votable por CiU. Pero se encontraron con un obstáculo imprevisto: Ramón Sáez se negaba a respaldar al que era, objetivamente, desde el punto de vista judicial, institucional, ético y estético, el peor de los candidatos posibles. No había otro felipista "que compararsele pueda" ni *progresante* más emblemático. Sus antecedentes eran en tal sentido clamorosos. Si ya en tiempos de normalidad no sería en ningún caso recomendable que presidiese la sala una persona de tan recia beligerancia gonzalizante, era en mayor medida rechazable que lo hiciese cuando de esa sala dependen, en definitiva, el horizonte penal de González y la propia dignidad de nuestro Tribunal Supremo.

»La actitud de Ramón Sáez impedía, pese al apoyo de los pujolistas, la elección de José Augusto de Vega. Parecía imponerse la solución más racional, típica y tradicional en estos casos: dejar vacante el puesto (en el que continuaría en funciones De Vega) y subvenir a un nuevo concurso para cubrirlo, con nuevos candidatos y nuevas posibilidades de aproximación de posiciones. No parecía aconsejable ni adecuado que una cuestión de tal calado institucional se resolviese mediante la decisión del presidente del Consejo, más llamado a arbitrar, moderar y templar que a inclinar la balanza a favor de uno de los bloques. No cabía esperar que persona tan ecuánime, objetiva y prudente como Javier Delgado, que había fustigado, antes de su exaltación a la presidencia del Consejo y del Tribunal Supremo, la aplicación de la lógica partidista a la actuación del Consejo, la invasión de la justicia por el poder político y la consagración de cualquier impunidad del poder y sus delincuentes frente a la justicia, abonase con su voto el campo de minas que ha hecho estallar en pedazos la escasísima credibilidad que aún pudiese tener el Consejo.

»Al parecer, Javier Delgado dijo que se limitó a apoyar al candidato más antiguo en el escalafón judicial, evitando así el espectáculo de la impotencia para cubrir la vacante. Sabe perfectamente, dolorosamente, que ése no era el remedio sino la enfermedad. Más de lo mismo: "el presunto sentido del Estado" y el sedicente “equilibrio institucional” vuelven a disfrazar —aunque sea inconscientemente— el miedo a la justicia, a la verdad y a la dignidad. Otra vez el sueño de la razón de Estado como paridor de los monstruos más deformes y dañinos. Otra vez la servidumbre voluntaria que impone el Estado partitocrático prevaleciendo sobre la lealtad a las propias convicciones y sobre cualquier sentido de la independencia.

»¿Qué tendrá el poder para producir estas claudicaciones personales? Hace poco fue Juan Ortiz Úrculo, que abonó —con su actitud tancredista y con su renuncia a decidir en conciencia, y por derecho, como cabía esperar de su trayectoria humana y profesional— el increíble dictamen del Ministerio Fiscal, oponiéndose a que fuese llamado González a declarar como imputado en “su proceso”. Sus posteriores movimientos erráticos por distintos medios de comunicación fueron conmovedores. Ahora es Javier Delgado, que ojalá no tenga que recordar el triste final de un demócrata tan acrisolado y admirable como Manuel García Pelayo después de decidir con su voto la “bendición constitucional” del adefesio felipista en la epopeya de la expropiación de Rumasa.

»Decía León Tolstoi que el poder, aparte de corromper, cumple otras tres funciones esenciales: embrutecer, intimidar y seducir. Pero la seducción del poder, o por el poder, es incompatible con la justicia y con la verdad e impone sueños dogmáticos no conciliables con una mínima racionalidad democrática. Tampoco lo es el Consejo General del Poder Judicial. Para este Consejo, ningún Consejo. Ya no sirven ni su forma de elección ni su trama ni su urdimbre ni su nombre. Y no es posible vivir cada día con “una espuerta de cal ya prevenida”.

»Madison afirmaba[8] que las causas de las diferen-

[8] *The Federalist*, nº 51.

cias políticas y de la formación de facciones estaban "sembradas en la naturaleza del hombre y nunca podrían ser extirpadas ni modificadas". También en la naturaleza del Consejo General del Poder Judicial. Ya lo había dicho David Hume: "La naturaleza humana permanece invariable en sus principios y operaciones; idénticos motivos producen siempre idénticos actos; los sucesos iguales entre sí proceden siempre de causas asimismo iguales." Quien hubiese pensado que el Consejo había cambiado en algo debiera dedicarse a la mística. Y a hacer suyo el bellísimo poema de Juan de la Cruz: "Abatime tanto tanto / volé tan alto tan alto / que le di a la caza alcance." Es una hermosa forma de alienarse.»

EL LIBRO BLANCO DE LA JUSTICIA

> «Actuaréis como yo quiera y en el sentido que yo quiera. Os encargaréis sin aspirar a dirigir el conjunto, trabajaréis en las tinieblas y más tarde juzgaréis mi obra por sus resultados.»
>
> Alexis de Tocqueville, *La democracia en América.*

Se anunció como bálsamo de Fierabrás o pócima milagrosa de Merlín. Durante casi un año, cualquier pregunta o cuestión que se suscitase sobre la problemática de la justicia era atajada con la remisión a lo que dijese el Libro Blanco. Esperar su advenimiento fue casi una exigencia constitucional desde la formación del nuevo Consejo. Algunos se sorprendieron de que, siendo tan accesibles para el mismo los colectivos de jueces, magistrados, fiscales, secretarios, oficiales, etc., y teniendo tan a mano a los miembros de las profesiones jurídicas de mayor incidencia en el mundo de la justicia, las consultas y encuestas del Consejo se realizasen «orgánicamente», a través de jerarquías, asociaciones, colegios, etc. Pudieron también alarmarse ante la circunstancia de que el diagnóstico y tratamiento de los males de la justicia correspondiera al órgano de gobierno de esa justicia en lugar de hacerlo una comisión de expertos o notables absolutamente al margen del mundo que se analizaba. Es muy probable que, de haberse hecho así, las conclusiones y las propuestas hubiesen sido diferentes. Desde luego, no se hubiesen limitado a perspectivas netamente funcionariales, burocráticas, procesales y reglamentistas. Y es más que posible que se hubiesen abordado los problemas más candentes de la justicia española de nuestro tiempo.

Porque, para empezar, lo más importante del Libro Blanco es lo que omite, lo que no se plantea, lo que no dice. Nada dice sobre la politización de la justicia, es decir, sobre la invasión de los órganos básicos del poder judicial por parte del poder político. Fiel a esta clamorosa laguna, el Consejo no habla de sí mismo en el campo político. Su posición constitucional, la mutilación de sus competencias, el modo de elección de los vocales de procedencia judicial, la responsabilidad política del Consejo, su degradación partitocrática por la falta de transparencia y motivación de sus decisiones son problemas silenciados por el Libro Blanco. No existen. Así como Pedro Salinas estallaba de júbilo poético en la contemplación del mar de San Juan de Puerto Rico («El contemplado») y le decía «si te nombro, soy tu amo», el Consejo debió pensar que si no mencionaba problemas tan molestos, si no los nombraba, era por no ser amo de nada, por despreciar cualquier pretensión dominical. Si no los nombro, no soy su amo. Contra soberbia, humildad.

Sin embargo, aquello era muy grave. En medio de una realidad institucional que presentaba quiebras dramáticas de los principios de legalidad e igualdad ante la ley, con un poder judicial convertido —por falta de efectiva independencia y, por tanto, de verdadera dignidad— en un infrapoder del Estado, en dependencia doméstica apendicular del poder ejecutivo y de las oligarquías partidarias, su llamado «órgano de gobierno», gobernado a su vez por aquéllas, nada dice sobre esas y otras cuestiones decisivas. Consciente de tan enormes agujeros negros, el Consejo dice en la introducción algo conmovedor: «Por razones tanto de extensión como de disponibilidad temporal se han dejado fuera del presente Libro Blanco cuestiones de innegable relevancia [...] que deberán ser objeto, y tal es la voluntad del Consejo, de posteriores estudios e informes.»

Entre esas innegables «cuestiones de relevancia» no cita, ni a título de ejemplo, las ya dichas. Es como si el Consejo se hubiese negado a entrar en campo prohibido, en terrenos donde la discrepancia y el enfrentamiento de posiciones hubiesen impedido la santa unanimidad. O como si fuera consciente de la inutilidad de la empresa.

De todas formas, que el Libro Blanco no mencione ningunas de las realidades institucionales en que se traduce la politización de la justicia patentiza con una insuperable elocuencia la existencia de esa realidad. Al parecer, mentarla y enfrentarse a ella conduciría al suicidio político del Consejo. Como decía Madison, «al dar forma a un Gobierno que debe ser administrado por hombres y obedecido por hombres también, la mayor dificultad reside en esto: primero es preciso capacitar al Gobierno para controlar a los gobernados y, en segundo lugar, obligar a aquél a que se gobierne a sí mismo». El Consejo sólo estaba atento a lo primero: controlar a sus «subordinados». Eso de gobernarse a sí mismo no hacía falta, pues ya lo hacían por él las oligarquías partidarias a las que los vocales les debían su consagración y que les exigían, como tarea prioritaria, el control de los jueces, el adecuado ejercicio del dominio sobre su «carrera», las recompensas y los castigos y los nombramientos pertinentes para garantizar el éxito de ese control.

NADA SOBRE EL MINISTERIO FISCAL

Nada tampoco dice el Libro Blanco sobre el Ministerio Fiscal. Es lógico. Hablar de esta institución equivale, necesariamente, a denunciar la grave carencia, en nuestro país, de un poder judicial independiente. Como ha dicho Bernard Bertossa, «no se puede afirmar sin mentir que se es partidario, a la vez, de la independencia de la justicia y del sistema de dependencia en el que la Fiscalía está legal y psicológicamente inmovilizada» [9]. El Consejo ha hecho algo más grave que mentir: ha silenciado una realidad absolutamente incompatible con la independencia y la dignidad del poder judicial. Que en el Libro Blanco sobre la Justicia ni tan siquiera se mencione el problema, cuando constituye la clave de la dependencia política de nuestro subpoder judicial allí donde el poder político tenga intereses relevantes, resulta, simplemente, estremecedor.

Hace ya mucho tiempo que el maestro Carrara dijo: «Si el Ministerio Fiscal estuviese encadenado al poder ejecutivo, sería una mentira llamarlo representante de la ley, no siendo sino un investigador —representante del Gobierno— que siempre pondrá el querer de éste por encima de la voluntad de la ley.» [10] Con igual crudeza se manifestó Calamandrei: «Decir, por una parte, que la justicia es independiente de la política y, por otra, dar al Gobierno la facultad de decidir —sobre la base de consideraciones políticas— si la justicia debe o no seguir su curso, es tal contrasentido que no hace falta gastar muchas palabras porque salta a la vista su enormidad.» [11]

En el Libro Blanco, el Consejo no gasta palabra alguna. Se limita a citar «la posición del Ministerio Fiscal» entre las materias «de innegable relevancia» que se dejan fuera del Libro «por razones tanto de extensión como de disponibilidad temporal». ¿Y de disponibilidad institucional y política? El Libro Blanco es en esta cuestión más blanco que en ninguna otra. Tan blanco como la nada. O, en expresión de Borges, como «una helada y laboriosa nadería».

---

[9] Citado en Denis Robert, *La justicia o el caos*, Muchnik Editores, Barcelona, 1996.

[10] *Programma*, ob. cit., pág. 61.

[11] «Governo e magistratura», en la obra colectiva *Opere giudiche*, vol. II, Nápoles, 1966, pág. 202.

NADA DEL JURADO NI DE LA JURISDICCIÓN MILITAR

También omite el Libro Blanco cualquier análisis sobre la experiencia de la Ley del Jurado. Desde su puesta en vigor ha recibido críticas desmedidas, singularmente a partir del caso Otegi, por boca de los sectores políticos y judiciales más conservadores. Ha sido, en muchas ocasiones, expresión de la escasa simpatía hacia la institución por parte de amplios colectivos de juristas que hubieran pedido, sin más, su eliminación. O bien han solicitado un Jurado mixto (integrado por jueces profesionales y no profesionales —o escabinos— que debatieran juntos y juntos emitieran el veredicto), o bien han demandado la reducción de sus competencias, hasta el punto de decir que el Jurado se pronuncie sobre los hechos y no sobre la culpabilidad (es decir, que el Jurado deje de ser Jurado). Parecía necesario que el Consejo se manifestase sobre asunto tan polémico y de tanta transcendencia para nuestra justicia. Pues tampoco. Los pensamientos del Consejo sobre la materia continuarán sesteando sobre la rodilla de los dioses.

La jurisdicción militar no existe en el Libro Blanco. Ojalá tampoco existiera en la realidad, pero existe. Y su complejo entramado de jueces togados y tribunales de distinta jerarquía, para juzgar con desigualdad a los desiguales y a los iguales, está coronada por una sala del Tribunal Supremo, o «en» el Tribunal Supremo, que, más que otras funciones, parece tener la de disfrazar la naturaleza de justicia excepcional de la justicia castrense. Sus «jueces» son nombrados y cesados (mediante simple ascenso o cambio de destino) por sus jefes militares y políticos, que pueden ejercer, cuando les peta, una gran influencia sobre aquéllos. Es otro agujero negro de la independencia efectiva de nuestra justicia. pero el Libro Blanco ni lo menciona.

EL CONSEJO SE CONFIESA

A la hora de examinar lo que sí dice el Libro Blanco, hay que retener una afirmación honesta y veraz del presidente del Consejo: la mayoría de las soluciones a los problemas de la justicia no están en manos del Consejo, sino del poder ejecutivo y el poder legislativo. «Este libro es sólo un punto de partida para abrir un gran debate sobre la justicia, que nosotros entendemos debe desarrollarse en el poder legislativo. [...] Nadie debe entender ni interpretar este libro como una iniciativa legislativa, sino sólo como una serie de sugerencias realizadas por un grupo de expertos, [...] es fundamentalmente un programa de trabajo.» Sin embargo, esta confesión de las enormes limitaciones competenciales del Consejo no hace que Javier Delgado se lamente o realice autocrítica alguna: «El Consejo —dijo— no ha reflexionado sobre sí mismo.» Hay que agradecer tan penosa afirmación.

No parece muy de acuerdo con estas reflexiones de Javier Delgado el vicepresidente Álvarez Cascos. Para él, los problemas de la justicia en España «dependen de la propia capacidad del Consejo General del Poder Judicial para resolverlas». El vicepresidente primero del Gobierno indicó que, en un momento en el que «el llamado problema de la justicia forma parte de las prioridades de la sociedad española, es una buena ocasión para explicar a la opinión pública que cada problema tiene distintos planos de responsabilidad y distintos órganos a los que imputar esa responsabilidad». En suma, el Consejo es el responsable de todos los bienes y males de la justicia. Que no esconda su responsabilidad ni enseñe sus muñones. No son pocos los vocales del Consejo que ratifican las palabras de Álvarez Cascos, pero transfieren la responsabilidad de todo a los jueces. Si la justicia camina (según nos dice mi amigo Raúl del Pozo) «con lentitud de asno e instinto de hiena y la separación de poderes es un cuento» [12], la culpa la tienen los jueces. Ni el Gobierno, ni las oligarquías dirigentes de los grandes partidos, ni el Consejo General del Poder Judicial. Sólo los jueces. Sólo ese mar de togas negras al que se quiere convertir en un mar muerto.

---

[12] «Lo que diga la justicia», *El Mundo*, 25 de octubre de 1997.

Lo que destaca por encima de todo a lo largo de las trescientas veinticuatro páginas del Libro es la permanente consideración de los jueces como funcionarios que son titulares de la oficina judicial y cuyo control por el Consejo es la clave de bóveda del sistema. El juez creador, titular del poder judicial, independiente, entrañado en la realidad social a la que pertenece y en la que convive, sin superiores políticos ni jerárquicos (salvo en lo meramente procesal), beligerante en el amparo de los derechos humanos de todos frente a cualquiera (singularmente frente a los poderes políticos y económicos), beligerante también en la defensa y protección de los valores y principios constitucionales (a la cabeza, de la libertad y la igualdad de todos), no existe en el Libro Blanco.

Existe el juez «ahormado» por el Consejo, ejercitador del «turismo judicial» que representan los innumerables cursos «formativos», objeto de la inspección y el celo disciplinario del Consejo, controlado en sus actividades extrajurisdiccionales, controlado en su «productividad» jurisdiccional, baremado en su actividad profesional, incentivado con recompensas del Consejo y amenazado con castigos del Consejo, dependiente de una Gerencia y de un Ministerio para conseguir suficientes medios materiales y humanos en el ejercicio de su jurisdicción y rodeado de jerarquías por todos los lados.

CONTROL Y DISCIPLINA

Sin embargo, el Libro Blanco asegura que, en la actualidad, el juez ha pasado de ser el juez que «sólo es, y siempre es, juez» a ser jurista «que participa como un profesional más en la comunidad de los juristas». Pero no hay que entusiasmarse demasiado. Es preciso «controlar sus actividades extrajurisdiccionales —singularmente las "esporádicas", como dar conferencias, colaborar en diarios y revistas, publicar libros, participar en debates radiofónicos o televisivos, etc.— para que la transparencia de las mismas sea mayor». «Obviamente, tal sistema de control ha de llevar aparejadas las correspondientes sanciones, [...] lo que debe tener un expreso reflejo en el régimen disciplinario.» También debe llevar aparejado el control de los ingresos recibidos en virtud de esas actividades esporádicas, estableciendo el «límite máximo global».

De toda esta «minucia doméstica» (que puede implicar, de llevarse a la práctica, un ataque frontal e inconstitucional a la esfera de derechos de libertad e intimidad del juez como ciudadano) sí habla el Libro Blanco. Sus consideraciones no pueden llegar a encubrir la finalidad fiscalizadora (por vía reglamentista, espesa y municipal) de unos cuantos jueces incómodos. ¿No basta con la comprobación de su «productividad jurisdiccional»? ¿Con el régimen general —ciertamente exhaustivo— de incompatibilidades? El Gran Hermano debe escrutar hasta el último rincón de sus siervos. Los jueces adscritos a la gleba, funcionarios ejemplares, menestrales de pro, dependientes y pastueños, son los que mejor sirven a los ciudadanos. Si este espantajo sigue adelante habrá que postular su inconstitucionalidad y denunciar su torpeza inquisitorial.

Dice el Libro que no se preocupa únicamente por criterios cuantitativos a la hora de fijar «módulos» de productividad. También le inquietan los aspectos cualitativos. ¿Cuáles? No se mencionan. Si un magistrado elabora cuidadosamente sus sentencias, si previamente las debate con amplitud y rigor con sus colegas de tribunal, si dedica un importante espacio de su vida al estudio del derecho y de las ciencias y artes con él relacionadas, eso no cuenta. Cuenta el número de sentencias. Igual pesan las que se dictan o ponen que las que se perpetran o cometen. La calidad y el rigor son una máscara de la eficiencia. Además, exigir un ritmo estajanovista es una sólida garantía de dedicación excluyente. Que no tenga tiempo para ser y ejercer como ciudadano. La justicia del manguito y de la gorra es la mejor justicia posible.

Con motivo de la imposición de una cruz o encomienda de San Raimundo de Peñafort (un inquisidor como patrón de los jueces nunca viene mal), el presidente del Consejo resaltaba que el condecorado sólo se había dedicado a la actividad judicial. No había escrito ni hecho otra cosa. Sólo faltó decir, como máximo elogio, al viejo estilo de la Guardia Civil «informante», que no se le conocía ideología alguna.

Pero hay que ficharlo exhaustivamente. Entre las medidas que se proponen para mejorar el sistema de inspección hay dos singularmente innovadoras (en realidad, nos retrotraen al neanderthalismo judicial más represivo): una «ficha» de cada juzgado u órgano jurisdiccional y un «expediente personal» de cada juez. Mas no hay que asustarse: en el expediente «no se recogerán datos personales que puedan afectar a la intimidad del interesado ni tampoco valoraciones personales sobre sus decisiones jurisdiccionales». ¿Quién decide cuándo afecta y cuándo no a la intimidad del juez? ¿En qué se dintinguen las «valoraciones personales» de las no personales? Que la inspección del Consejo lo decida. Funcionarios y nada más que funcionarios. Así se amojona mejor el redil.

Este burocratismo reglamentista en el que el control funcionarial, la medición de la productividad, el fomento de la competitividad y el despliegue pesquisidor y disciplinario priman sobre la calidad, el rigor, la humanidad y, por supuesto, la independencia de la justicia centró las críticas de las asociaciones judiciales. Todas ellas pusieron el acento en que el Libro Blanco pretendía equiparar el funcionamiento de la justicia a una empresa privada. No está mal: la privatización, también, de la justicia. Como si fuese esa modélica cárcel tejana en la que la eficacia de los empresarios llega hasta la tortura como sistema. Todo ello envuelto, no faltaba más, en la idea del servicio público de la justicia para mejor responder a las demandas y exigencias ciudadanas.

UNA AUDIENCIA NACIONAL MÁS CONTROLADA POR EL PODER

La insistencia del Libro Blanco en el macizo inspector, disciplinario y productivista (lo de los módulos de productividad evoca fatalmente a los módulos penitenciarios), contrasta con la liviandad y la ligereza en el estudio (que no lo es) de cuestiones tan polémicas como la Audiencia Nacional o los aforamientos ante el Tribunal Supremo. Con dos párrafos muy breves se despacha la primera. El Consejo considera que la Audiencia Nacional debe mantener su competencia penal «en aras de un eficaz tratamiento de la delincuencia organizada», pero «las circunstancias especiales del tribunal aconsejan que sus magistrados, en el orden penal, tanto en la sala como en los juzgados, sean seleccionados con criterios adicionales al de la mera antigüedad».

El Libro Blanco no entra en el muy serio debate sobre el quebrantamiento del principio de inmediación que suponen las competencias penales de la Audiencia Nacional. El debate no es sólo doctrinal. Tuvo una importante plasmación legislativa en la disposición transitoria de la Ley Orgánica de 25 de mayo de 1988, por la que se reformaron, para introducir la normativa «especial» antiterrorista, tanto el Código Penal como la Ley de Enjuiciamiento Criminal. Tras atribuir las competencias en esta materia a la Audiencia Nacional, se decía literalmente lo que sigue: «La legislación que pueda modificar esta atribución de competencias se inspirará en el principio de inmediación judicial.» Pues bien, el Libro Blanco lo ignora o lo tacha en aras de un eficaz tratamiento de la delincuencia organizada. Sólo la eficacia decide. Salvando las necesarias distancias, también la eficacia, sin la justicia y contra la justicia, decidió la creación del GAL y la impunidad de la tortura.

Además, ¿cuáles son las «circunstancias especiales» que aconsejan que los magistrados penales de la Audiencia Nacional no sean nombrados, exclusivamente, por el criterio de la antigüedad de los peticionarios? Nada se dice al respecto. La materia es sumamente delicada. Hasta la fecha, la única diferencia básica entre la Audiencia Nacional y el viejo Tribunal de Orden Público es que los magistrados son nombrados por rigurosa antigüedad, no por designación «de confianza». ¿Se va a prescindir de ello? ¿Cuáles serán los «criterios adicionales»? ¿Serán nombramientos discrecionales del

Consejo echando mano de fichas y expedientes de toda laya? ¿Se resucitará aquello de la «idoneidad» que tan bien sirvió para la selección de los jueces no incómodos en el franquismo? Alguna propuesta errática barrunta algo similar. El singular Aviraneta del felipismo —Juan Alberto Belloch— ha preconizado la traslación de las competencias de la Audiencia Nacional a la Sala de lo Civil y de lo Penal de los tribunales superiores de justicia. Así todo queda en casa. Sus tres miembros son nombrados —todos ellos— por decisión de confianza de las comunidades autónomas y del Consejo. Hasta ahora, las designaciones han respondido muy eficazmente a las mejores expectativas del poder. No le han fallado.

UN TRIBUNAL SUPREMO PARA LOS AFORADOS SUPERIORES

Sobre la instrucción por el Tribunal Supremo de causas penales contra aforados, el Libro Blanco prefiere no indagar ni discutir. Es una de las calamidades mayores de nuestra justicia y constituye un ataque escandaloso contra toda racionalidad jurídica y contra el principio de igualdad ante la ley. El «Discurso preliminar de la Constitución de Cádiz» lo decía con rotundidad y belleza: «Una de las principales causas de la mala Administración de Justicia entre nosotros es el fatal abuso de los fueros privilegiados, introducidos para la ruina de la libertad civil y oprobio de nuestra antigua y sabia Constitución. [...] Casi parece un sistema planteado para asegurar la impunidad de los delitos.» [13] Pues el Libro Blanco recomienda, sin más, el mantenimiento de este sistema, aduciendo que no constituye beneficio o privilegio para los aforados, sino «garantía del desarrollo libre e independiente de cometidos considerados esenciales en el funcionamiento del Estado democrático».

---

[13] Miguel Artola, *Textos fundamentales para la historia*, Revista de Occidente, Madrid, 1973, 3ª edición, pág. 508.

El Tribunal Supremo no debiera ser nunca instructor. Cuando así actúa, lo hace mal. No existen en él estructuras que puedan soportar esa carga y, además, sus miembros (designados discrecionalmente por un Consejo partitocrático) están fatalmente vinculados con sus «electores», que, a su vez, lo están con muchos acusados exquisitos cuyas causas son instruidas y juzgadas, en única instancia, por el Tribunal Supremo. O con muy profundos intereses políticos en procesos iniciados contra «enemigos» del sistema. No es verdad que se protejan la función o el «cometido». ¿Qué función o cometido se protegió cuando, por seis votos a cuatro, la Sala II del Tribunal Supremo decidió no llamar como imputado, para no estigmatizarlo, a González Márquez en el caso Segundo Marey? ¿O cuando se les dejó a él, a Guerra y a Galeote fuera del caso Filesa? ¿O cuando se archivó, después de una investigación cosmética, el caso Crillon? Además, el sistema de única instancia en lo penal no se corresponde con un garantismo mínimo. ¿Por qué lo prefieren los acusados excelentes? Nada de todo esto inquieta al Consejo en el Libro Blanco.

Pese a sus omisiones, a sus grandes agujeros negros, a su anclaje en lo burocrático y reglamentista, a su obsesión inspectora y disciplinaria, a su vaguedad en la reforma procesal, a su poquedad e inanidad democrática, a su estrecha y exclusiva visión funcionarial del poder judicial, el Libro Blanco fue aprobado por unanimidad en el seno del Consejo. Y aclamado en el Congreso de los Diputados, sin censura alguna, sin objeciones. Ni un solo grupo parlamentario se permitió la menor crítica. Ni tan siquiera el de IU, con cuyo inteligente y honesto coordinador, Julio Anguita, tantas cosas esenciales he querido y quiero. Es como la doctrina Monroe aplicada a la justicia y a los jueces. Todo para el Consejo. Que cada cual llegue hasta donde pueda y se corrija con mansedumbre al que yerra. Al fin y al cabo, como decía Gellner, «igual que la verdad, la lluvia cae por igual sobre justos e injustos». Todo para el Consejo, aunque sus competencias estén jibarizadas, su voluntad invadida por poderes ajenos y los medios precisos para el funcionamiento de la justicia dependan de otros. Es suya la responsabilidad y en sus manos están las recompensas, favores, disfavores y castigos de los jueces. Aunque, por lo pronto, el Libro Blanco se inscriba en el firmamento de los entes de razón. Como dijo Alain [14], cuando Platón hacía «malos augurios de la democracia, no había pensado bastante en el peso maravilloso de un buen número de sabios sentados en tierra y haciendo acrobacias». O sentados en el Consejo del Poder Judicial y haciendo el Libro Blanco.

LA HORA DE LA JUSTICIA

Una encuesta muy reciente, de julio de 1997, le decía al Consejo cómo estaba la justicia española según los ciudadanos. Los datos eran estremecedores. Un 51 por ciento de los encuestados negaba la imparcialidad de los tribunales. Para un 72 por ciento no existía igualdad ante la ley penal. En la aplicación de dicha ley a los ciudadanos el trato es desigual. Un 47 por ciento de los encuestados opinaba que nuestros tribunales no son coherentes, ya que resuelven casos iguales de forma diferente. La justicia no inspiraba confianza a los ciudadanos. Mucho menos que las Cortes, el Defensor del Pueblo, el Gobierno, los ayuntamientos o la Seguridad Social. Mientras que en la encuesta de julio de 1997 (realizada por Demoscopia a instancias del Consejo) ocupaba el lugar 13 de 15 instituciones, en el sondeo del CIS era valorada al final de todas ellas, con una puntuación de 3,67 sobre 10, es decir, con suspenso radical.

Éstos eran los datos. Una justicia parcial, desigual, incoherente y nada fiable. Una justicia por los suelos. Curiosamente, en la llamada transición a la democracia y en la etapa constituyente la justicia entró en una fase de mayor prestigio ante los ciudadanos. Es posible que éstos identificasen la esperanza con su objeto, en un gesto desesperado

[14] *Propos de politique*, Rieder, 1934.

de fe. Sentían la necesidad de creer en una mayor justicia una vez abatida la dictadura. Pero esta confianza comenzó muy pronto a desvanecerse. La justicia funcionaba mal, en 1987, para el 28 por ciento. En 1990, para el 33 por ciento. En 1993, para el 38 por ciento. Y en 1997, para el 51 por ciento. Una justicia que funciona mal, cuyos jueces no son imparciales, que actúa con desigualdad e incoherencia y que no es fiable.

¿Es ésta la justicia propia de un Estado democrático de derecho? ¿De un ordenamiento jurídico que la proclama, junto a la libertad y a la igualdad, como máximo valor y objetivo esencial de la sociedad y del Estado? ¿No exige una realidad tan dramática análisis, diagnósticos y tratamientos de emergencia? El presidente del Consejo dijo, con motivo de la presentación del Libro Blanco, que era «la hora de la justicia», y que el presidente del Gobierno estaba «obsesionado» con la justicia. ¿Cómo debieran traducirse estas actitudes? ¿En la sustitución, sin más, de un modelo viejo y arruinado por otro que de verdad sea leal con la libertad política y con la independencia y la dignidad de nuestra justicia? ¿O en reformas tan profundas que apenas se pueda conocer, una vez realizadas, el original? Pues no. El Libro Blanco no es —como se ha visto— ni diagnóstico ni tratamiento. Más de lo mismo. Con ligeros retoques cosméticos, procesales, estadísticos y disciplinarios puede andarse mucho camino. El de la rutina y la nadería.

Ésta fue la actitud del Consejo. Había asistido sin zozobra alguna al implacable proceso de eliminación de Javier Gómez de Liaño en el caso Sogecable; había colaborado con su desamparo y su celo disciplinario en el éxito de ese proceso; habían intentado muchos de sus vocales (ocho) aprovechar la causa especial incoada con motivo del «garzonazo» para suspender de golpe a dos jueces desafectos, y había mostrado reiteradamente que no estaba dispuesto a proteger la independencia judicial frente al poder político o, si se prefiere, a luchar por el derecho en contra de la ilegalidad de los poderosos. Pero consideró intolerables las críticas contra el «garzonazo», contra la resolución antijurídica de Ismael Moreno estimando aquella fraudulenta recusación de Gómez de Liaño formulada por Juan Luis Cebrián y contra la conducta —ciertamente bizarra— de José Augusto de Vega manipulando objetivamente una sentencia del Tribunal Constitucional para avalar la anulación del escrito de acusación del PP en el caso Filesa. En los tres casos se habló de prevaricación judicial. En ninguno de los tres las «víctimas» denunciaron a sus «verdugos». En los tres había razones sobradas para dudar (al menos dudar) de la existencia de una recta e imparcial justicia.

EL DESACATO

El Consejo reaccionó echando mano del garrote penal. Había que desenterrar el desacato. No basta con que la injuria o la calumnia contra un juez sea perseguible por simple denuncia de éste, que no se ve obligado, como el resto de los ciudadanos, a querellarse (es decir, a buscar un abogado y un procurador para interponer una querella). Es necesario suprimir también la necesidad de la denuncia, es decir, que el fiscal pueda actuar por iniciativa propia contra el ciudadano que haya presuntamente injuriado o calumniado a un juez. El desacato entró en nuestras leyes penales a mitad del siglo XIX, en el contexto de una clara querencia por el autoritarismo. Fue llamado, con razón, «falsa braga del honor». Como el delito de vilipendio en Italia, aquí sirvió para atrincherar a los jueces frente a las críticas «excesivas» a sus resoluciones, es decir, frente a la libertad de expresión y de crítica. Su eliminación fue exigida, de forma reiterada, por todas las corrientes progresistas del derecho y de la política en nombre, precisamente, de esa libertad y del principio democrático de igualdad de todos en su dignidad personal.

Según las primeras informaciones, el Consejo habría aprobado por unanimidad la recomendación de recuperar el delito de desacato. Luego resultó que ni tan siquiera se había sometido a votación. Y, lo que es más sorprendente, que nunca se había aprobado: todas las críticas (muy duras y casi unánimes) suscitadas habían girado sobre la nada. Pero no era así. Javier Delgado dijo que, en realidad, fue «una reflexión» del Consejo, no un acuerdo. Que el Consejo desaprobaba cualquier deseo de recuperar el delito de desacato, aunque no renunciaba a conseguir algún tipo de protección penal para los titulares del poder judicial. Había que hacer frente al «nuevo problema» planteado, ya que la crítica a las resoluciones judiciales «viable y respetable siempre, ha dado un salto cualitativo y se ha concretado en la atribución de delitos a jueces determinados». Como éstos no denuncian nunca, el ciudadano ve que a un juez se le llama prevaricador y no pasa nada, y aplica el principio de que «cuando el río suena, agua lleva». Así se pone en juego —concluía Javier Delgado— no sólo el honor del juez sino la credibilidad de la administración de justicia.

El País no desaprovechó la coyuntura para señalarme con su dedo acusador. Al parecer, la causa detonante de la iniciativa sobre el desacato habría sido, para dicho periódico, un artículo mío que, bajo el título «Panorama desde el puente», se había publicado en *El Mundo*. También unas declaraciones que hice en la COPE junto a Antonio Herrero. El diario polanquista destacaba que el Consejo había abierto diligencias informativas contra mí por el artículo. Lo cierto es que el secretario de la Comisión Permanente (mi amigo José Martín de la Sierra) me llamó para comunicarme la decisión de remitir el artículo a la Comisión Disciplinaria, pero no tuve más noticias del asunto hasta bien entrado enero de 1998.

Benigno Varela —que estrenó portavocía en tan polémica ocasión— se vio obligado a rectificar sus palabras iniciales asegurando, en la misma línea de su presidente, que no se trataba de resucitar la figura del desacato, sino de posibilitar que el Ministerio Fiscal actuase en estos casos sin necesidad de denuncia o querella. ¿Dónde reside entonces la diferencia con el desacato? La escasamente resistible tentación corporativa de muchos jueces y fiscales determinaría la multiplicación de procesos para defender la «falsa braga del honor» del simple ejercicio de la crítica. Así no se defiende la independencia judicial, sino la inmunidad de jueces y magistrados frente al control social que se ejerce desde la libre valoración de sus resoluciones y actitudes. No deja de ser fascinante que quienes recaban, incansablemente, facultades de control disciplinario e institucional de los jueces los defiendan con fervor inquisitorial del control social. Lo malo no es que su independencia se vea mediatizada por las oligarquías partidarias, por la dependencia del Ministerio Fiscal con respecto al poder ejecutivo y por la propia actuación del Consejo, sino que se critiquen sus resoluciones «destructivamente». De nuevo el viejo discurso sobre la crítica constructiva (la adulación o el éxtasis ante el poder) y la destructiva (la crítica sin más). O sobre la libertad y el libertinaje. Es como el eterno retorno de los feudos.

EL CONSEJO SE ENFANGA CONTRA MI LIBERTAD DE EXPRESIÓN

Cuando escribo esto, las asociaciones de fiscales están exigiendo, una vez más, el cese de Jesús Cardenal acusándolo, esta vez, de amenazar su libertad de expresión. Con una torpeza conmovedora, Cardenal solicitó los buenos oficios del mismísimo Martínez Zato (un prodigio de neutralidad, objetividad y lealtad hacia el fiscal general) para que transmitiese a los representantes de las asociaciones su deseo de que moderasen sus críticas contra el Gobierno, la ministra de Justicia y el mismo fiscal general. Zato lo hizo de muy buen grado. Les dijo que Cardenal le había pedido que los pusiera firmes, amenazándolos con expedientes disciplinarios. Las asociaciones pusieron el grito en el cielo, con toda razón. Aunque no fuese cierta la amenaza castrense y disciplinaria, Cardenal no tenía derecho alguno a pedir a los fiscales que moderasen sus críticas. Era entrometerse ilícitamente en su libertad de expresión.

¿Qué habrían dicho o hecho las asociaciones de fiscales si Cardenal hubiese ordenado la incoación de diligencias informativas a sus representantes? ¿Cómo habrían reaccionado los Belloch, Rubalcaba y compañía? En mi caso, el Consejo no se limitó a pedirme moderación crítica (lo que ya sería deleznable), sino que me notificó la incoación de unas diligencias informativas para «investigar» si por haber escrito dos artículos y participado en sendas entrevistas radiofónicas había incurrido en alguna responsabilidad disciplinaria.

Sabe perfectamente el Consejo que escribo artículos y respondo a las preguntas que se me formulan como un simple ciudadano. Sabe sin lugar a dudas que, en tales casos, no actúo en el ejercicio o con ocasión de mi oficio judicial ni invocándolo. Y es plenamente consciente de que perpetra un atentado flagrante contra mi libertad de expresión. Como ciudadano libre que soy, digo y escribo lo que me peta, sin dar cuenta a nadie ni tolerar inquisiciones de ningún tipo. Si alguien se siente agraviado o calumniado por lo que digo, que actúe en consecuencia. Responderé, también en consecuencia, intentando probar la verdad de lo que publico. Pero el Consejo no tiene derecho alguno a actuar de esa manera. Es muy grave que, pese a que todos sus vocales son conscientes de la ilicitud de esa conducta, insistan en ella, con palmario abuso de derecho y desviación de poder. Busca, con toda evidencia, perturbar y, a ser posible, amedrentar o inducir a la autocensura. Busca también humillar. «Eres inferior a nosotros, podemos fisgar y hurgar en lo que haces con tu libertad de expresión y, encima, obligarte a contestar y a defenderte.» Pues no. Ni como ciudadano ni como juez reconozco la superioridad de nadie. Ni jerárquica ni política.

Inmediatamente antes y después de recibir la tosca notificación torquemadiana y cojuelista, recibí cartas del presidente del Consejo, Javier Delgado, comunicándome afectuosamente (lo que le agradezco) que, según fuentes policiales, mi nombre y fotografía andaban en la documentación intervenida a dos comandos etarras. No quiero hacer demagogia o victimismo del caso, pero es legítimo que piense y diga que ni la ETA ni el Consejo van a doblegar mi sentido y mi ejercicio de la libertad. Que piense y diga que, sea o no cierta la amenaza etarra (que no me consta), ésta, de existir, podría ser congruente con la estrategia del terror. Con la lógica del terrorismo. En cambio, no es congruente ni lógico que un órgano constitucional encargado, entre otras funciones, de la defensa de la independencia judicial (que no es posible sin la dignidad, la integridad moral y la autenticidad democrática de jueces y magistrados), arremeta contra la libertad de expresión, en cuanto ciudadano, de un magistrado.

Ni tan siquiera puede explicarse porque algunos vocales se consideren enemigos míos. Esto agrava aún más el problema. Que se utilice un órgano constitucional para venganzas privadas sería bochornoso. O que se instrumentalice ese órgano para que actúe contra la libertad civil y política de una persona defendiendo el «honor» de los presuntamente agraviados por ella. Como «braga del honor» de unos y otros. Lo que pasó con el «pascualazo» fue emblemático. Sala utilizó el Consejo contra mi persona, pero la Comisión Disciplinaria decidió por unanimidad que mi artículo era ejercicio de mi libertad de expresión y rechazó incoar expediente disciplinario alguno. Y Sala decidió no ejercer acción legal alguna contra mí.

¿Qué pretende ahora el Consejo? Para rizar el rizo de la tosquedad, recibí su notificación (con fecha de 5 de diciembre de 1997 y firmada por una inspectora innominada, de firma ilegible) acompañada de las fotocopias de mis cuatro «delitos de opinión» (el artículo «Cainismo y prevaricación», del 9 de septiembre; una entrevista en la COPE, realizada por Luis Herrero, sin fecha; el artículo «Panorama desde el puente», del 27 de octubre, y una entrevista con Antonio Herrero en el programa *La mañana*, del 27 de octubre, a las 8:10 horas). Venían grapadas. Una buena labor de artesanía. Para que comprobase la eficacia inquisitorial y jetona de la burocracia conciliar. Para que constatase hasta qué nivel llegaba el aliento y el ojo vigilante del Gran Hermano.

¿Cómo es posible que personas dignas como Javier Delgado, Emilio Olabarría, Manuela Carmena, Ramón Sáez,

Enrique Arnaldo, Margarita Retuerto, Benigno Varela, Elisa Veiga, Marcelino Murillo y otras toleren estos comportamientos? Se me dirá que después terminan en nada. Pero es falso. Lo indigno es que comiencen, no depende de cómo terminen. A Pura Mañas, mi compañera, le dio asco leer el oficio y ver las fotocopias de los dos artículos y de las dos entrevistas grapadas a aquél. Estas últimas venían transcritas con la fórmula guardiacivilesca «pregunta», «respuesta». Así actuó el Consejo. Como dijo Albert Desnos, «en el sueño de Rose Sélevy hay un enano salido de una olla que viene de noche a comerse su pan». Pues que se lo coma.

LOS JUICIOS PARALELOS

Porque no todo fue la marejada del desacato. También se produjeron reacciones en cadena contra los llamados «juicios paralelos». Nunca entenderé la expresión. Si son verdaderamente paralelos a los juicios que se siguen ante los tribunales, nunca llegarán a tocarlos y no habrá problema alguno. El problema podía surgir de los juicios «perpendiculares», «diagonales» y «oblicuos». De los juicios que se realizan en los medios de comunicación al mismo tiempo que en los tribunales y que puedan suponer, según se dice, una «intolerable presión sobre los jueces», la deformación de la realidad ante la opinión pública y el linchamiento de los acusados, testigos, jueces, fiscales, policías y médicos forenses. Se denuncia, en definitiva, la «espectacularización» de la justicia, su sometimiento al «tótem» de la audiencia, a las exigencias dramático-mercantiles de culebrones y *shows*. Pero nunca entenderé el alcance y las consecuencias de esa denuncia. ¿Se pretende una reacción censorial o punitiva? ¿Se quiere decir que es preciso legislar para impedir los llamados «juicios paralelos» con amenazas penales o administrativas? ¿Se pretende una defensa numantina del secreto sumarial potenciando y ampliando las consecuencias penales de su transgresión?

Estas y otras preguntas similares nunca son contestadas limpiamente. Siempre con los rodeos y tópicos precisos para que no se entienda bien la intención de las respuestas. O de las propuestas. Así, el vicepresidente del Consejo, Luis López Guerra, dijo en Mérida, el 13 de noviembre de 1997, con motivo de una reunión del Consejo con el Conselho Portugués de la Magistratura, que «existe un problema derivado de la expansión de los medios de comunicación sobre los procesos judiciales», por lo que pidió una «reconsideración acerca de cuál deba ser la relación de los medios con la justicia para evitar la conversión de los procesos en un espectáculo». Antes había dicho que era preciso prohibir a los testigos que hablaran de los procesos ante los medios de comunicación. Luis Martí Mingarro, decano del Colegio de Abogados de Madrid, destacó con fervor la condición pública del proceso y subrayó que la información de lo que es público (y el proceso lo es) «no puede ser restringida». Pero esa información ha de ser libre y veraz «porque no puede seguir generando uno de los males que nos aquejan: la celebración de juicios paralelos, en la plaza pública o en la pantalla, en los que los medios, los líderes de opinión o los voceros interesados dictan veredictos que hacen prácticamente heroica la independencia de los jueces a la hora de dictar sentencia... ésta tiene que dictarla el juez independiente, no la calle».

¿Cómo se consigue superar este galimatías, este conjunto de intenciones contradictorias? Desde luego, no con secretismos, ocultaciones, inquisiciones y «huidas hacia lo penal». Dijo Jeremías Bentham que «la publicidad es el alma de la justicia; no hay justicia sin publicidad». Puestos a optar, es necesario preferir los excesos de la información y la publicidad, los «juicios» de los medios de comunicación, a los abusos del poder y a los juicios contra los medios de comunicación.

Además, ¿a qué jueces y a qué justicia se pretende proteger de los juicios paralelos? Si un juez no tiene el coraje y la decisión necesarios, la personalidad y la integridad precisas para no sentirse perturbado o inquietado por la presión de los medios, no sirve. Que se dedique a otra cosa. O a ser juez en un sistema sin libertad. Como decía Bobbio, la democracia es el gobierno público de lo público y la justicia o es pública o no es. Todavía recuerdo a un colega de la plaza de Castilla que pidió en una Junta de Jueces el amparo de sus compañeros porque lo había presionado telefónicamente un director general del Ministerio del Interior. Dijo que sufrió una lipotimia. No valía para ser juez.

Si el exceso y el abuso informativo llega hasta la calumnia o la injuria, el descubrimiento y revelación de secretos u otra figura delictiva, que se ejerciten las acciones correspondientes. Lo que no debe ser en una sociedad que se llama democrática es el sacrificio de la libertad de expresión e información con el pretexto de impedir «juicios paralelos», defender la intimidad o el honor aun antes de que sean o puedan ser vulnerados o preservar preventivamente el secreto sumarial o cualquier otro de los que abundan entre los pliegues del poder. Cuando se ataca la libertad en nombre de la seguridad se acaba por destruir, juntamente con la libertad, la seguridad misma. Los que practican el discurso de poner límites eficaces a la libertad de expresión e impedir los juicios paralelos; quienes lamentan la degradación informativa sobre las actuaciones judiciales para, a continuación, exigir el repliegue del derecho a la información en aras de la seguridad jurídica, la objetividad y la veracidad, no son amigos de la libertad. Prefieren la calma de los cementerios a las tempestades de la democracia.

Sería más razonable y democrático que el Consejo se decantase por un sistema de auto-regulación deontológica de los medios de comunicación, que incluiría instancias arbitrales —creadas y elegidas por consenso de los propios medios— para el supuesto de conflicto insoluble dentro del órgano de coordinación y consulta que se estableciese. Las resoluciones de esas instancias serían de obligado cumplimiento y sólo podrían ser recurridas ante los tribunales cuando se hubiesen conculcado principios y garantías esenciales ocasionando indefensión a cualquiera de las partes en conflicto. Esta iniciativa plantea, es cierto, problemas complejos y delicados, pero se perfila como la única solución democrática si no se quiere que, de forma recurrente y cada vez más amenazadora, se saquen a colación instrumentos o procedimientos de represión de la libertad de expresión y del derecho a una libre información veraz.

Antes de plantearse fórmulas o recomendaciones de este linaje, el Consejo debería reflexionar en las palabras de Achille Battaglia sobre los deplorables efectos antidemocráticos de cualquier política de mediatización de la libertad de expresión para proteger, teóricamente al menos, el «honor» de la justicia, de los jueces, de los políticos o de la policía frente al vilipendio, la calumnia o la injuria. Lleva siempre consigo la «multiplicación de procesos inhábiles y necios que nacen de la convergencia de dos actitudes: la de las burocracias acostumbradas a recurrir al uso de la fuerza frente al ciudadano que critica y censura; y la de algunos sectores políticos dispuestos a recurrir a la "protección de la democracia" frente a movimientos y fuerzas que irrumpen en la vida asociada con el ímpetu de lo que ha sido por mucho tiempo comprimido y abolido».[15]

EL CONSEJO REPRENDE A LOS CRÍTICOS

El Consejo no manifestó precisamente un profundo respeto a la crítica y a la objetividad al salir al paso de algunas valoraciones políticas sobre la sentencia del Tribunal Supremo sobre la Mesa de HB y de ciertas actitudes frente al poder judicial en su conjunto. Su reunión de 17 de diciembre de 1997 iba a examinar un informe de la Comisión de Estudios sobre la aplicación de la Ley del Jurado. El Consejo había aprobado una moción del PP en la que se proponía pedir informes a la Fiscalía General y al Consejo sobre la experiencia del Jurado para valorar si era necesario introducir reformas en su regulación. Pero los vocales no habían estudiado suficientemente el informe de la Comi-

---

[15] *I giudici e la politica*, Mondadori, Bari, 1962, págs. 44 y 45.

sión de Estudios y decidieron abordar este asunto en la reunión del 14 de enero.

El Consejo optó por el lamento y la denuncia frente a «las críticas generalizadas sobre la actuación del poder judicial, cuyas actuaciones deben ser tratadas con la consideración debida» (son palabras del portavoz Benigno Varela en su información sobre el Pleno del 17 de diciembre). Nadie se habría sorprendido ante estas reflexiones si su causa hubiese sido la que se esperaba. Si acaso, porque se realizaban muy tardíamente. El Consejo no podía haber olvidado las tremendas acusaciones, generalizadas e indiscriminadas, de González Márquez cuando habló de los «irresponsables, cínicos y descerebrados o algo más» que andaban en la judicatura española. Estaban muy recientes las palabras de Joaquín Almunia exigiendo la expulsión de Gómez de Liaño de la carrera judicial porque no merecía «ser juez en activo, pues la justicia en sus manos no recibe la confianza de los ciudadanos», y a muchos de ellos, incluido él mismo, «les gustaría pedir amparo ante alguien frente a Gómez de Liaño». Éste pidió amparo al Consejo y, como es habitual, el Consejo lo desamparó con una explicación fáustica: como las palabras de Almunia se referían al asunto de los vídeos progálicos y Gómez de Liaño ya no era instructor del caso, no cabía perturbar su independencia (a lo que se ve, Almunia sólo afirmaba que Liaño no merecía ser juez de ese asunto, no de otros).

Muy recientes estaban también las reacciones vitriólicas de diversos líderes felipistas frente a la sentencia del caso Filesa. Había sido «una sentencia política», una prueba de que, en lugar de justicia, había existido persecución contra Sala, Navarro, Flores, Oliveró y compañía. Pancartas y octavillas contra el tribunal «iluminaron» a los ciudadanos barceloneses sobre la iniquidad de la sentencia y Belloch manifestó que «se avergonzaba de ser magistrado». No siguió el consejo de Montaigne: «El lenguaje falso es mucho menos sociable que el silencio.»

El Consejo nada dijo al respecto. Enfocó su artillería contra los menos poderosos. En primer lugar, contra Alfonso

Guerra por haber dicho algo tan franciscano (dentro de su retórica política) como que «la Audiencia Nacional es un peligro nacional». Pero Guerra ya no tenía poder tras haber sido laminado por el núcleo puro y duro del felipismo. Era un *outsider*, y su ex hermano González había prometido, ya en 1993, librar a España de su existencia (hay que pensar que sólo se refería a su existencia política). Ningún vocal de procedencia felipista salió en su defensa. Que los muertos entierren a sus muertos. Cabía aplicarle la afirmación de Alain: «He ahí un hombre que piensa mal y no está en su sitio.» A por él.

El segundo agraciado con la bronca fue Carlos Garaicoechea. Había calificado la sentencia condenatoria de los dirigentes de HB como «un hito de despropósitos judiciales», resaltando el carácter político de la resolución y su nula correspondencia con los principios y el marco jurídico propios de un Estado de derecho. La suya era una crítica seria, y si hay algo que no se puede imputar a Carlos Garaicoechea es falta de caballerosidad y respeto a personas e instituciones. Pero no tenía vocal alguno en el Consejo que pudiese defenderlo de la cólera conciliar. Abroncarlo era gratuito. Su coraje, su decencia y su inteligencia estaban al margen de cualquier oligarquía poderosa.

En nombre del PNV, Xabier Arzalluz había censurado con gran dureza la sentencia: «La combinación de presiones políticas, clima social preparado y disposiciones penales cuidadosamente afiladas pueden constituir en el futuro marcos de condena para otros comportamientos políticos no afectados por el poder, [...] el poder judicial presenta síntomas de descomposición y se ve zarandeado por presiones políticas o grupos de intereses o ambientales [...] y ello es un fenómeno mucho más grave para la democracia que las lesiones que el poder ejecutivo ha causado deliberadamente al Estado de derecho.»

El PNV tenía perfecto derecho a realizar estas críticas, le doliesen a quien le doliesen, pero no deja de llamar la atención que las manifestaciones de Arzalluz no mereciesen la bronca conciliar y que ésta se alzase contra Carlos Garaicoechea. ¿Influyó el apoyo del PNV al Gobierno? ¿O la presencia en el Consejo de persona tan lúcida y combativa como Emilio Olabarría? Los dos factores juntos. Pero el sentido esencial de la igualdad y, por tanto, de la justicia, no puede consentir estos disparates.

Menos mal que la Sala de Gobierno del Tribunal de Justicia del País Vasco remedió en parte la omisión del Consejo remitiéndole, por si no se había enterado, el comunicado del PNV. Lo acordó así, por mayoría, el día 30 de diciembre. Una discrepancia radical entre dos miembros de Jueces para la Democracia otorgó un plus de fascinación al enredo. Mientras Luis Garrido propuso tan inteligente iniciativa por si el comunicado peneuvista pudiese «encerrar una deslegitimación del poder judicial en el País Vasco», Manuel Díaz del Rábago se identificó íntegramente con la valoración del EBB (Comité Ejecutivo) del PNV. Menos mal que los curas censores y los Sansón Carrasco no llegaron al consenso en esa necedad.

La verdad es que las aguas bajaban turbias en la relación del Tribunal Superior de Justicia del País Vasco con el PNV. El anterior 10 de octubre, la misma Sala de Gobierno había decidido enviar al Consejo la petición de amparo del magistrado Juan Luis Ibarra, que se había sentido perturbado en su independencia por las críticas del diputado foral peneuvista José Luis Bilbao. Éste había atribuido a Ibarra una actitud de parcialidad en cierto asunto judicial, parcialidad que se justificaba en que Ibarra había tenido un cargo político en el Ministerio de Justicia siendo ministro Juan Alberto Belloch, que no hacía mucho tiempo había calificado líricamente a ciertos nacionalistas vascos como «ratas». ¿Estaba picada la Sala de Gobierno con el PNV hasta el punto de comprometer tan torpe como inexplicablemente al Consejo?

El tercer agraciado fue Julio Anguita. En línea con el mejor radicalismo de su discurso sobre las mafias del poder y el lento pero efectivo golpe de Estado que están desarrollando en nuestro país, había denunciado la existencia de «una mafia de intereses espurios en los que está implicado el poder judicial». Cosas mucho más descarnadas se han dicho sobre la realidad institucional y funcional de nuestra justicia. El propio Julio Anguita había insistido una y otra vez en la profunda y bastarda politización de los órganos básicos del poder judicial, de sus más altas jerarquías políticas y orgánicas. Pero aquel 17 de diciembre convenía señalarlo como ejemplo de lo que no debe ser. ¿Opusieron seria resistencia a la reprensión conciliar de Anguita los dos vocales —al menos uno y medio— que se sentaban en el Consejo a propuesta de IU? El secreto de las deliberaciones los preserva de su conocimiento público.

El portavoz Varela pidió, en nombre del Consejo, una «mayor ponderación de las críticas a las actuaciones del poder judicial». Y añadió algo sorprendente: «Si se hacen imputaciones tan graves como éstas, al menos se debe pedir que se presenten pruebas, ya que al Consejo le interesa mucho tener estos datos.» ¿Pruebas de que la sentencia del Tribunal Supremo contra la Mesa Nacional de HB es un despropósito? ¿Pruebas de que el poder judicial presenta síntomas de descomposición? ¿Pruebas de las presiones políticas sobre un poder judicial cuyo órgano de gobierno es designado por las oligarquías partidarias? ¿Pruebas de las mafias infiltradas en las instituciones políticas y judiciales con la intención de patrimonializarlas, privatizarlas o mediatizarlas, con *omertà* y «hombres de honor» incluidos? Mi amigo Benigno Varela pedía la redacción de tratados completos sobre la materia. Ni el Aquinate serviría. Las «disputaciones metafísicas» nada tienen que ver con la opinión de las personas dedicadas al mundo de la política sobre el funcionamiento de la justicia. El Consejo no tiene legitimidad alguna para pedir lo que pide. Sobre todo cuando sus debates son secretos y sus acuerdos no tienen por qué motivarse. Que así se escriban y así se cumplan. No sabe usted con quién está hablando. Las explicaciones, para los menestrales.

EL CONSEJO CONTRA JULIO ANGUITA

En el caso de Julio Anguita llovía sobre terreno empapado. El 25 de agosto de 1997, *El Mundo* publicaba una información sorprendente. La resolución dictada por el Tribunal Supremo (notificada el 21 de julio de 1997) zanjando las alegaciones de las partes, en la vista preliminar del caso Filesa, sobre presunta vulneración de derechos fundamentales y otras cuestiones de previo pronunciamiento, incluía una cita falsa de una sentencia del Tribunal Constitucional para justificar la anulación del escrito de acusación formulado, en nombre del PP, por el abogado Juan Carlos Montero. La anulación de dicho escrito determinaba la reducción a doce de los veintiséis acusados por la propia sala en su anterior resolución del 20 de diciembre de 1996. De ambas resoluciones era ponente José Augusto de Vega.

La anulación del escrito se fundamentaba en que, a lo largo de sus 545 folios, «sólo contiene una serie de comentarios generales sobre aspectos también generales de la causa, con ausencia de hechos concretos [...] fundamentadores de una presunta responsabilidad criminal». Esta falta «de claridad en los hechos» producía indefensión, por lo que el escrito se tenía «por nulo e ineficaz». La sala explicaba su tardía reacción ante un escrito que calificaba de radicalmente nulo en que ninguna parte había denunciado hasta ese momento «las serias irregularidades» en que incurría. Antes de iniciarse el juicio oral, el tribunal no podía «limitar derechos ni ejercitar una oficiosa defensa de los acusados». El número de éstos había ido bailando sin cesar: para Marino Barbero eran treinta y nueve, para Bacigalupo siete, para José Augusto de Vega (en diciembre de 1996) veintiséis. Y ahora doce. Todo muy normal. Igual que ocurriría en un proceso contra Pepe López o Paco García.

Además, la resolución citaba una sentencia del Tribunal Constitucional que resolvía el recurso de amparo presentado por la acusación particular en el caso del Nani contra la denegación de un escrito acusatorio por haberse presentado fuera de plazo. El Tribunal Constitucional se refería a que la nulidad del escrito estaba perfectamente justificada en la extemporaneidad del mismo. Ello no tenía nada que ver con el caso Filesa, en el que el escrito de la acusación particular se había presentado en plazo. Es más:

no se conocen precedentes de que un escrito de acusación haya sido declarado nulo una vez iniciada la vista o juicio oral, casi dos años después de su presentación, tras haber sido tenido en cuenta en el auto de De Vega, de 20 de diciembre de 1996 (que aumentó a veintiséis el número de acusados). Y sin que ninguna de las partes hiciese objeción alguna al escrito en todo el proceso intermedio (desde el auto de apertura del juicio oral hasta el comienzo de la vista).

La sentencia del Tribunal Constitucional en el caso Nani (101/89) decía exactamente así:

> «[...] Tiene su origen directo o inmediato en actos u omisiones de los órganos judiciales, estando excluidas de su ámbito protector las debidas a pasividad, desinterés, negligencia, error técnico o impericia de las partes o de los profesionales que las representen o defiendan. Y ya se deja dicho que la preclusión del término de calificación provisional conferido a la demandante tiene causa exclusiva en su voluntario incumplimiento, sin que en modo alguno haya intervenido en el mismo acción u omisión del tribunal que declaró dicha preclusión.»

Es decir: que la acusación particular había presentado su escrito fuera del plazo procesal establecido al efecto. Por eso no se permitió su incorporación a la causa, no por el contenido del escrito.

En el auto del que fue ponente De Vega se dice literalmente lo que sigue:

> «[...] Tiene su origen directo o inmediato en actos u omisiones de los órganos judiciales, estando excluidas de su ámbito protector las debidas a la pasividad, desinterés, negligencia, error técnico o impericia de las partes o de los profesionales que las representen o defiendan, siendo así que la preclusión tiene causa exclusiva en el incorrecto contenido del acta de acusa-

ción sin que en modo alguno haya sido debido a acción u omisión del tribunal que declaró dicha preclusión.»

Se puede observar que las dos resoluciones transcritas son idénticas salvo en lo subrayado. El auto transcribía literalmente la sentencia del Tribunal Constitucional, pero modificando su razonamiento básico, que, pese a ello, figuraba entre comillas, como si formara parte de la sentencia. Terminada la cita de ésta, el auto añadía: «Esto es lo que dice elocuentemente la sentencia citada.» Después se dijo que el único problema consistió en poner las comillas más allá de donde terminaba la cita.

Un *lapsus calami* puede producirse en cualquier resolución. Pero no de tanta entidad en asunto de tan grande relevancia. Pero no cuando el ponente sabe cuántos ojos miran hacia él, cuántas lupas se utilizan, cuántos recelos ha suscitado la causa desde su inicio, cuánto escándalo produjo que la sala (con el concurso de De Vega) se negase a pedir el suplicatorio solicitado por Marino Barbero para proceder contra Alfonso Guerra, cuánto fue el asombro causado por los votos particulares de José Augusto de Vega contra la instrucción de Marino Barbero (instando la nulidad de diligencias esenciales). ¿Cómo aceptar, después de todo esto, que se tratase de un simple «error de transcripción»? La fe del carbonero queda en mantillas ante la que se exige en este caso. Ni la razón ni la fe son suficientes para explicarlo. Ni tan siquiera ese abrazo trágico entre fe y razón que Unamuno sitúa en el hondón de la conciencia.

Julio Anguita reaccionó con dureza. «Es el caso más grave que conozco. Coger una sentencia de un alto tribunal y trasladarla a otra resolución, pero falseada, es manipular los hechos. Esto tiene que aclararse.» Mientras se aclaraba o no (nunca se aclararía), Anguita entendía que José Augusto de Vega podía ser considerado «un presunto delincuente». Para que no cupiesen dudas de que decía exactamente lo que quería decir, repitió varias veces la expresión: «Un presunto delincuente.»

Era el 26 de agosto de 1997. La movilización institucional contra Anguita fue inmediata. La Sala de Vacaciones del Tribunal Supremo no pudo esperar al Consejo ni a la Sala II del propio tribunal. Dijo rápidamente que sus declaraciones «ponen en peligro la credibilidad ciudadana en la justicia». Nada sobre el hecho denunciado. Era mejor tacharlo de la realidad. La Sala II decide que no existe manipulación documental alguna. El problema es simplemente mecanográfico: trasladar unas comillas. ¿Y el invento de una doctrina inexistente del Tribunal Constitucional? Más se perdió en Cuba. Otra vez hay que fijarse en el dedo y no en la llaga.

El Consejo se llevó la palma en el encausamiento de Julio Anguita: «Sus afirmaciones exceden con mucho de los límites admisibles de la crítica [...] y son imputaciones desmesuradas y carentes de toda proporción con los hechos que las generan.» Sin embargo, la Comisión Permanente del Consejo (que otorgó así, implícitamente, el amparo solicitado por De Vega) no entró a valorar el «acierto o desacierto» de la resolución del Supremo ni dio respuesta a la principal queja de José Augusto: la existencia de una estrategia urdida por *El Mundo* a la que se unieron otros medios para «inquietar y perturbar» su independencia de actuación. «Un acoso que está minando mi prestigio y mi salud.»

Anguita respondió con limpieza y dignidad a la reprensión del Consejo y al vocerío difamatorio de unos y otros. Se ratificó en lo que dijo y mostró su extrañeza por el hecho de que ni el Consejo ni nadie hubiesen intentado una explicación coherente y consistente de la manipulación objetiva de una sentencia del Tribunal Constitucional. Defendió su derecho a la crítica, como ciudadano y como político, y denunció que, desde las elecciones de 1996, se le criticaba «sin piedad» desde el interior del sistema. Añadió reflexiones importantes. «Aquí no tendría que haber nadie intocable.» El silencio y la prudencia que el Consejo exigía le recordaban *La casa de Bernarda Alba*. Un silencio opresor y connivente, la complicidad con las más feroces represiones y la colaboración con la injusticia. Un compañero común rebajó la evocación recordando simplemente el coño de la Bernarda.

Deseo retener algunas actitudes significativas. Margarita Retuerto (miembro de la Comisión Permanente del Consejo) se abstuvo en la votación. Andrés Ollero recordó los lastres políticos de ciertos magistrados, que el Consejo no podía ocultar, y que lo que había que juzgar era el caso Filesa, no a Julio Anguita. Pablo Castellano denunció la «situación absolutamente escandalosa de la Sala II del Supremo», señaló que las «palabras de Anguita se escuchan todos los días a muchísima gente» y dijo literalmente lo siguiente: «Aquí ha habido una vulgar manipulación de una sentencia y eso es una irregularidad gravísima [...] sin que quepa hablar de error, ya que las sentencias, además de pasarse a máquina, tienen que ser leídas por los magistrados que las firman. [...] No tiene ninguna explicación que si algún magistrado se ha sentido calumniado o injuriado no haya interpuesto la correspondiente querella o demanda.» Nadie la interpuso, pese a que el Consejo animó a De Vega a recurrir a los tribunales «si creía lesionado su honor». Se limitó a pedir amparo y a exhibir su tristeza. Era un idealista vapuleado injustamente por los yangüeses de turno. Un incomprendido favorito de Astrea.

Jiménez Losantos se refirió al asunto con la necesaria crudeza: «Ahora resulta que el que daña a la justicia no es el juez que no juzga, sino Anguita por decir lo que piensa media España y supone, aunque calla, la otra media. La credibilidad judicial no ha sido puesta en entredicho por Anguita. Para eso tenía que existir credibilidad judicial y en eso sólo creen los favorecidos por su inexistencia. Con toga o sin ella.» [16]

Venían a cuento las palabras de don Manuel Azaña recabando el honor de ser llamado sectario por decir la verdad: «Tengo la soberbia de ser, a mi modo, ardientemente sectario; en un país como éste, enseñado a huir de la

[16] «Credibilidad judicial», *El Mundo*, 4 de septiembre de 1997.

verdad, a transigir con la injusticia, a refrenar el libre examen y a soportar la opresión ¿qué mejor sectarismo que el de seguir la secta de la verdad?» [17]

Curiosamente, también se expresó como sectario uno de los miembros del tribunal de Filesa, Ramón Montero Fernández-Cid. Diversos medios de comunicación publicaron (sin ser rectificados ni contradichos) que el día 3 de septiembre, cuando se encaminaba con sus colegas hacia el Palacio de Justicia para iniciar, tras el almuerzo, la sesión de tarde del juicio, a preguntas de un periodista dijo con tranquilidad: «Este juicio es una mierda y lo único que merece la pena son las tetas de la abogada del PP.» Julio Anguita fue más benévolo. Pero menos telúrico y mastofílico.

Le dediqué a este asunto unas reflexiones en *El Mundo.* Se titulaba «Una justicia augusta». Decía así:

> «Se han movido los cimientos del sistema. El complejo político-judicial es una piedra angular de éste. Uno de sus ejes diamantinos. Ha sufrido, como del rayo, una profunda conmoción, casi un seísmo. No es que de pronto se haya descubierto la instrumentalización de la justicia al servicio de los poderosos (lo que es una realidad tan sólida como ilustrada); es que el episodio ha sido de una luminosidad cegadora, como el rayo que derribó a Saulo en el camino de Damasco. Al mismo Saulo de Tarso que, en su epístola a los romanos sobre la moderación, los exhortaba así: "No seáis prudentes más de lo necesario; mas sed prudentes con sobriedad."
>
> »Esto de la prudencia tiene mucho que ver con la retórica oficial de la justicia. Más que ésta, mucho más que la verdad, la libertad o la igualdad. Aquí se es infinitamente más prudente de lo necesario. La prudencia se practica con providez, casi con lujuria. Se

[17] Discurso pronunciado en Madrid con motivo del sesenta aniversario de la I República española.

identifica con la deferencia ante el poder, con la sumisión a los poderosos, con la adoración a la letra de la ley, con la ocultación de lo que se piensa o siente si puede perjudicar las expectativas de ascenso o promoción o con mirar hacia otro lado cuando hacerlo de frente exige actitudes arriesgadas.

»Una de las máximas favoritas del emperador Augusto rezaba así: "Es mucho más de fiar un jefe prudente que temerario." Entre nosotros, un juez que decide ser simplemente justo cuando debe investigar y decidir conflictos en los que anden implicados intereses del poder y sus aledaños incurre en una gravísima temeridad. Igual que el ciudadano que se atreve a censurar, con la desmesura propia del que siente estafada, manipulada o traicionada su pasión por la justicia, a cualquiera de sus más altos administradores. La reverencia ante el poderoso forma parte de la liturgia del sistema. La denuncia de esa reverencia, aunque esté representada por una iniquidad patente, es reprobable para esa misma liturgia. Suetonio ponía en boca del emperador Augusto una reflexión antológica: "Los que arriesgan mucho para conseguir pocos bienes son como unos hombres que pescaran con un anzuelo de oro, pues en el caso de que éste se les rompa no pueden compensar su pérdida por pingüe que sea la pesca que hagan." Parece la definición de una justicia augusta, sobre todo cuando es sorprendida *in ipsa turpitudinem.*

»Quienes sin estar al tanto de las bases del sistema hayan asistido, con el alma limpia de prejuicios, al drama causado por el tremendo desliz jurisprudencial de De Vega Ruiz y por la calificación de su hazaña con palabras sonoras y redondas —como suele— de mi amigo Julio Anguita, creerán que es una realidad inventada, que los personajes del drama han intercambiado sus papeles, que la mutación objetiva de la verdad fue perpetrada por Anguita y su diamantina crítica por De Vega, que el exceso y la agresividad procedieron de aquél, que no de éste. Estos espectadores neutrales no comprenderían, de ser las cosas tales como han sido, que se censure a Anguita y no a De Vega, que se diga que fue aquél y no éste quien atentó contra la credibilidad y el prestigio de la justicia, que se afirme que es la conducta de Anguita, no la de De Vega, la que hay que investigar y que se asegure que quien politiza e instrumentaliza la justicia es el líder del PCE e IU, no los que ignoran el desaguisado "deveguiano" o lo rebajan al nivel de un simple *lapsus calami*. Quienes exigen que la justicia actúe con rigor, independencia y dignidad, que deje de ser la justicia que complace al príncipe, que sea la justicia propia de una sociedad democrática en la que el poder judicial sea y actúe como poder de la comunidad en el Estado y no del Estado para reprimir y manipular a la sociedad son, al parecer, los que politizan la justicia.

»No la politizan los que la someten a la tutela y al botín de las oligarquías partidarias, los que se erigen en superiores políticos y jerárquicos de jueces y tribunales o los que se niegan a asumir sus responsabilidades políticas alegando que deben dirimirse ante órganos jurisdiccionales (a los que después obstruyen y mediatizan si es que no estuviesen ya mediatizados).

»El razonamiento jurídico del Tribunal Supremo calificando de "error de transcripción" la singular cita jurisprudencial de José Augusto de Vega nos inunda (a algunos inexpertos en la materia) de melancolía. Que se considere así la cita literal de una sentencia del Tribunal Constitucional que, después de transcrita entrecomillada y literalmente, termina diciendo que eso es lo que dice "elocuentemente" la sentencia citada, incluyendo en lo que se atribuye a la elocuencia del Tribunal Constitucional el núcleo esencial del razonamiento —que se altera objetivamente, con clara mutación de la realidad del texto—, conmueve por su benevolencia y filantropía. Mucho se ha hablado de los duendes de la imprenta. Aquí cabe hablar de fantasmas —más rábulas que otra cosa— que, como el de Canterville, han puesto sangre verde en la resolución del Tribunal Supremo. Máxime siendo ponente de esta última un felipista tan ardido como De Vega y tratándose de un caso, como el de Filesa, sobre el que tantas piedras y hasta estrellas enanas han llovido y siguen lloviendo. Aquellos testigos neutrales de este singular episodio no podrían evitar quizá la evocación de la célebre sentencia de Confucio: "Cuando alguien pone el dedo en la llaga, sólo los necios y los cobardes denuncian al dedo y desprecian la llaga."

»Hay en Celtiberia muchos dedos denunciados y acosados hasta la exasperación y las llagas despreciadas son multitud. Bastaría con rememorar unos pocos ejemplos para comprender por qué un político apasionado por la verdad, por la justicia y por la libertad —como Julio Anguita— es vapuleado inmisericordemente por tirios y troyanos, togados o no, y por qué otros políticos cuyas críticas se han dirigido a la defensa de la llaga y a la agresión contra quienes querían investigarla y cauterizarla han resultado ilesos y hasta ovacionados. Por qué el Consejo del Poder Judicial, las asociaciones judiciales, la mayoría de la clase política, determinados decanos de colegios de abogados y hasta alguna Sala de Vacaciones (en la que, al parecer, también vacaba la equidad) guardan silencio —en el mejor de los casos— cuando ciertos periodistas afirman públicamente que los jueces (singularmente Gómez de Liaño) son prevaricadores, que una fiscal excelente es barragana o "querida de Gómez de Liaño" por el terrible delito de ser su novia y compañera (afirmaciones aquéllas singularmente casposas e indecentes); cuando un político compara la actuación de Marino Barbero (maestro donde los haya) con la de un terrorista; cuando la misma comparación se hace con la actuación de Elizabeth Huertas por ordenar ruedas de reconocimiento para investigar terribles delitos de tortura; cuando el ex presidente González califica a determinados jueces como “descerebrados o algo más” o elogia a presuntos terroristas y asesinos, perseguidos —por supuesto que injustamente— por la justicia; cuando cierto periodista asegura en la pantalla del televisor que “la justicia española cabalga a lomos de hijos de puta” (refiriéndose a Garzón y a Gómez de Liaño).

»En todo esto no hay nada que reprobar, nada que defender, ninguna independencia o dignidad perturbada o inquietada, ninguna injuria a la justicia como institución. Al fin y al cabo, nada de esto lo ha dicho Julio Anguita. Ni ha sido perpetrado contra José Augusto de Vega Ruiz o cualquier representante de una justicia tan augusta que es, exactamente, la que complace al príncipe.»

EL LARGO ADIÓS DE JOSÉ AUGUSTO DE VEGA

José Augusto de Vega se jubilaba el 1 de diciembre de 1997. Antes de hacerlo, tuvo tiempo de presidir dos tribunales decisivos. El primero fue el del caso Filesa, en el que actuó como ponente. Sin González, Guerra y Galeote en el banquillo las cosas cambiaban sustancialmente. No habiendo «intocables», el tribunal podía permitirse el lujo de la normalidad. Fue incluso más allá de lo previsible, como si intentase compensar la «fuga» de los grandes con el desjarretamiento de los pequeños. Se condenó hasta por asociación ilícita, lo que no parece compadecerse con los perfiles técnicos del problema ni se razona pertinentemente en la sentencia. Además, después de dudas prolongadas (incluso aderezadas con declaraciones de De Vega, más tarde desmentidas por él mismo, sobre la suspensión de la condena para dar tiempo a que el Tribunal Constitucional decidiese cautelarmente sobre la cuestión, una vez admitidos a trámite los recursos de amparo de los condenados), el tribunal ordenó la ejecución de las penas privativas de libertad. Hasta De Vega les fallaba a los felipistas. La resolución del tribunal ordenando el ingreso en prisión de Sala, Navarro,

Flores, Oliveró, Álvarez, etc. fue atribuida a la «saña» del fiscal Salina, a las presiones «cínicas» del Gobierno y a un cambio de bando de José Augusto, que estaría procurándose apoyos gubernamentales para ocupar una de las cuatro vacantes del Tribunal Constitucional, que se cubrirían en marzo del año siguiente. También se apuntó que se avecinaba otra «compensación»: la condena de los miembros de la Mesa Nacional de HB. De nuevo presidió el juicio De Vega, pero fue ponente Roberto García Calvo. La sentencia —que se analiza en otro lugar de este libro— no fue ejemplar, aunque buscaba ser «ejemplarizante». Lo que jamás debe ser una sentencia.

Fue la última actuación judicial, como magistrado en activo, de José Augusto de Vega. Algunas más tendrá como magistrado sustituto, o emérito, del Tribunal Supremo, si no le llega lo del Constitucional. Nada más jubilarse proclamó su tristeza por las injusticias de que había sido objeto y aseguró que, si volviese a nacer, no sería juez. Nunca se podrá comprobar si el aserto se cumple. Ni es posible que José Augusto vuelva a nacer ni parece probable que haya nacido o nazca un juez que represente en mayor medida la justicia que complace al príncipe. En su *Llanto por la muerte de Ignacio Sánchez Mejía,* Federico cantó así: «Tardará mucho tiempo en nacer, si es que nace, / un andaluz tan claro, tan rico de aventura.» Con José Augusto habría que modificar el último verso: «Tardará mucho tiempo en nacer un juez tan enrocado en la obediencia.» Los intocables del sistema debieran igualar, al menos, el llanto de Nausícaa. O el de Boabdil. Aquélla permaneció en su isla, pero Ulises llevó consigo sus lágrimas hasta Ítaca. Boabdil se marchó para siempre del paraíso. Entre Ítaca y el paraíso caben siempre infinitas posibilidades.

EL CONSEJO ELIGE A JOSÉ JIMÉNEZ VILLAREJO

Ante la inminente jubilación de José Augusto, el Consejo tenía que cubrir nuevamente la presidencia de la Sala II del Tribunal Supremo. Pronto se perfiló como favorita la candidatura de José Jiménez Villarejo. Ante la sorpresa general, el viejo «padre Peyton» parecía haber superado sin problemas la oposición de los populares, que ni tan siquiera habían buscado candidato propio. Algunos apuntaron a la existencia de un pacto para el reparto de las cuatro vacantes del Tribunal Constitucional, incluida su presidencia, que favorecería al Gobierno y al PP. Otros ampliaban el pacto a la cobertura de tres vacantes en la propia Sala II: la de José Luis Manzanares (nombrado consejero permanente de Estado), la de Móner (que se jubilaba muy pronto) y la que dejase el sustituto de Jiménez Villarejo en la presidencia de la Sala de lo Militar (que se consideraba atribuida a José Manuel Martínez Pereda pero que ha sido ocupada por José María Ruiz Jarabo).

Fuera como fuese, el padre Peyton era el único candidato. Ramón Montero había retirado su candidatura al comprobar que existía un pacto para el nombramiento de Jiménez Villarejo. Comunicó su renuncia a Javier Delgado en una carta cargada de ironía. De haber sabido que Villarejo iba a pedir la plaza, él no la habría pedido. Como San Buenaventura rompiendo su infolio ante el magisterio de Tomás de Aquino. De haber conocido el consenso conciliar en torno a Villarejo, jamás habría osado presentarse como alternativa. No habría usado «ni medio gramo de papel» para presentar su solicitud al Consejo.

Aunque Benigno Varela se apresuró a desmentir la existencia del pacto, éste era una realidad incuestionable. La única incógnita residía en el voto de los vocales de CiU. ¿Seguiría ebullescente el recuerdo pujolista de los apellidos Jiménez Villarejo? ¿Mantendría Pujol vivo y operativo en su conciencia el amargo trago de la querella fiscal que, en 1984, por el caso Banca Catalana, interpusieron Carlos Jiménez Villarejo y José María Mena con la abstraída bendición de Luis Burón?

Pues sí. Sus dos vocales se abstuvieron en la votación. Los restantes miembros del Consejo votaron en bloque al único candidato existente. Otra vez el consenso. De nuevo el reparto de la túnica. José Jiménez Villarejo había dejado de ser «el mejor embajador del ejército en el mundo de la justicia», como lo había llamado el teniente general Faura. Quizá facilitase su elección el hecho de que se tenga que jubilar (si las Cámaras no lo remedian demorando en dos años la edad de jubilación) el 11 de junio de 1999. Es de pensar que para entonces se haya despejado —sin honor y sin gloria— el horizonte penal de González Márquez, que la clientela de la Sala de lo Penal sea menos aristocrática y que el Consejo pueda permitirse elegir como presidente, también por consenso, a Luis Román Puerta Luis, el ya dos veces preterido.

Por lo pronto, José Jiménez Villarejo no ha defraudado a la afición. Su informe al Gobierno proponiendo el indulto de la mitad de la pena a Alberto Flores (uno de los condenados por Filesa) ha sido antológico. Con críticas a la sentencia condenatoria y a Marino Barbero, entiende que concurren dos atenuantes: la lejanía de los hechos y el implacable «juicio paralelo» realizado por los medios de comunicación. Un bello pórtico para la justicia que complace al príncipe. Michel de Montaigne lo dice con mayor rotundidad: «La necesidad es una violenta escuela.»

CAPÍTULO TRES

EL TRIBUNAL SUPREMO EN SU LABERINTO: EL CASO FILESA

«Si los proyectos de un gobernante son inamistosos para su patria ¿de qué hombres echar mano para utilizarlos como instrumentos de sus designios? Ningunos tan adecuados para ello como esa clase de hombres que están siempre de rodillas delante del pedestal de la autoridad y que, cuando los de arriba o los de delante se han pronunciado, piensan que es un crimen tener opinión propia.»

Jeremías Bentham, *Fragmento sobre el Gobierno.*

El banquillo de los acusados por el caso Filesa fue todo un símbolo de la justicia que complace al príncipe. Después de casi seis años de instrucción, los intocables quedaban intocados. Había sido una trama de financiación delictiva del PSOE, organizada desde su vértice con la colaboración de muy importantes entidades bancarias y empresariales, y sólo doce personas estaban en el banquillo. Ni González, ni Guerra, ni Galeote, ni los poderosos empresarios y banqueros que pagaron por informes y estudios que nunca existieron, en expectativa de los siempre pingües favores del poder, estaban en ese banquillo, tan denso de soldados y sargentos como huérfano de jefes y generales. El banquillo era la viva historia de la Celtiberia judicial más profunda. Si no hay más remedio, que paguen los sargentos Vázquez. El poderoso no está ni se le espera. Un sistema oligárquico es incompatible con los principios de legalidad e igualdad ante la ley.

Aún estará perplejo Marino Barbero por el hecho de que el tribunal del caso le denegara la petición de suplicatorio para interrogar a Alfonso Guerra. Después de una instrucción plagada de trampas, obstrucciones y descalificaciones, el informe de los peritos de Hacienda —de 20 de marzo de 1993— evidenciaba, sin lugar a dudas, que Filesa, Malesa y Time Sport eran sociedades-pantalla para recaudar, por procedimientos delictivos, fondos para el PSOE. Limitarse a pedir el suplicatorio para interrogar a Alfonso Guerra era ya una manifestación de modestia instructora, porque parecía exigible, en todo caso, que se investigase el conocimiento y la participación en los hechos del secretario general y del secretario de Organización del PSOE. Pero ni Guerra. En una resolución sin precedentes (nada tenía precedentes racionales en toda esta historia), el tribunal se descolgó con una hermosa exhibición de respeto al poder legislativo: «Esta sala se ha caracterizado, como no podía ser de otra forma, por el especial respeto a las Cortes Generales, que representan al pueblo español y ejercen la potestad legislativa. Esto exige un cuidadoso examen para evitar situaciones no justificables.» Después de la reverencia, la doctrina: «Sobre la base de lo informado por el instructor no es posible sostener que existan elementos que señalen que don Alfonso Guerra ha participado...» Además, como el posible delito electoral es «de propia mano», pues nada, que se busque la mano delincuente. O el beso delincuente, que diría Miguel Hernández. Cada vez más patente, negro y grande.

El varapalo a Barbero inundó de gozo a la grey felipista. Ya estaba bien de registros y acosos. Que aquel juececillo supiera a qué atenerse, con quiénes se las estaba jugando. Rodríguez Ibarra —que era el especialista del PSOE en antibarberismo— dijo, entre otras lindezas, que el juez quería quedar bien con su mujer y mear más lejos que nadie o que participaba en las campañas electorales igual que los terroristas: tirando bombas. En este caso, la bomba era el auto de

Barbero encausando a treinta y nueve personas. El político felipista más destacado de la lista era Guillermo Galeote. González y Guerra nada tenían que ver en el caso. En cambio, aparecían como inculpados los banqueros Emilio Ibarra, Alfonso Escámez, José Ángel Sánchez Asiaín y los responsables de varias grandes empresas (Focsa, Abengoa, Cepsa, Pryca, etc.), lo que provocó gran indignación en círculos financieros que entendían que los inculpados «económicos» eran los extorsionados, es decir, las pobres víctimas indefensas ante el poder felipista. En todo caso, un acto de magnanimidad y filantropía nunca debiera ser reprobable.

Marino Barbero abandonó la judicatura y se volvió a su cátedra de Derecho Penal, de donde lo habían sacado los felipistas para integrarlo en el Tribunal Supremo. Dijo al marcharse que se «estaba muriendo a chorros». Se le llamó juez-tortuga por su aparente lentitud instructora. Lo cierto es que nadie, dentro del PSOE, esperaba que tuviese la reciedumbre y la personalidad que demostró. Muchos pensaron que bastarían algunos «toques» cariñosos y sugestivos para que el instructor no se tomase a pecho la investigación. Además, ¿qué iba a hacer un instructor aislado, compartiendo despacho con otro magistrado, sin secretario (le nombraron uno, especialista en lo civil, mucho después de iniciada la instrucción), sin suficiente personal colaborador, sin espacio físico para los millares de folios y documentos que se iban acumulando? ¿Qué podía hacer un solo juez contra el inmenso poder del felipismo? Llevó a cabo, sin embargo, una labor esforzada y valiente, con el coraje necesario para superar carros y carretas. Conquistó sobradamente los dos cometidos que el buscón don Pablos atribuía a un barbero (lo era su padre): tundidor de mejillas y sastre de barbas. El rebaño felipista lo sabe muy bien.

Lo sustituyó Enrique Bacigalupo, ledesmista de pro, que había llegado al Supremo —como Barbero— desde la cátedra de Derecho Penal. Entre la reforma parcial del Código Penal (en 1974), la aprobación (el 23 de noviembre de 1995) del nuevo Código Penal (que entraba en vigor en mayo de 1996) y su propio entusiasmo por la causa felipista, creyó allanado el camino para reducir a siete los treinta y nueve inculpados por Barbero. Sólo siete. Su fervor profesoral le llevó a anticipar la vigencia del «Código Penal de la democracia» (el del *khan* Belloch) y a pavonearse de su hazaña ante sus compañeros de sala. Era el 22 de diciembre de 1995. La nombradía del nuevo instructor y su pesimismo antropológico condujo a la mutación hobbesiana: *«homo homini Bacigalupus»*. Antes de dictar tan espléndida resolución tuvo que asistir fascinado al cese del abogado del Estado ante el Supremo (Agustín Puerto Prieto), que se negó a excluir de su escrito de calificación al senador José María Sala. ¿En qué pensaría don Agustín?

¿En qué pensó José Augusto de Vega cuando dictó, el 20 de diciembre de 1996, otra resolución de apertura del juicio oral que, revocando la de Bacigalupo, elevaba de siete a veintiséis el número de inculpados? ¿Fue una «acción liberada en la causa»? Cuando aún no se había desvanecido la sorpresa por su hazaña, tras el inicio de la vista oral, José Augusto y los otros dos miembros de la sala (Ramón Montero y Luis Román Puerta Luis) decidieron anular el escrito de acusación particular del PP (presentado casi dos años antes) y redujeron el número de acusados a doce. Ninguna de las partes había planteado objeción de ningún tipo contra dicho escrito desde la apertura del juicio oral hasta su comienzo. En el mismo auto (de 21 de julio de 1997) que anulaba el escrito de la acusación particular se cometían dos graves «deslices».

En primer lugar, el ponente (De Vega) citaba, en apoyo de esa anulación, una sentencia del Tribunal Constitucional (la 101/89) que nada tenía que ver con la cuestión debatida. Pero la cita había sido adulterada, modificando su núcleo esencial. El escándalo fue mayúsculo, suscitando un fuerte enfrentamiento de Julio Anguita con José Augusto de Vega (al que llamó «presunto delincuente») y con el Consejo del Poder Judicial, que amparó a De Vega sin pararse a examinar su insólita conducta. Otra manifestación —si bien tosca— de la justicia del príncipe.

En segundo lugar, nadie había pedido la anulación del escrito de acusación del PP. Aunque se dijo que el fiscal la había solicitado, ello no era cierto. Había pedido la nulidad del auto de apertura del juicio oral. Sorprendentemente, aquella resolución tan bizarra no fue recurrida por el PP, que siguió en la causa con muy poca causa o sin ninguna causa. Quizá fuese el consenso. Pese a ello, sería calificado como máximo «verdugo» de las víctimas *filesias*.

El juicio contó con el esplendor añadido del testimonio de González y Guerra. Sólo testigos, como mandan los cánones del sistema. Como deferencia singular al gran González, se le hizo entrar en el Palacio de Justicia por la puerta grande, donde le esperaba, a modo de chambelán, un magistrado de la Secretaría Técnica del Tribunal Supremo. Nada se dijo sobre si había togas alfombrando el suelo para honrar el paso del Toqui González. Después diría el bueno de Javier Delgado que era una exigencia del protocolo previamente aprobado. Desde luego, no era el «protocolo de la democracia» que tanto echaba de menos Plácido Fernández Viagas. Era otra cosa. De todas formas, ¿para qué perturbar la vida de tan augusto prócer llamándolo como testigo a un caso de cuya existencia, como de la del GAL, se había enterado por los periódicos?

UN JUICIO ANODINO, UNA SENTENCIA AUGUSTA

Finalmente, el 28 de octubre de 1997, después de un juicio mucho más anodino de lo esperado, se hizo pública la sentencia. Tenían que ingresar en la cárcel José María Sala (dos años de prisión por asociación ilícita y uno por falsedad en documento mercantil), Carlos Navarro (seis años por dos delitos de falsedad continuada en documento mercantil, tres por asociación ilícita y dos por delito contra la Hacienda Pública), Luis Oliveró (seis años por dos delitos de falsedad continuada en documento mercantil, dos por asociación ilícita y dos por delito contra la Hacienda Pública), Alberto Flores (las mismas penas), Aida Álvarez (dos años, cuatro meses y un día por falsedad continuada en documento mercantil) y Miguel Molledo (igual pena). Los dos únicos empresarios condenados fueron los muy «poderosos» Juan Antoni Molina Vivas (de ENOSA, a seis meses de arresto por apropiación indebida) y Eugenio Marín (de CEPSA, a las mismas penas por igual delito).

La sentencia establecía como hechos probados los siguientes:

> «A mediados de 1987 se inició lo que poco después iba a ser un conglomerado de sociedades cuyo fin primordial era la creación de fondos económicos necesarios para hacer frente a los gastos originados al PSOE por las campañas electorales —elecciones generales y europeas del año 1989— con lo cual, sin perjuicio de atender también a la financiación ordinaria, se soslayaban los límites cuantitativos establecidos por la legislación vigente. [...] Filesa se programó con un sinfín de operaciones diversas, tendentes a la obtención de fondos para el partido. [...] Unas veces emitiendo facturas mercantiles correspondientes a supuestos informes inexistentes o realizados ficticiamente, que se decían haber sido encargados por distintas empresas, con objeto y finalidad intrascendentes por lo común, aun a pesar de que a veces esas empresas contaran con servicios técnicos apropiados o que pasaran por delicadas situaciones económicas. [...] Como consecuencia de los ingresos generados por esa vía, como pagados o como donados, fue necesario que otras entidades proveedoras del PSOE intervinieran igualmente en el montaje de toda esa gestión, con objeto de que gastos que habrían de ser abonados por el partido lo fueran con parte de los ingresos obtenidos por tales informes, para lo cual se generaron por estas empresas proveedoras facturas inciertas sobre supuestos servicios prestados a Filesa, cuando en realidad lo habían sido al PSOE. [...] No consta la razón última por la que las empresas accedieron a esas ope-

raciones. [...] No consta acreditado que los Bancos o empresas, como compensación a la "generosidad" con que actuaban, obtuvieran concesiones de la Administración a la hora de actualizar obras, adjudicaciones, contratos o exenciones fiscales. [...] Es cierto, sin embargo, que tales empresas al menos se beneficiaban de una evidente desgravación fiscal, tanto en cuanto al IVA como respecto a la liquidación anual del Impuesto de Sociedades [...] aunque después procedieron a regularizar su situación tributaria.»

Todo esto lo decidieron e hicieron, por ante sí, a espaldas de la dirección del PSOE, Sala, Navarro, Oliveró, Flores, Álvarez y Molledo. Es decir: todo para el PSOE pero sin el PSOE. Los banqueros y grandes empresarios que pagaron importantes cantidades a cambio de humo, o de buen trato, o por longanimidad, dieron lo que dieron sin que se enterasen González, Guerra, Benegas y Galeote. Lo dieron en consideración a la existencia de éstos, pero jamás lo comentaron con ellos. Además, no existió, a cambio de los «regalos», dádiva, presente, recompensa o promesa. No hubo cohecho ni tráfico de influencias. Ni se pecó por la paga ni se pagó por pecar, como decía en su conocido poema Juana Inés de la Cruz. Se contaba en Granada que el profesor Stampa Braun (maestro y amigo) le preguntó a un alumno qué era el cohecho. El alumno contestó con precisión y rapidez: «Yacer con funcionario público.» Ésta debe ser la razón por la que en nuestro país nadie parece dar demasiada importancia al cohecho. Que se refocilen los funcionarios públicos. Es justo y necesario.

Carlos van Schouwen (el contable de Filesa que, por sentirse maltratado económicamente, denunció los hechos) lamentó, al conocer la sentencia, que sólo pagasen los pequeños «mientras los grandes responsables de la trama se han librado, como siempre». Lamentó también que hubiesen escapado de rositas los altos directivos de las empresas y bancos que ordenaron los pagos. Es uno de los ingredientes esenciales de la justicia del príncipe: si alguien tiene que responder, que sean los más pequeños. Si se comportan como deben y sufren con paciencia su castigo, serán recompensados. Si no respetan la *omertà*, están muertos.

La sentencia intentaba explicar por qué eran tan pocos los condenados. En algunos casos, el delito había prescrito (las reformas penales adobaron el guiso de la prescripción, aunque los magistrados apuntaban contra Barbero por su lentitud, como si ésta hubiese sido culpa del instructor y no del poder y «sus circunstancias»). En otros, porque había sido anulado el escrito del PP. Nada se dice, claro está, de los ausentes más clamorosos, de los que ni tan siquiera prestaron declaración en la fase instructora. Ni José Augusto de Vega, que había objetado durante aquélla la validez de ciertos registros ordenados por Barbero instando su nulidad (sobre todo, los realizados en la sede del PSOE y en el Banco de España), cuestionó en la sentencia la validez de los mismos. No hacía falta.

EL LLANTO DE LOS *FILESIOS*

La Comisión Ejecutiva Federal del PSOE aprobó un comunicado en el que se decía lo siguiente: que las penas eran desproporcionadas; que el proceso había sido «singular», con una instrucción «anormal», y que su lento desarrollo había permitido su utilización «como arma para hacer daño a la imagen y al honor del partido»; que algunos habían «instrumentado la justicia al servicio de sus intereses partidistas»; que el PSOE asumió en su día la responsabilidad política mediante la dimisión de todos sus cargos de Guillermo Galeote; que, desde que ocurrió lo de Filesa, el PSOE no ha tenido, ni tendrá, ningún tipo de financiación irregular (bienaventurados los que se olvidan del caso Juan Guerra, Rumasa, Cacerolo, Urralburu, Banesto y compañía, del gran robo de fondos reservados, etc.), y que la Ejecutiva pedía excusas a todos los ciudadanos en nombre de «un partido que siempre ha querido y sigue queriendo hacer de la honradez en la gestión de los intereses públicos una de sus señas de identidad» (bizarra declaración después de la exhibición cleptocrática de la década prodigiosa).

Esto es lo que decía la dirección de un partido cuyos máximos dirigentes habían negado sistemáticamente la realidad de los hechos, obstruido la acción de la justicia, recurrido a fueros y privilegios sin cuento, buscado connivencias políticas e institucionales para no ser juzgados, utilizado las instituciones públicas (Congreso, Senado, Tribunal de Cuentas, etc.) en procura de total impunidad y linchado, casi físicamente, «hasta morirse a chorros», al juez instructor.

Encima de todo ello, Almunia afirmó que «la ley no es igual para todos». No lo decía porque hubieran quedado al margen del proceso González, Guerra, Benegas y Galeote o porque muchas transgresiones graves hubieran quedado impunes por una hábil combinación felipista del tiempo con la ley penal. Lo decía por los casos Naseiro, Casinos, tragaperras, etc., como si éstos hubiesen obedecido acreditadamente a los designios de financiación delictiva de las direcciones de los partidos respectivos o tuviesen parangón posible con la actuación criminal del partido que gobernaba el Estado. «Para el PSOE se aplica [la ley] con mucha más energía y contundencia que para otros partidos.» Almunia se refería, sin duda alguna, a la implacable depuración de las responsabilidades de González en Filesa o en los GAL.

Todas las responsabilidades políticas (que se habían condicionado a las penales) habían sido ya asumidas por la dimisión de Guillermo Galeote, «que ni siquiera ha llegado a ser juzgado». Sólo Galeote debía responder políticamente, y ya había respondido. La asunción verbal de responsabilidad por parte de González era sólo un *flatus vocis*. Como dice Antonio García-Trevijano [1], «la más sublime y tranquila forma de no responder de nada sólo se alcanza haciéndose responsable de todo y del todo». González lo sabe muy bien. No le inmuta que la verdad pueda ser conocida o sospechada. Puede decir, con toda razón, como el Macbeth

---

[1] *Frente a la Gran Mentira*, Espasa, Madrid, 1996, pág. 334.

de Shakespeare: «¿Qué importa que llegue a saberse si nadie puede pedir cuentas de nuestro poder?»

Álvarez Cascos exigió que se asumiesen efectivamente las responsabilidades políticas del caso, puesto que, en su momento, se condicionaron a las responsabilidades penales. En el mismo sentido se manifestó Andrés Ollero: «Todo el mundo está esperando quién o cómo asume esa responsabilidad política, porque al ciudadano le cuesta creer que, a la hora de la verdad, todo va a quedar en la responsabilidad penal de unas personas que parecen cabezas de turco.» Pues nada, el sistema no da para más ni exige más. Si la conciencia personal del responsable no le exige la reprobación de sus propios actos y omisiones y la dimisión correspondiente, nada de nada. Ni el Parlamento, ni el partido, ni instancia alguna ajena a esa improbable conciencia moverán un solo dedo.

Y tan improbable. En línea con las palabras de Almunia, Rodríguez Ibarra aseguró que «todos hicimos lo mismo», es decir, que todos los partidos habían actuado igual. Benegas afirmó que la sentencia era «una barbaridad jurídica», a lo que Guerra añadió que había sido un juicio «íntegramente político y, como tal, injusto». Una de las críticas más sorprendentes a la sentencia se formuló en el Ayuntamiento de Cehegín. El presidente del Tribunal Superior de Justicia de Murcia, Julián Pérez Templado, consideró que las penas eran excesivas, que el indulto sería una humillación del PSOE por el PP, que ningún partido estaba libre de pecado y que el PP no pintaba nada como acusador particular del caso Filesa. Aprovechando que el Pisuerga pasa por Valladolid, el excelso jurista dijo que era excesivo el protagonismo de los jueces y tribunales y comparó el hecho de «lanzar» jueces a la calle con la costumbre franquista de sacar los tanques: «Se está llamando a la justicia para resolver problemas que deberían ser dilucidados en otras instancias. [...] Los jueces están actuando en el primer plano de la actualidad, lo cual es como si Franco hubiese tenido los tanques todos los días en la calle.» Es decir: los magistrados del Tribunal Supremo que dictaron la sentencia habían actuado como tanques franquistas. Después de tan penetrante reflexión, el preboste de la Junta murciana debió quedarse absorto, «ardiendo por dentro, absorto», en expresión de Gerardo Diego. Mayor necedad, imposible.

Los dirigentes del PSC dijeron que «si Sala es culpable, lo somos todos». Bellísima expresión de solidaridad retórica que a nada obliga. Como a nada obliga, aunque haya dolido a muchos capitanes socialistas, la opinión de Ernesto Lluch de que «todos los dirigentes del PSOE en aquella época fuimos corresponsables». Pues que dimitan todos y se dediquen a las delicias de la vida privada. Algunos se llevan faltriqueras bien repletas y todos le podrán contar a sus nietos cómo regeneraron éticamente la vida política española.

Como es habitual en esta Celtiberia nuestra, no faltaron los que, sin mover un músculo, dijeron con toda seriedad que las elecciones (¿qué elecciones?) habían dilucidado las responsabilidades políticas del caso. Como si los electores eligiesen a personas individuales. Como si, al votar, especificasen los motivos de su decisión. Como si la veracidad, la justicia o la moralidad se ventilasen en el campo electoral. La pregunta de Julio Anguita quedó sin respuesta: «¿Dónde estaban los altos dirigentes del PSOE cuando el partido montó todo este instrumental para sacar dinero?» Estaban en lo suyo: dirigiendo y mandando. Lo demás, para los menestrales.

En su artículo dominical de *El Mundo*, el 23 de noviembre de 1997 Pedro J. Ramírez apostillaba: «Desde el vértice de la pirámide que sigue vertebrando el poder real en el PSOE, González —el huidizo Wally que siempre delega crímenes y castigos— ha dicho dos cosas absolutamente contradictorias entre sí: la primera, que algún día se sabrá toda la verdad sobre Filesa; la segunda, que él no piensa hablar más del asunto... Parece que antes que dar su brazo a torcer prefiere contribuir a que sus hombres continúen entre rejas. Incluso puede que alguien piense que son más útiles en prisión en la medida en que ello ayude a desarrollar una estrategia victimista, proyectada hacia el juicio de los GAL.»

Wally González es incapaz de una mayor «generosidad». Antes y después de él, todos los tiempos son iguales. Para

Sala, Navarro, Oliveró y compañía sufrir cárcel por «dios» debe ser un honor. Que se vayan preparando Barrionuevo, Vera y demás líderes *gálicos*. Se van a enterar.

EL TRIBUNAL NO SABE QUÉ HACER

Dictada la sentencia, faltaba ejecutarla. El tribunal no parecía tener muy claro si debía hacerlo antes de que el Tribunal Constitucional admitiera a trámite los recursos de amparo que se presentaran por los condenados y decidiese sobre la suspensión o no de la condena. Por lo pronto, respondió airadamente a la petición de inmediata ejecución de Marcos García Montes, letrado de la acusación ejercida por Ruiz-Mateos. El abogado recordaba al tribunal el deber de hacer ejecutar la sentencia sin dilaciones, la circunstancia de que ninguno de los condenados había sufrido prisión preventiva y la falta de competencia del Tribunal Supremo para suspender la ejecución de la condena. El tribunal contestó que era él el que debía decidir el momento procesal de la ejecución y que las valoraciones del escrito de García Montes «deben ser rechazadas en su totalidad por extemporáneas y carentes de valor».

Sin embargo, el día 13 de noviembre el fiscal Antonio Salinas pedía a la sala el inmediato ingreso en prisión de los condenados. No apoyaba en forma alguna la suspensión cautelar de la ejecución de la sentencia, sin perjuicio de que «el Tribunal Constitucional pueda acordar la suspensión de la condena cuando, en su caso, admita a trámite los recursos de amparo que se puedan presentar». La sala no lo tenía claro. Pese a que, como el fiscal decía en su informe, la sentencia era firme (no cabía contra ella recurso alguno) y sólo podía ser suspendida por el Tribunal Constitucional. Los felipistas habían iniciado ya su estrategia de presión. El comando Rubalcaba (de incuestionable magisterio procesal y penal) advirtió severamente a la sala que si iba a quebrar «esa doctrina» (la de la habitual suspensión, según él, de las sentencias firmes) «habrá de explicar válida e insistentemente por qué la quiebra, para evitar sospechas de un trato discriminatorio». ¡La justicia del príncipe discriminando negativamente al felipismo! Belloch (que había declarado, a raíz de la sentencia, que sentía vergüenza de ser magistrado) apeló al punto de vista «técnico»: «Lo usual es que el Tribunal Supremo suspenda la sentencia... ya que en este caso hay un factor singular: que ha existido una única instancia.» No puso ejemplo alguno de tan pintoresco «uso procesal» del Tribunal Supremo y no explicó por qué José María Sala, en lugar de abandonar su escaño, lo mantuvo para seguir aforado ante el Tribunal Supremo y, con él, todos los demás acusados. Era, por supuesto, para preservar la dignidad de sus cometidos senatoriales frente a los tribunales inferiores.

Después de varios días de *impasse*, en los que se llegó a hablar (ante presuntas filtraciones a los medios de comunicación por parte del tribunal) de la posibilidad de que el Tribunal Supremo «consultara» con el Tribunal Constitucional (lo que era un disparate), la sala decidió meter en la cárcel a los condenados. «Ni la fundamentación jurídica ni los hechos acaecidos [en otras causas especiales] guardan parangón alguno con lo que aquí se decide. [...] La decisión viene impuesta por el principio de legalidad.»

No lo creían así los dirigentes del PSOE, para quienes la petición del fiscal habría respondido a una orden del fiscal general del Estado e, indirectamente al menos, de José María Aznar. Además, la resolución del tribunal no era justa ni concorde con casos precedentes. Con ello acusaban de prevaricación al fiscal del caso, al fiscal general del Estado, a Aznar y al tribunal. Más duro era el PSC, cuyos dirigentes estaban encabritados por lo que llamaban «falta de solidaridad del PSOE». A pesar de que José María Sala había dicho que González lo había llamado para respaldarlo, se denunciaba el silencio del gran líder, que, según Iñaki Anasagasti, permanecía «más callado que un muerto». Al mismo tiempo, la esposa de Carlos Navarro afirmaba que a González debería caérsele la cara de vergüenza por dejar caer, sin apoyo ni preocupación alguna, a su marido.

Los dirigentes socialistas del PSC prepararon una marcha sobre la cárcel de Can Brians para el mismo día en que ingresaran en ella Sala y Navarro. Pero no sólo realizaron la marcha, sino que también organizaron en Barcelona un fascinante espectáculo de pancartas y octavillas en las que se decía «Justicia sí, persecución no». Todo había consistido en una gran prevaricación. Todo era un invento. Filesa no había existido. Sala y Navarro eran héroes, no delincuentes. Por eso la Comisión Ejecutiva Federal del PSOE había pedido perdón —aunque tibiamente— a los ciudadanos.

El Tribunal Constitucional batió récords de celeridad en la admisión a trámite de los recursos de amparo y, más tarde, en la suspensión de las condenas. En el caso de José María Sala, quince días para todo. Como le dijo un famoso abogado a un magistrado del Tribunal Constitucional, alrededor de cinco meses le costaba a un preso «normal» conseguir la admisión a trámite de su recurso de amparo (unos tres meses) y la suspension de la condena (unos dos meses adicionales). El magistrado adujo que era la inminencia de la Navidad. Ojalá fuese Navidad para todos (grandes y chicos, poderosos y débiles, ricos y pobres) y todos tuviesen las mismas posibilidades de acceso a una justicia tan garantista y respetuosa con los derechos humanos de justiciables y presos. Ojalá todos los peticionarios de amparo puedan esperar tranquilamente (escribiendo memorias políticas o pornográficas) una inmediata suspensión de su condena. Si acaso, habría que reprochar la velocidad de crucero del Tribunal Constitucional al excarcelar a José María Sala porque no le dieron tiempo para emular lo escrito por Gramsci desde la prisión. Era una tremenda frustración del marxismo hispánico. Cuenta Amendola que, al encarcelar a Gramsci, un líder fascista dijo: «Hay que impedir que este cerebro funcione durante veinte años.» El cerebro de Sala, veinte días.

Muy pocos más ha necesitado el Tribunal Constitucional para seguir poniendo en libertad a otros reclusos *filesios* (como Aida Álvarez y Alberto Oliveró) y para admitir a trámite, con la rapidez del rayo, nuevos recursos de amparo. Pero el Tribunal Supremo no le ha andado a la zaga. En su informe favorable al indulto de la mitad de la pena impuesta a Alberto Flores (que era de diez años), José Jiménez Villarejo ha elevado hasta las estrellas la justicia que complace al príncipe. Después de criticar la sentencia de su propia sala y de alancear a Marino Barbero (que, al parecer, debiera estar recluido en el penal del Dueso o de Santoña), ha sentado una doctrina ebúrnea: la lejanía del tiempo de los hechos enjuiciados y el terrible «juicio paralelo» a que fueron sometidos los condenados deben ser tenidos muy en cuenta a la hora del indulto. Que tomen nota los grandes delincuentes. Si obstruyen por todos los medios la acción de la justicia, demorando el juicio, serán tratados más benévolamente. Y si, encima, provocan una importante atención mediática, todo queda en casi nada. Se convierte así a «la canallesca» en cómplice del indulto.

Al fondo quedan la resolución de los recursos de amparo y la concesión o no del indulto a los condenados. En este caso, como en el espionaje ilegal a los partidos políticos en la primera fase felipista, ningún interés tenía yo en que pagasen los más débiles y ningún interés tengo en que, una vez condenados, cumplan su condena. Pero no es buena cosa para la justicia que el Tribunal Constitucional (un órgano político por excelencia) se constituya en un supertribunal de casación convirtiendo *de facto* al Tribunal Supremo en un órgano jurisdiccional de instancia. Tribunal Supremo sólo hay uno, pero hay otro por encima. Los que con tanto frenesí y desmesura tanta han reivindicado un llamado estatuto del Tribunal Supremo (que no era sino coartada o instrumento de reivindicación salarial, es decir, «estatuto retributivo») debieran luchar por una empresa mucho más importante: que el desarrollo de lo dispuesto en el artículo 53-2 de la Constitución (procedimiento preferente y sumario para la tutela, ante los tribunales ordinarios, de las libertades y derechos fundamentales) permita la dignificación del Tribunal Supremo en el amparo de esos derechos y libertades, con limitación estricta de las funciones, en este campo, del Tribunal Constitucional. Tal y como las cosas están ahora, nada hay que impida la quiebra sistemática del poder judicial mediante el ejercicio anormal y desmesurado de las competencias jurisdiccionales del máximo intérprete de la Constitución.

De otro lado, la pervivencia del indulto como omnímoda facultad del Gobierno para, sin motivación alguna, vaciar de contenido cualquier sentencia judicial firme es incompatible con el mínimo decoro institucional de la justicia propia de un sistema democrático. Que después de una instrucción de más de seis años y de un juicio exhaustivo (como ha ocurrido en el caso Filesa) la sentencia que dicta el Tribunal Supremo pueda quedar desvirtuada y burlada por una resolución del Tribunal Constitucional o del Gobierno, es decir, por la decisión de dos órganos políticos por antonomasia, no parece compatible con las exigencias democráticas de una justicia independiente.

Es cierto que el modo de designación del Consejo y, a través de éste, del Tribunal Supremo, le resta dignidad e independencia. Cierto es también que, en virtud de disfunciones muy profundas, muchos magistrados del Tribunal Supremo (y de otros tribunales) son proclives a considerar su cargo como lanzadera o trampolín hacia otros de «mayor» envergadura (como el propio Tribunal Constitucional). También es cierto que una perversa regulación del recurso de casación impide que el Tribunal Supremo cumpla adecuadamente con su función básica de fijar y homologar doctrina. Es asimismo cierto que las competencias en materia de amparo del Tribunal Constitucional merman sustancialmente la «talla» jurisdiccional del Tribunal Supremo. Pero es preciso tomar conciencia de estas realidades y cambiarlas radicalmente. Cuando el tribunal del Areópago fue reformado por Efialtes y Pericles para que pudiese realizar tareas nuevas y más importantes, Esquilo hizo decir a la diosa Atenea: «Establezco este gran tribunal para proteger a mi pueblo, esforzado, presto a la ira, incorruptible, siempre vigilante sobre los que duermen.»

Aunque nuestro Tribunal Supremo no llegue a tanto, que sea al menos independiente, justo y supremo. Sobre todo con los intocables. No lo ha sido en el caso Filesa.

CAPÍTULO CUATRO

EL GAL EN EL TRIBUNAL SUPREMO: LOS PAPELES DEL CESID

«Como la democracia tiende fundamentalmente a la seguridad jurídica y, por lo tanto, a la legalidad y previsibilidad de las funciones estatales, existe en ella una poderosa inclinación a crear organizaciones de control que sirvan de garantía a la legalidad. De estas garantías, la más firme es el principio de publicidad. La tendencia a la claridad es específicamente democrática y cuando se afirma a la ligera que en la democracia son más frecuentes que en la autocracia ciertos inconvenientes políticos, especialmente las inmoralidades y corrupciones, se emite un juicio demasiado superficial o malévolo de esta forma política, ya que dichos inconvenientes se dan lo mismo en la autocracia, con la sola diferencia de que pasan inadvertidos por imperar en ella el principio opuesto a la publicidad. En lugar de claridad, impera en la autocracia la tendencia a ocultar; ausencia de medidas de control —que no servirían más que para poner frenos a la acción del Estado— y nada de publicidad, sino el empeño de mantener el temor y robustecer la disciplina de los funcionarios y la obediencia de los súbditos, en interés de la autoridad del Estado.»

Hans Kelsen, *Das Problem des Parlamentarismus*.

EL «PASCUALAZO»

El general Miranda no entendía el problema: había sustituido al general Manglano en la dirección del Cesid (dimitido por la genialidad de las escuchas ilegales) y creía que debía mantener una relación normal de colaboración con la autoridad judicial. Además, nunca creyó que los papeles del Cesid mereciesen el grave conflicto que se estaba dibujando entre el Gobierno y el Juzgado Central de Instrucción nº 5 de la Audiencia Nacional. Sus contactos con Garzón habían sido muy correctos, consideraba legítima la pretensión del instructor de que se le entregasen aquellos documentos y no encontraba en ellos nada especialmente importante o lesivo para la seguridad del Estado. Sin embargo, una vez que se había comprometido a su entrega, recibió la orden del ministro Suárez Pertierra de no realizarla. Como le parecía gravísimo denegar el legítimo requerimiento judicial, solicitó a Suárez Pertierra que le diese aquella orden por escrito. Y se la dio. Miranda se marcharía de inmediato del Cesid.

Cuando Suárez Pertierra, nuevamente requerido por Garzón (que lo apercibió de la posible comisión de un delito de denegación de auxilio a la justicia), volvió a negarse, aduciendo exigencias ineludibles de la seguridad del Estado que —según el ministro— debían primar sobre la debida colaboración en una investigación penal de asesinatos, secuestros y malversaciones en los que, más que probablemente, habían intervenido altas instancias gubernamentales, algunos ingenuos pensamos que la conducta del ministro sería juzgada y condenada.

De ninguna forma. Suárez Pertierra se sacó de la manga una carta trucada: planteó un conflicto de jurisdicciones. Como es obvio, contaba de antemano con la «bendición» de González, Belloch y Pascual Sala. El ministro de Defensa era catedrático de Derecho Público Eclesiástico (antiguo Derecho Canónico) y no se hubiese atrevido a dar ese paso sin estar respaldado jurídica y políticamente. El juez instructor reaccionó de forma imprevista: dijo que no había lugar al conflicto jurisdiccional planteado por Suárez Pertierra y calificó su actitud como abusiva y de mala fe procesal. Así era. No existía conflicto jurisdiccional de nigún tipo y sólo aparecía con nitidez un más que posible delito de denegación de auxilio a la justicia.

El juez instructor no había puesto en cuestión la competencia del Gobierno para clasificar o desclasificar materias declaradas secretas. No recababa esa competencia. Ni el ministro tampoco reivindicaba para el Gobierno la competencia para investigar lo que el juez estaba investigando. Lo único que se discutía es si era o no preciso desclasificar un documento para entregárselo al juez. Éste entendía que no era necesario. Frente a esta decisión judicial cabían los recursos ordinarios pertinentes. Lo que no cabía, en forma alguna, era dejar de recurrir la resolución judicial y, una vez firme, que el Tribunal de Conflictos la revisara y rectificara asumiendo tan bizarro tribunal (híbrido de administrativo y judicial) funciones jurisdiccionales que en ningún caso le correspondían. El propio Tribunal de Conflictos había declarado (en su resolución de 20 de junio de 1986) que «los conflictos de jurisdicción no pueden transformarse en recursos judiciales ni ser sucedáneos de recursos extraordinarios o servir para revisar la resoluciones jurisdiccionales firmes». La resolución del instructor requiriendo la entrega de los documentos no había sido recurrida y era, por tanto, firme.

Pero no era cuestión de fuero, sino de huevo. O, si se prefiere, de «huebos» (es decir, de poder). No importaba el derecho o una leal interpretación de la norma. Como dijo Max Stirner, «el Estado llama ley a su propia violencia y crimen a la violencia del individuo». En este caso, se realizaba una ilícita interpretación de la ley, violándola desde el propio Estado. Nadie ignoraba la ilicitud de esa conducta, su deslealtad con la Constitución y con el ordenamiento jurídico, pero había que utilizar la ley como escudo del poder frente a la justicia, como herramienta para seguir encubriendo —en nombre del derecho— los asesinatos de Estado, los robos de Estado y los secuestros de Estado. Como palanca de impunidad del poder.

Lo que se pretendía (y a punto estuvo de conseguirse) es que un tribunal doméstico del poder se convirtiese en el árbitro institucional de cualquier cuestión (incluidas la puramente jurisdiccionales) que se suscitase entre los jueces y el poder ejecutivo, impidiendo el pleno sometimiento de la Administración al derecho y al control de los tribunales (artículos 103 y 106 de la Constitución). Así lo vino a proclamar, con la desenvoltura propia de un jurista de Estado, Javier Pérez Royo al defender paladinamente que el Gobierno impugnase las sentencias del Tribunal Supremo que ordenaban la desclasificación de los documentos del Cesid ante el Tribunal de Conflictos de Jurisdicción. Por ignorarlo casi todo, ignoraba que la propia Ley de Conflictos Jurisdiccionales establece que «no podrán plantearse conflictos de jurisdicción a los juzgados y tribunales en los asuntos judiciales resueltos por auto o sentencia firme». Para el ex rector de la Universidad de Sevilla, una sentencia del más alto tribunal de justicia de la nación no es firme si se recurre ante el Tribunal de Conflictos de Jurisdicción. ¿Por qué no ante el Tribunal de Cuentas o ante el de las Aguas de Valencia? Los principios de plenitud jurisdiccional y sometimiento pleno de la Administración al derecho y al control de los tribunales no existían. La Constitución tampoco. Sólo la necesidad de arropar al felipismo frente a la justicia. Cualquier pretexto era bueno. Todavía lo sigue siendo para la Sala II del Tribunal Supremo y para la Junta de Fiscales de Sala del propio tribunal.

Pese a todos los pesares, el Tribunal de Conflictos perpetró una resolución inolvidable. Sus argumentos esenciales para rechazar cualquier competencia no gubernamental en la materia fueron tres:

• Primero: la controversia entre el ministro de Defensa y el Juzgado en Instrucción nº 5 de la Audiencia Nacional reviste los caracteres de un verdadero conflicto de jurisdicción y, en consecuencia, el Tribunal de Conflictos es el competente para zanjar la discrepancia. Así se resolvía lo inexistente, que es la mejor forma de resolver: se inventa un conflicto y se resuelve el conflicto inventado. Como la justicia de Juan Palomo: yo me lo guiso, yo me lo como. Decía acertadamente Claudio Movilla[1] que «el Tribunal de Conflictos no estaba decidiendo a qué órgano correspondía resolver sobre una determinada materia, sino que se estaba inmiscuyendo en algo que es atribución exclusiva del poder judicial: la decisión acerca de la pertinencia y necesidad de una prueba determinada en una investigación criminal».

• Segundo: solamente al Consejo de Ministros y a la Junta de Jefes de Estado Mayor corresponde la facultad de clasificar una materia o asunto «secreto», del mismo modo que les está atribuida la facultad «desclasificatoria». ¿Quién había discutido esta competencia? ¿Acaso el instructor recabó para sí la facultad de clasificar o desclasificar? Evidentemente, no. Siempre sostuve (y sigo sosteniendo) graves dudas sobre la real clasificación como «secretos oficiales» de los documentos en cuestión.

• Tercero: aunque sea obligación de los poderes públicos colaborar con los órganos judiciales en la investigación de los delitos para que no puedan existir ámbitos de impunidad, esta obligación queda vacía de contenido por un «acto de imperio» del poder ejecutivo cuando así lo reclamen intereses superiores, cuya valoración queda a merced de la absoluta discrecionalidad del propio poder ejecutivo. Se atribuía así al Gobierno una facultad estrictamente jurisdiccional (artículo 117-3 de la Constitución). Frente a las resoluciones de la Sala II del Tribunal Supremo (de 2 de diciembre de 1994 y de 20 de febrero de 1995) que mantuvieron la sana doctrina de que los tribunales pudieran investigar los fondos reservados, aunque fuesen secretos, si existían indicios de que con su uso se habían cometido delitos de malversación (doctrina que ya había sentado el propio Tribunal Supremo en su sentencia de 22 de marzo de 1986), el Tribunal de Conflictos impedía cualquier conocimiento de lo reservado o secreto al único poder que puede investigar y juzgar las actividades delicti-

[1] «El secreto de Estado entre el control y el privilegio», *Jueces para la Democracia*, nº 5, marzo de 1996, pág. 18.

vas que hayan podido cometer miembros del poder ejecutivo o de la Administración del Estado, en las zonas declaradas secretas o en sus aledaños. Es decir: el secreto podía amparar o encubrir un delito si así lo decidía el propio órgano —el Gobierno— que estaba bajo sospecha de que ese delito hubiera sido cometido por personas integrantes del mismo. De esta manera, la Ley de Secretos Oficiales (la 9/1968, reformada por la 4/1978, ambas preconstitucionales) se interpreta de forma inconstitucional, hasta el punto de derogar en la práctica preceptos básicos de la Constitución.

Además, la sentencia se notificó omitiendo, de forma intencionada, que contra ella cabía recurso contencioso-administrativo ante el Tribunal Supremo. El Tribunal de Conflictos debatió sobre este particular y decidió no incluirlo en la notificación de la sentencia. Por el contrario, de sus fundamentos jurídicos se desprendía la tesis de que no cabía la interposición de tal recurso. Por ello, cuando la acusación ejercida en nombre de la acción popular interpuso recurso de amparo, el Tribunal Constitucional dijo que no había lugar al no haberse agotado las vías jurisdiccionales ordinarias. Se jugó a todo.

El Tribunal de Conflictos de Jurisdicción había perpetrado un auténtico «golpe de Estado» proclamando, en definitiva, la impunidad de los crímenes del poder cuando éste haya actuado al abrigo de lo previamente por él clasificado como secreto. Creo el secreto y con él me blindo para hacer imposible la acción de la justicia. Como el alma de ese tribunal era don Pascual Sala y la sentencia era un brutal atentado contra cualquier asomo de un gobierno constitucional de las leyes, la bauticé con un nombre rotundo: «el pascualazo». Así se titulaba el artículo que publiqué en *El Mundo* el 17 de diciembre de 1995:

> «Desde que se planteó en conflicto, la suerte estaba echada. En los idus de agosto, González y Sala habían decidido terminar "de una vez para siempre"

con el acoso de Garzón al Gobierno por la épica de los GAL. Nada mejor que inventarse un conflicto de jurisdicciones. Los requerimientos de Garzón al director del Cesid y al ministro-canonista Suárez Pertierra sirvieron de espoleta para el "pascualazo". Había que conseguir, a toda costa, aun a costa del Estado de derecho y de las apariencias democráticas, la inmunidad del poder frente a la justicia. Había que excluir los secretos de Estado, la razón de Estado, los robos de Estado y el terrorismo de Estado de cualquier control legal y judicial. Había que lograr la consagración del derecho más preciado para los delincuentes del poder de todas las estirpes: el derecho a delinquir impunemente.

»Planteado el conflicto por el ministro-canonista, se multiplicaron las buenas señales para el Gobierno. El tribunal, con sede en el Supremo pero al margen del Supremo, admitió a trámite, por unanimidad, esa gran manipulación fraudulenta del derecho y, encima, para que no cupiesen dudas sobre su imparcialidad, abroncó duramente a Garzón por haber considerado el conflicto como fraude de ley. El fiscal general del Estado no tuvo a bien reunir a la Junta de Fiscales del Tribunal Supremo (ya era suficiente con el susto en la votación sobre la procedencia de solicitar el suplicatorio contra González). Bastaba con el dictamen de un solo fiscal (precisamente de uno de los que votaron en contra de aquella procedencia). Pascual Sala no se sintió afectado por la minucia de que estaba, desde los idus de noviembre, en prórroga de mandato como presidente del Consejo General del Poder Judicial, del Tribunal Supremo y del propio Tribunal de Conflictos. Parece que lo prudente y digno era limitarse a cuestiones de trámite. Pero no. El toro estaba en el ruedo y había que lidiarlo a la mejor gloria de González.

»La sentencia dice que el conflicto no podía resolverlo ninguna de las partes pero lo resuelve para que una de ellas —el Gobierno— decida en lo sucesivo, como juez y como parte, si colabora con la justicia, si accede a entregar los documentos, efectos o instrumentos declarados secreto oficial o si, por el contrario, manda a los jueces —incluidos los del Supremo— a sollozar como putas por rastrojo. Es al Gobierno al que compete clasificar cualquier materia como secreta, cancelar esa clasificación y decidir cuándo debe primar la seguridad del Estado —y la de todos los delincuentes del poder— sobre la justicia. Si, por cualquier evento, los secretos se difunden convirtiéndose en secretos a voces, es igual: no cabe utilizarlos como prueba en una investigación penal.

»Si el presidente del Gobierno, cualquier ministro, cualquier miembro del Cesid o cualquier persona grata al poder delinque, basta con clasificar como secreto las pruebas necesarias para que no sea posible la investigación. A esto se le llama "modular" la actividad judicial en procura de los medios probatorios precisos para el éxito de cualquier investigación penal. No existe inmunidad, sólo "modulación" del derecho judicial a la búsqueda de la verdad material. Ni el principio de legalidad (que prohíbe las inmunidades del poder) ni el de igualdad ante la ley penal ni el de plenitud jurisdiccional ni el de tutela judicial efectiva ni el deber constitucional de cumplir las resoluciones de los jueces y el de prestar la colaboración que éstos requieran en el curso del proceso y en la ejecución de lo resuelto pueden ser obstáculos para la impunidad del poder. Todo sea por el secreto. Don Pascual y cierra España. González se cisca en la justicia.

»El "pascualazo" era ya un anuncio desde que don Pascual, siendo presidente del Tribunal de Cuentas, aseguró sin inmutarse que todas las cuentas de los partidos parlamentarios eran absolutamente correctas. Después, estalló el caso Filesa. Recién nombrado, por los notables servicios rendidos, presidente del Consejo y del Tribunal Supremo, dijo que los jueces no deberían ejercer sus funciones en confrontación con los poderes, sino coordinándose con ellos. Ya estaba claro lo que pretendía: llevar a la práctica el hermoso lema franquista "unidad de poder y coordinación de funciones". El único poder es el Gobierno. Lo demás es paja, reverencia y genuflexión ante ese poder. No es prevaricación. Es la actitud de disponibilidad ante el poder político propia de una mentalidad judicial anclada en el jacobinismo.

»La sentencia ha perpetrado una gravísima embestida contra la Constitución, la justicia, el Estado de derecho y el sistema democrático. Desprecia la doctrina del Tribunal Supremo sobre la investigación judicial de los fondos reservados, convierte en ilícitas las investigaciones iniciadas sobre los mismos y sobre los ladrones de Estado y convierte al Cesid en una ciudadela de iniquidad e impunidad. La sentencia nos hace retroceder más allá de los veinte años que llevamos de transición. A la protohistoria del Estado de derecho. Cuando más necesaria es la independencia de la justicia, la hace imposible la justicia del poder. Si antes de González todos los tiempos son iguales, antes del "pascualazo", también. Ha conseguido lo que parecía imposible en este tardo-felipismo que nos agobia: una mayor gonzalización del ruedo celtibérico. Como me temía en mi libro *Manos sucias*, las manos del poder, de los delincuentes del poder, de los ladrones de Estado y de los asesinos de Estado seguirán manchadas sin remedio por el dinero público robado y por la sangre asesinada. Con la exquisita colaboración de los sayones y palafreneros del poder, que siempre pululan en los territorios del mérito y la adulación.»

La sentencia se había dictado por unanimidad de los seis miembros del tribunal, lo que causó cierta sorpresa por el largo tiempo de deliberación y porque había trascendido la posibilidad de que se formulasen ciertos votos particulares, especialmente el de José María Ruiz Jarabo. La inocultable satisfacción de Pascual Sala quebró muy pronto. No sólo por mi artículo, sino, sobre todo, por un durísimo editorial de *El Mundo* que Sala decidió remitir al fiscal general del Estado, y por un artículo de Antonio García-Trevijano en el que lo calificaba de Lord Protector del Crimen de Estado, calificación que le cuadraba muy bien al máximo responsable de una realidad tan ominosa (como la revolución de Cromwell, el histórico Lord Protector).

En efecto, don Pascual decidió remitir el editorial de *El Mundo* a la Fiscalía General del Estado. Su éxito fue rotundo: la Junta de Fiscales de Sala llegó a la unánime conclusión de que no existía materia delictiva. No existían, al menos, indicios de delito público. Don Pascual podía ejercitar las acciones de que se creyese asistido, por calumnia o injuria, contra tan protervo editorial. Nunca las ejercitó. Intentó, por el contrario, mediante gestiones oficiosas, que su imagen no fuese ridiculizada en exceso por lo del «pascualazo». Al parecer, pudo ofrecer, a cambio de una cierta benevolencia periodística, la cabeza de algún prominente colega del Gobierno (el mismísimo Belloch) que le disputaba, tiempo ha, el favoritismo de González.

Parecía que el Consejo iba a permanecer pasivo ante mi artículo cuando, ya superada la epifanía del 96, Jerónimo Arozamena (consejero permanente de Estado, magistrado en excedencia y miembro del Tribunal de Conflictos de Jurisdicción) envió a Sala una misiva en la que, después de ponerme muy mal, instaba una actuación disciplinaria del Consejo. Don Pascual no se merecía el trato que yo le había dado y era intolerable el contenido de mi artículo. Sala sometió la carta de Arozamena a la consideración de la Comisión Permanente del Consejo, a cuya reunión no asistió don Pascual por ser persona interesada en el caso. Pese a las advertencias de José Luis Manzanares de que aquello no tenía sentido alguno, la Permanente remitió mi pobre artículo a la disciplinaria.

La primera noticia que tuve fue una llamada telefónica del inspector del Consejo Manolo Poves (al que sigo sin conocer personalmente) en la que me anunciaba la inminente llegada a mi despacho del acuerdo de la Comisión Disciplinaria de incoar diligencias informativas sobre la cuestión. Manolo aprovechó para emplazarme en su despacho del Consejo el día en que me viniese mejor. Le dije que no iría, que no tenía sentido realizar investigación de ningún tipo. El *corpus delicti* era el artículo y nada más. Pensó Poves que me sentaba mal ir personalmente al Consejo y me animó a que nos viésemos en el café Gijón. No había entendido nada. No iría a ninguna parte. Cuando recibiese el acuerdo conciliar, respondería por escrito. Y así lo hice. Dije escuetamente que había escrito, como ciudadano libre, lo que me petó escribir y que me ratificaba, de la cruz a la raya, en el contenido del artículo.

Los portavoces de las cuatro asociaciones judiciales pusieron de manifiesto que, al escribir el artículo, no estaba actuando como juez ni invocando tal condición. Ramón Rodríguez Arribas (por la Asociación Profesional de la Magistratura) afirmó que si existía alguna duda al respecto debía prevalecer mi libertad de expresión. José Antonio Alonso (por Jueces para la Democracia) dijo algo elemental: «Navarro no actúa como juez al escribir el artículo sino como un ciudadano. No hay motivo para sancionarle.» En el mismo sentido se manifestaron María Tardón (por Francisco de Vitoria) y David Cubero (por la Unión Judicial Independiente).

Pasaron muchos días sin que se supiera nada del asunto. Un vocal amigo me dijo lo ocurrido. Poves había propuesto al inspector-jefe (Román García Varela, miembro que fue de Justicia Democrática, que se las había dado de gran amigo mío y que resultó ser un *progresante* más) la transformación de las diligencias informativas en disciplinarias. Creía que había invocado mi condición de juez para tratar irrespetuosamente a Sala y a González. Román firmó la propuesta y la presentó en la Disciplinaria. Tuvo un éxito monumental: fue rechazada por unanimidad.

EL GOBIERNO NO ENTREGA LOS PAPELES

> «Se hagan las leyes que se hagan, nada impedirá nunca que los pretendidos secretos de Estado lleguen a ser conocidos de una manera o de otra. Cuanto más severas sean las leyes, con mayor razón se verá comprometido el Gobierno que las invoque ante los tribunales con el fin de tapar sus irregularidades, sus abusos de poder o sus debilidades.»
>
> Alphonse della Marmora, *Los secretos de Estado en el Gobierno constitucional,* 1877, vol. II, pág. 223.

De acuerdo con lo establecido en el «pascualazo», Garzón y Justo Rodríguez (instructor del caso Urigoitia) se dirigieron humildemente al Gobierno para solicitar la entrega de los papeles. La respuesta no se hizo esperar. Se trataba de documentos e informaciones que afectaban muy seriamente a la seguridad del Estado. Su entrega podría, además, poner en riesgo a funcionarios, servidores y confidentes. Y, en definitiva, la desclasificación que los jueces solicitaban acarrearía, de producirse, un tremendo quebranto del crédito internacional de nuestros servicios de inteligencia. Los razonamientos del Gobierno eran una reproducción, si bien sintetizada, del «pascualazo», que se había convertido oficialmente en doctrina constitucional. El asesor jurídico del Ministerio de Defensa era, a la sazón, Bruno Otero Deus, el mismo que había fundamentado la invención del conflicto jurisdiccional diciendo con grave desenfado: «Hoy cede la Ley de Secretos Oficiales y mañana será otra, con lesión del principio de seguridad jurídica; el límite —también el de una investigación judicial— está puesto en la ley, que no tiene por qué producir zonas de impunidad.»

La actitud del Gobierno era la misma desde que, en 1988, se iniciase la investigación de los GAL: negar a los jueces cualquier forma de acceso a materias consideradas secretas. Así, en 1989, la Dirección General del Servicio Jurídico del Estado formuló un dictamen magistral en el que se decía que «en el derecho español la investigación judicial queda detenida ante la invocación del secreto [...]

el legislador penal y procesal ha colocado las materias declaradas secretas por encima de la investigación y la represión de los delitos, por lo que está negada al juez toda potestad para comprobar si aquella invocación es o no abusiva». Por tanto, el último Gobierno felipista no hacía sino recoger y continuar nuestras «mejores tradiciones» desde, al menos, el Fuero Juzgo. Que los jueces peticionarios se fuesen a hacer puñetas además de llevarlas. No tenían «sentido del Estado» ni sabían qué era una «democracia madura».

El PP se había mostrado muy proclive a la entrega de los papeles a los jueces. En su Congreso anterior a las elecciones de 1996, Francisco Álvarez Cascos había proclamado la necesidad de no confundir la seguridad del Estado con la seguridad personal de ciertas personas que pretendían blindarse frente a la justicia. Se decía que en el seno del Gobierno Aznar podrían estar a favor de la desclasificación de los papeles, además del referido Álvarez Cascos, Margarita Mariscal de Gante y Loyola de Palacio. Sin embargo, el nombramiento como ministro de Defensa de Eduardo Serra (que ya fue subsecretario de Defensa con Narcís Serra) no auspiciaba precisamente la necesaria «visibilidad» y transparencia del poder, ni en este campo ni en ningún otro. El nombramiento se había presentado como una imposición (o muy fuerte «sugerencia») de González, del Rey y del propio Departamento de Estado norteamericano. Se dijo que ya estaba nombrado *in pectore* Rafael Arias Salgado cuando, en cuestión de horas, apareció Eduardo Serra.

MALOS AUGURIOS

Los malos augurios se ratificaron pronto. José María Aznar comenzó su discurso sobre la necesidad de pasar página, mirar hacia el futuro y no hacia el pasado y no incurrir en afán alguno de revancha o ajuste de cuentas. A lo que se ve, había que entender que las elecciones del 3 de marzo de 1996 eran, entre otras cosas, la liquidación de las responsabilidades políticas de González y los suyos, cuya asunción habían condicionado a que se ventilasen previamente las responsabilidades penales. Pues no. Ya no había responsabilidad política alguna. En cuanto a las penales, que los jueces investiguen, pero sin el concurso del Gobierno, para que no se pueda hablar de venganza, revancha o represalia.

Este discurso del «borrón y cuenta nueva» (así lo sintetizó Pedro J. Ramírez) sólo podía conducir a adoptar la misma actitud que el felipismo en cuanto a los documentos del Cesid. Para curarse en salud y dar tiempo al tiempo (a que el verano se echase encima, que es el mejor tiempo para decisiones impopulares o polémicas) el Gobierno solicitó el dictamen del Consejo de Estado. Su Comisión Permanente lo emitió el día 18 de julio de 1996. En su mejor tradición «diplomática», el Consejo le vino a decir al Gobierno que había fundamentos jurídicos bastantes para desclasificar y para no desclasificar. Sin embargo, el dictamen dejaba muy claro que, dada la naturaleza de nuestro procedimiento penal, constitucionalmente presidido por el principio de publicidad, no era posible entregar los papeles a los jueces sin una previa desclasificación. Pero el dictamen decía algo muy importante: que el Gobierno tenía que motivar el acuerdo que adoptase, pues de lo contrario no sería posible controlar si su decisión era o no ajustada a derecho, y que todos los acuerdos del Consejo de Ministros, ya tuvieran o no contenido normativo, ya fueran de Gobierno o administrativos, estaban sujetos a la Constitución y al resto del ordenamiento jurídico. Los actos a través de los cuales el Gobierno ejercita sus funciones están regulados jurídicamente, no son actos exentos o vacíos de derecho.

El dictamen del Consejo de Estado no resolvió las dudas existentes, que eran mucho más políticas que jurídicas. Hacía mucho tiempo que el Consejo de Estado había perdido casi por completo su antigua solera jurídica para convertirse en órgano de «juridificación» de las decisiones del Gobierno, en vestidor jurídico de las mismas, en asistente jurídico-administrativo del poder ejecutivo. Así se comportó durante la etapa Ledesma (cuando llegó a no remitir votos particulares en dictámenes concretos) y así se seguirá comportando, aunque es de esperar que el ex ministro de Justicia Íñigo Cavero le confiera una mayor dignidad institucional.

EL PRONUNCIAMIENTO DEL 2 DE AGOSTO

Hasta que llegó el Consejo de Ministros del 2 de agosto. Se habían hecho quinielas en todos los sentidos. Desde los que pensaban que serían desclasificados todos los documentos (que eran los menos) hasta los que entendían que se iba a dar una solución ecléctica (unos documentos sí y otros no). Pues ninguno. Al parecer, ni se debatió en el seno del Consejo. El presidente Aznar dijo que no era posible desclasificar, dio muy escasas razones para fundamentar su opinión (si acaso, la clásica invocación a la seguridad, a la oportunidad y a la conveniencia) y dejó zanjado el tema. Para ese viaje no hacían falta alforjas.

El entorno mediático del Gobierno y de Prisa recibió la decisión con alborozo. Se llegó a decir seriamente que el problema no estaba en la mayor o menor importancia de los documentos para la seguridad del Estado. El problema era que un Gobierno posterior no debía rectificar lo clasificado por otro anterior. Era cuestión de cortesía institucional. ¿Y la cortesía con la Constitución y con el poder judicial? ¿Y la triste imagen de un Gobierno que nada tenía que ver con las vergüenzas pasadas (asesinatos, secuestros, terrorismo de Estado y robo de Estado) y que actuaba como cómplice o mamporrero de tales tropelías? ¿Alguien podía pensar que la Jefatura del Estado era ajena a esa indigna actitud del Gobierno?

IMPUNIDAD, JUSTICIA Y RAZÓN DE ESTADO

Después de una larga y contradictoria liturgia concelebrada por las cúpulas del Gobierno, del Estado y de la oposición, ha triunfado la madurez del secreto sobre la inmadurez de la justicia. El Gobierno no ha sorprendido a nadie. En este país, lo sorprendente no es que el poder se enquiste en el secreto, recurriendo a toda suerte de ocultaciones, opacidades y encubrimientos. No es que se niegue a colaborar con la justicia y con la verdad. Lo verdaderamente insólito hubiera sido lo contrario: la interpretación de la seguridad del Estado como respeto a la seguridad jurídica y al orden constitucional; el reconocimiento práctico de que la justicia y la igualdad son valores superiores en nuestro ordenamiento jurídico; la aceptación institucional de que el derecho a la tutela judicial, el principio de legalidad y la proscripción de la arbitrariedad vinculan a todos los poderes públicos, que, en todo caso, vienen obligados a colaborar con la justicia en el curso de cualquier proceso. Esto era lo exigible desde una mínima lealtad constitucional. Pero no lo previsible. Lo previsible era continuar la rutina felipista de la defensa de un Estado de desecho frente a un Estado democrático de derecho. Ni cambio, ni reforma, ni regeneración ética y política. Como si el «pascualazo» y su interpretación vergonzosa y vicariante de la Ley de Secretos Oficiales fuesen, por encima de la Constitución y contra ella, la única o principal fuente de nuestro ordenamiento jurídico.

Cualificados voceros del PP habían sostenido que los documentos del Cesid solicitados por los jueces no afectaban a la seguridad del Estado, sino a la seguridad del Gobierno González y de sus aledaños. Habían insistido en que si el PP llegase al Gobierno colaboraría decidida y lealmente con la justicia, que siempre debía prevalecer sobre la seguridad. Pero esos voceros llegaron al poder y cambiaron radicalmente su talante y su discurso. En esto sí hubo cambio. Se nombró primero ministro de Defensa al que fue subsecretario de Estado del mismo departamento en la primera etapa de la égida González, es decir, cuando se inicia y consuma la epopeya vil de los GAL, perfectamente conocida (al menos) desde su comienzo por el Cesid.

Al parecer, Eduardo Serra (apadrinado por González y por su homónimo Narcís) era el «hombre» de la defensa atlántica y pentagonal en esta Celtiberia de nuestras cuitas. Al parecer, hubo incluso impulsos soberanos en su designación. Pronto conocimos su tesis de que los papeles del Cesid sólo eran los «papeles de Perote» y de que el crédito de nuestros servicios de información y espionaje (cuyo esplendor tanto había potenciado el multi-imputado general Manglano, cuyas escuchas —aleatorias, por supuesto— no respetaron «del rey abajo ninguno») impedía su desclasificación. El mensaje era conmovedor: los papeles nada valían, pero había que ocultarlos a toda costa de la justicia porque, aunque eran los papeles de Perote, su entrega a los jueces erosionaba el prestigio de nuestro espionaje.

El desprecio a la verdad, a la justicia y a la razón que este planteamiento implicaba no impidió que fuese abrazado (casi como el dogma de Maastricht) por el Gobierno. El mensaje posterior a la perpetración del acuerdo gubernamental amplió los horizontes de la irracionalidad: cuando González se opuso a la desclasificación defendía su propia seguridad y la de su Gobierno; cuando Aznar hace lo mismo, defiende la seguridad del Estado. ¿Es que González y los suyos, una vez cesados por las urnas, se han convertido en Estado? Como ha dicho Antonio García-Trevijano, a los crímenes de Estado, a los robos de Estado y a las razones de Estado, el Gobierno ha añadido una nueva categoría: la imbecilidad de Estado.

No de otra forma cabe entender el discurso del Gobierno. Ha dicho Eduardo Serra que no se debe actuar con ánimo de revancha. Es decir, el ministro da por sentada la participación del Gobierno González en la creación y actuación de los GAL, pero entiende —en nombre del Gobierno— que debe olvidarse y perdonarse tal participación (una condena sin juicio que no ha sido óbice para la reacción entusiástica del felipismo en su conjunto). Dice después Aznar: «No me voy a dedicar a remover el pasado y sí a que España se concentre en el futuro.» Lo que hace es exactamente lo contrario: impide que el presente y el futuro se liberen del pasado dejándolo podrido y a la sombra, sin posible descontaminación o regeneración.

Prefiere un horror sin final a un final con horror. Finalmente, Álvarez Cascos realiza la síntesis de todos los despropósitos: el Gobierno no obstaculiza las investigaciones judiciales de desclasificación porque el contenido de los documentos es «más que cuestionable y apenas tiene valor probatorio». El vicepresidente Cascos parece haber olvidado lo que dijo el 29 de enero de 1996 en el Congreso del Partido: «Rechazamos las apelaciones a la seguridad personal para ocultar a los controles democráticos, de modo injustificable, documentos que sólo comprometen a la seguridad particular del Gobierno y pueden ser decisivos para esclarecer conductas penalmente sospechosas.» Entre lo que decía antes y lo que dice ahora sólo median el poder y la razón de Estado.

Pero si vergonzoso ha sido el episodio de la no desclasificación, no le va a la zaga la exhibición de ignorancia e impudicia de muchos políticos frente a la muy comedida y amarga resolución en la que Javier Gómez de Liaño, después de quejarse de la actitud del Gobierno, recuerda la necesidad de esclarecer la verdad «de los muy graves delitos investigados, con propósito decidido, generoso trabajo y firme pulso», anunciando el posible interrogatorio de los diputados miembros de la Comisión de Secretos Oficiales que tuvieron acceso a los documentos. Sería con la aquiescencia de dichos diputados y sólo para que, en dicho caso, puedan compulsar ante el juez instructor si los documentos que obran en el sumario como copias de los del Cesid se corresponden con los originales que les fueron exhibidos en la Comisión.

Es una respetuosa y respetable petición de colaboración con la justicia a unos «padres conscriptos» especialmente obligados a ello en cuanto representantes del pueblo (del que «emana la justicia») y en cuanto miembros de un poder entre cuyas funciones esenciales está la de controlar al Ejecutivo y defender, respetar y hacer respetar los principios y valores del Estado democrático de derecho que pretende configurar nuestra Constitución. Es también una conmovedora iniciativa de un juez que, rechazado por el Gobierno, recurre al buen y leal sentido de la justicia de ciertos parlamentarios. Pues bien, se ha dicho que ello es una burla a la decisión del Gobierno y un intento de conseguir «por la puerta trasera» lo que no se ha conseguido por la puerta delantera. También se ha dicho que la resolución de Gómez de Liaño supone, nada menos, un atentado contra la independencia del poder legislativo y del poder ejecutivo. Sin embargo, los diputados requeridos sólo declararán si quieren y, desde luego, no están sometidos a mandato imperativo alguno (ni del presidente del Congreso, ni de la Mesa, ni de sus partidos o grupos). Se pretende, nada menos, que la posible y deseable colaboración con la justicia de esos diputados constituiría delito. Lo justo, saludable y virtuoso sería no colaborar con la justicia y contribuir a la impunidad del poder delincuente. Esto no atenta contra la independencia y dignidad del poder judicial. Toda una lección de constitucionalidad y buen hacer.

Hasta aquí ha llegado el continuismo del Gobierno Aznar. Ya no cabe esperar con fundamento cualquier cambio intelectual o moral en el modo de entender y hacer política instaurado por el felipismo. Parece necesario recordar el sabio poema de León Felipe:

¡Qué pena si este camino fuese de muchísimas leguas
y siempre se repitieran
los mismos pueblos, las mismas ventas,
los mismos rebaños, las mismas recuas,
los mismos farsantes y las mismas sectas!

Razón de Estado, sentido del Estado e imbecilidad de Estado nos conducen fatalmente a esa realidad. A una realidad que no puede ser anestesiada ni desalojada por cuentos. Como decía el propio León Felipe, «no me contéis más cuentos / que vengo de muy lejos / y sé todos los cuentos».

Al menos casi todos. Mientras Garzón, Gómez de Liaño y Justo Rodríguez insistían en la necesidad de contar con los papeles, Eduardo Móner no los pedía. Ni tan siquiera pedirlos. Sólo llegó a «interesarse» por la situación de los papeles, recibiendo como respuesta ya sabida que estaban clasificados. Aun consciente de que la petición de los documentos por el Tribunal Supremo haría mucho más difícil la actitud el Gobierno, la Sala II de dicho tribunal no movía ni un dedo. El instructor había ya dictado, en enero de 1996, el auto de prisión preventiva de José Barrionuevo, pero sólo por el delito de detención ilegal. Dictó más tarde el de procesamiento del ex ministro del Interior por los delitos de pertenencia a banda armada, detención ilegal y malversación de caudales públicos, ampliando el procesamiento a Rafael Vera por el delito de pertenencia a banda armada. Pero ni se decidía a pedir los dichosos papeles ni a solicitar el necesario suplicatorio para imputar a González. Parece que la Sala II del Tribunal Supremo no estaba dispuesta a dar un paso más. Hay quienes dijeron que Eduardo Móner había afirmado, después de las elecciones del 3 de marzo de 1996, que no estaba dispuesto a ir más allá de donde quisiesen ir el Gobierno y los bloques mediáticos en pugna.

TODOS MENOS GONZÁLEZ

La cantinela no cesa. Lo del GAL ha llegado hasta el hartazgo. Hay que terminar cuanto antes. No se puede agredir día tras día a la opinión pública con bombardeos de diverso calibre sobre los GAL. No se debe paralizar o ralentizar la actividad política y la atención a los grandes temas socioeconómicos del país para detenerse en la contemplación masoquista de los crímenes *gálicos* o en los rifirrafes de los distintos procesos y sumarios. Juicios rápidos y expeditivos, justicia instantánea, no más espectáculos procesales, más celeridad y menos exhibicionismo.

Es el penúltimo discurso del encubrimiento. Los mismos que decidieron y planificaron hacer imposible la justicia, negar la evidencia, obstruir la investigación, recurrir a todo lujo de ocultaciones, denegar cualquier mínima colaboración en la búsqueda de la verdad, denigrar a los jueces instructores hasta colocarlos al mismo nivel (que ya es benevolencia) de los procesados por terrrorismo, malversación, secuestro y asesinato; los mismos que pretenden a toda costa que se les reconozca el derecho a elegir a «sus» jueces y, en definitiva, a que se consagre el derecho a la impunidad de los criminales de Estado; esos mismos dicen que la opinión pública está harta de que los procesos del GAL no avancen rápidamente y exigen medidas para su terminación o, por mejor decir, su liquidación.

Primero se hace lo imposible para que la justicia no funcione; después se argumenta que, como no funciona con la rapidez deseable, debe hacerse «justicia» a la justicia y liquidar cuanto antes la investigación. Primero se persigue a los jueces instructores con una jauría de calumnias y difamaciones; después se dice que, en beneficio del prestigio de la justicia, hay que cambiar de jueces y acumular todas las causas *gálicas* en el Tribunal Supremo. Ello supondría dos dislates: hacer inviable la investigación (que es lo que se busca) y prejuzgar que en todos los sumarios anda algún aforado (que es lo que no se quiere aceptar). Algo importante se ha avanzado en este camino de la unificación sumarial. Eduardo Móner ha rechazado la acumulación de sumarios, pero se ha reservado todo lo relativo a la fundación, organización y estructura de los GAL. ¿Qué no se ha reservado entonces?

Pero se quiere más: Móner debe ser el único instructor. Al menos, mientras siga empeñado en no contar para nada con González, ni como imputado ni como testigo. Si alguna vez se le ocurre tener en cuenta la realidad, la racionalidad y la lógica de los hechos y ofrece a González el «derecho a ser juzgado» (que sería su única oportunidad de ser absuelto), dejaría de ser un buen instructor para alinearse con jueces tan protervos como Gómez de Liaño o con fiscales tan parciales como Jesús Santos, Pedro Rubira o Ignacio Gordillo. Ya se sabe que la condición para que un juez o un fiscal sean respetados es que colaboren con la impunidad, al menos con la del presidente González. Que miren hacia otro sitio, que olviden las exigencias de la legalidad, la igualdad ante la ley y la dignidad de la justicia, que no se liberen de servidumbres políticas y jerárquicas, que piensen, más que en la justicia, en su propio destino personal.

Sé que las responsabilidades asumidas por Eduardo Móner exceden de ser «gajes» de su oficio de juez del Tribunal Supremo. Son arriscadas, duras y tremendas. Y me consta que quiere actuar con independencia y ecuanimidad. Pero es muy difícil sustraerse del «miedo a la independencia» cuando tanto poder anda por medio. El propio Móner lo reconocía en una entrevista reciente: «No se puede uno liberar de la carga y transcendencia que lleva el político y el famoso que son implicados en un proceso.» En esa misma entrevista, cuando se le pregunta si citará a declarar a González, contesta paladinamente: «De momento he dicho que no y, como no sea que surgieran nuevas pruebas, yo sigo manteniendo que no.» Pero la fase de instrucción sumarial no es momento de pruebas, sino de indicios. Éstos pueden transformarse en pruebas en el juicio oral. Además, hablar de «nuevas pruebas» implica aceptar que algunas ya hay para fundamentar el llamamiento de González al proceso.

En el comienzo del otoño del año pasado, nada menos que seis fiscales de Sala del Tribunal Supremo, además de Garzón y del fiscal Rubira, entendieron que existían suficientes indicios para que González fuese llamado a declarar como imputado. Después, a lo largo de la instrucción de Móner, esos indicios se han reiterado y consolidado. Negar la existencia y suficiencia equivale a expulsar la realidad. Y, como decía (con perdón) Carlos Marx, cuando se arroja la realidad por la ventana termina entrando por la puerta. O aporreándola de tal modo que el ruido llega a ser estruendoso.

Pero es que, además, no parece razonable decir que no hay indicios y pruebas suficientes cuando no se realiza el necesario —incluso elemental— esfuerzo probatorio. ¿Acaso no es una diligencia imprescindible la propia declaración de González? Cuando todo apunta hacia él; cuando incluso sectores de afilada devoción felipista aceptan su participación en los hechos, aunque la justifican e incluso la ensalzan; cuando nadie puede ignorar que González fue, durante la epopeya asesina de los GAL, el máximo responsable de la política antiterrorista del Gobierno; cuando Barrionuevo y todo su equipo de Interior se encuentran procesados por su directa participación en la fundación y en los crímenes del GAL; cuando el siguiente titular del Departamento se halla acusado de maniobras de encubrimiento, malversación e, incluso, proyectos de liquidación de testigos; cuando el ex ministro de Defensa García Vargas se vio «precisado» a conceder pensiones extraordinarias de jubilación a ladrones y torturadores convictos y confesos, no precisamente para premiar su colaboración con la justicia; cuando Barrionuevo, Corcuera, Vera y Rodríguez Galindo se solidarizan con todos los demás presos, procesados e imputados del GAL; cuando esto ocurre y los subordinados, soldurios, gardingos y menestrales de González padecen el peso de la justicia, él no es llamado ni tan siquiera a declarar.

¿Tampoco lo sería cualquier sargento Vázquez, cualquier ciudadano del común, ajeno a fueros, privilegios y razones de Estado? En los Estados Unidos, los Clinton son obligados a entregar documentos y a declarar en los diversos procesos del «Whitewater» (que nada tienen que ver con el terrorismo de Estado y el asesinato) y Hillary Clinton es acusada de abuso de poder y manipulación de la verdad. En Norteamérica no brilla tanto como aquí el sentido del Estado. Tampoco brilla en el asedio a Clinton por sus presuntos acosos sexuales en Arkansas y Washington. Se ha visto obligado a declarar y sus posibles perjurios están siendo investigados implacablemente por el fiscal Starr. Puede tratarse de excesos inquisitoriales al servicio de móviles económicos y de cálculos político-electorales del Partido Republicano, pero ilustra muy bien sobre la independencia radical del poder judicial y del Ministerio Fiscal. Aquí sería imposible cualquier investigación.

Tampoco pide Móner la desclasificación de los documentos del Cesid que pudieran aportar alguna luz sobre la inmensa noche delictiva de los secretos de Estado, donde «vomitan muerte los borrachos» del poder y la codicia. Como limpiamente ha dicho la ministra Mariscal de Gante, «no cabe hurtar a los tribunales nada que ellos deban conocer para impartir justicia». La justicia es un bien que no puede ser sacrificado a la seguridad. Se quiera o no, planea sobre la investigación de un designio «institucional»: acotar y amojonar las responsabilidades en el límite en el que están. No ir más allá en el «horizonte penal» de González. Seguir anestesiando a la opinión pública con cuentos y lamentos sobre la parcialidad, contumacia y exhibicionismo de jueces justicieros y vengativos, empeñados en colocar el honor de la justicia por encima del deshonor de la razón de Estado.

Hay que pasar página, aunque ello equivalga a pasar todas las páginas de una enorme biblioteca sin fronteras. Y olvidarlo todo. Pero, como ha dicho Jorge Luis Borges, «el peor defecto del olvido es que a veces incluye la memoria». La memoria, la sangre y la basura de esa zahúrda de González en que se convirtió la política de tantos poderes delincuentes que, con la coartada de la seguridad y la razón de Estado, asesinaron, robaron, torturaron y menguaron la dignidad de la democracia en la misma medida en que engordaron su faltriquera. Sin embargo, ya se sabe: si es posible, que no responda nadie; si no lo es, todos menos González. Es como aquel «pacto del capó, pero a la inversa»: sólo no responde el máximo responsable.

EL TRIBUNAL SUPREMO SE PONE SERIO

La decisión del Gobierno Aznar de no desclasificar fue recurrida ante la Sala III del Tribunal Supremo por el fiscal y por las acusaciones particulares. Sorprendió no poco la actitud de aquél (Rogelio Gómez Guillamón), con un denso y profundo estudio de los problemas implicados en la causa. La conducta de las acusaciones particulares (Íñigo Iruín, Miguel Castell, Teodoro Mota, Pepe Galán, etc.) era la esperada. Por su parte, la abogacía del Estado adoptó una actitud escandalosa, hay que pensar que a las órdenes del Gobierno. Adujo que los recursos habían sido presentados fuera de plazo (puesto que la hipotética clasificación de los documentos era de 28 de noviembre de 1986), ignorando olímpicamente que se recurría la decisión del Gobierno de no desclasificar, no de clasificar en su momento (si es que hubo clasificación). Alegó también que el acuerdo del Gobierno de no desclasificar no era recurrible, dada su naturaleza discrecional. ¡Menudo papelón se le hizo representar a la Abogacía del Estado!

Las tres sentencias de la Sala III del Tribunal Supremo (una para cada caso GAL: Oñaederra, Lasa-Zabala y Lucía Urigoitia) supusieron un nítido pronunciamiento de veintiocho de los treinta y tres magistrados de la sala en el sentido de que el derecho prima sobre la razón de Estado, entendida ésta como encubrimiento de los abusos y crímenes del poder político. Así, «la seguridad que la Ley de Secretos Oficiales trata de preservar es la del Estado y no la de sus autoridades y funcionarios que personalmente puedan resultar relacionados con una causa penal». La justicia tiene que intervenir de oficio siempre que existan indicios de delito, aunque el posible delincuente sea un funcionario o una autoridad política y actúe bajo la cobertura del secreto oficial. «En un Estado de derecho, ni existen ni pueden existir zonas de impunidad.»

Ello es así porque, como de forma rotunda asegura el Tribunal Supremo, el artículo 24 de la Constitución establece que «todas las personas tienen derecho a obtener la tutela efectiva de los jueces y tribunales en el ejercicio de sus derechos». «Con mayor razón cuando la causa penal trata de proteger bienes relevantes, como el derecho a la vida.»

Partiendo de estos presupuestos, la Sala entra a analizar el concepto de seguridad del Estado y sus límites. Los magistrados constatan que existe conflicto entre cuatro artículos de la Constitución, que regulan el poder judicial, y la Ley de Secretos Oficiales, que preserva del examen judicial las materias relacionadas con la seguridad del Estado. La sala concluye que de este choque de competencias no se deriva necesariamente que la Ley de Secretos Oficiales sea inconstitucional, aunque afirma que el acuerdo de clasificación queda sometido en última instancia al control del Supremo.

Ninguna de las tres sentencias se pronuncia sobre si la clasificación fue o no ajustada a derecho. Es más: ni se plantean si existió verdaderamente. Dicen que existía la orden de 28 de noviembre de 1986 (que no se publicó en el *BOE*), y hay que entender (no se sabe por qué) que el acuerdo clasificatorio se adoptó de conformidad con dicha norma, aunque los documentos no tuviesen clasificación formal alguna ni cumpliesen con los signos externos propios de esa clasificación formal. Sin embargo, la sala entiende que los papeles del Cesid afectan a la seguridad del Estado. Las magistrados reconocen que este concepto justifica la existencia de secretos oficiales y admiten la competencia del Gobierno en esta materia, pero precisan que la seguridad del Estado no es un valor absoluto, sino limitado por las leyes y la Constitución. «La seguridad estatal puede verse negativamente afectada si no descansa en la confianza de los ciudadanos de que la actuación judicial, cuando investiga presuntas ilegalidades políticas, se desarrolla libremente.»

De forma muy similar se pronuncia el Supremo cuando examina la teoría de los actos políticos del Gobierno. La sala reconoce que hay decisiones del Ejecutivo que no pueden ser examinadas por los tribunales (la presentación, por ejemplo, de una cuestión de confianza), pero aseguran que la clasificación de los papeles no es un acto ajeno al control judicial. El Supremo entra a fondo en la teoría de ciertos dirigentes socialistas de que la desclasificación daña la imagen de España en el exterior y merma la confianza de servicios secretos aliados (extremo en el que insistió hasta la náusea Eduardo Serra). Los magistrados entienden que no hay motivo para esa alarma, ya que «la protección acordada en los tratados internacionales se refiere únicamente a la información facilitada por los países signatarios».

Finalmente, la sala desestimó la argumentación de que el posible origen ilegal de los documentos, debido a su presunta sustracción temporal por Perote (es difícil entender que alguien decida sustraer sus propios documentos), vicia su validez como prueba. Son los tribunales los que tienen que determinar el valor de estos documentos y el Supremo no puede ni debe pronunciarse en relación con esta cuestión.

Después de tanta falsedad y estupidez sobre el contenido de los documentos y su primacía sobre la justicia, las tres sentencias de la Sala III del Tribunal Supremo pusieron las cosas en el sitio en el que siempre deberían haber estado. En su quicio. No desquiciadas por el afán de impunidad de unos y otros. Las tesis de González, Serra, Ledesma, Sala, Belloch y otros quedaban por los suelos. La sacralización frente a la justicia del secreto oficial y de la razón de Estado (invento y coartada de todo el felipismo militante y de parte no desdeñable del resto de este sistema coronado que nos rige) se había venido abajo. Alexis de Tocqueville había dicho hacía más de ciento cincuenta años: «No se concede un privilegio particular a los tribunales al permitirles castigar a los agentes del poder ejecutivo cuando éstos violan la ley. Vedárselo, en cambio, sería despojarlos de ese derecho natural.» [2]

LOS VOTOS PARTICULARES

Eso es lo que se quería aquí con el pretexto del secreto, la seguridad del Estado y la razón de Estado. Los «juristas orgánicos» no podían dejar pasar la ocasión de echar su cuarto a espadas. Fernando Ledesma, uno de los peones más eficaces de la justicia del felipismo (es decir, de la instrumentalización de la justicia y el derecho por la oligar-

---

[2] *La democracia en América*, Alianza Editorial, Madrid, 1980, vol. I, pág. 87.

quía felipista), se descolgó con un voto particular fascinante: «Una actuación del Consejo de Ministros ajustada a la ley no puede vulnerar un derecho fundamental» (¿quién decide si es conforme a derecho o si vulnera un derecho fundamental?). «El Gobierno es soberano en la esfera de los actos políticos y éstos no pueden ser revisados por un tribunal de justicia [...] porque pertenecen al ámbito dentro del cual se mueve con libertad el Gobierno para optar políticamente» (Mitterrand y Craxi se hubieran puesto verdes de admiración). «No se ha demostrado que no vaya a producirse deterioro del crédito de España en sus relaciones internacionales, ni que no sean ciertos los peligros advertidos por el Gobierno en relación con los procedimientos operativos del Cesid y respecto de la integridad física y la vida de sus agentes, familiares y allegados.» Así se manifestaba el que fuese ministro de Justicia de González desde 1982 a 1988 y, después, presidente del Consejo de Estado. Naturalmente, no estaba contaminado en forma alguna.

Tampoco lo estaba Pascual Sala. Pese al «pascualazo», se sintió legitimado para intervenir en la cuestión. Insistió en la teoría del «acto político», imposible de revisar por un tribunal. «La seguridad del Estado no es un concepto jurídico, porque no es suceptible de definición jurídica, sino un puro concepto político» (¿o carcelario?). No se vulneraba con la desclasificación derecho fundamental alguno, pues existían otros elementos probatorios. Ésta fue la muy imparcial e incontaminada actitud de don Pascual (ex presidente del Tribunal de Cuentas, del Consejo General del Poder Judicial y del Tribunal Supremo).

Juan Antonio Xiol (ex director general de Justicia con Fernando Ledesma y ex vocal del Consejo presidido por Sala, que en el caso de la juez Huertas defendió sin inmutarse que, como la orden judicial que convocaba a los guardias civiles para practicar ruedas de reconocimiento era ilegal, lo legal era ignorar éstas) también puso su granito en el desierto de la justicia felipista. El tribunal no debió entrar a revisar actos políticos (propios de expertos) y debiera haberse «autorrestringido» al analizar si cada uno de los papeles afectaba o no a la seguridad del Estado.

Para el presidente de la sala, Ángel Rodríguez, el tribunal había operado «desde criterios de oportunidad que le han llevado a sustituir al Gobierno, en lugar de efectuar un control jurídico de la actuación examinada, único posible dentro de los límites constitucionales de la potestad jurisdiccional». Fue la doctrina que más gustó a González. La repitió con delectación ante las cámaras.

Mientras que para José Manuel Sieira (ex gobernador y ex director general de Justicia) los documentos eran «irrelevantes, contradictorios e inocuos», Jesús Peces Morate defendió la actitud más original y más rigurosa en su voto particular: «La declaración formal de materia clasificada no es obstáculo para que determinados documentos deban y puedan servir como medio de prueba en un proceso cuando la jurisdicción competente así lo decida. Con el fin de hacer efectivo y real el derecho fundamental de la tutela judicial, [...] requerido un documento como medio de prueba por el juez competente, en resolución firme, ha de ser entregado a éste para que, una vez examinado su contenido, pueda decidir acerca de su transcendencia probatoria en el proceso de que conoce.»

EL FELIPISMO SE CONDUELE

Las críticas felipistas no se hicieron esperar. González (que el mismo día de hacerse públicas las sentencias había dicho que los magistrados actuaron bajo presión) aseguró que el tema «no le preocupaba personalmente». Su inquietud por lo acontecido era la propia de una persona que «lucha modestamente por la democracia». Y anunció dos consecuencias graves. La primera, que algunos acusados exigiesen, para su defensa, la aplicación de un concepto tan ambicioso del derecho a la tutela judicial efectiva como el utilizado por el Tribunal Supremo, instando la desclasificación de otros documentos clasificados (así lo anunció, casualmente, Barrionuevo). La segunda era que, «a partir de ahora, sólo se declarará secreto y se clasificará como secreto lo que sea irrelevante en términos de seguridad... mientras que lo que sea relevante no será secreto, sino clandestino». «Entonces —concluyó— habremos dado un paso gigantesco en la consolidación de la democracia.»

Como buen soldurio de su señor, Belloch calificó de «error» la decisión de la Sala III (de 28 de sus miembros) y llegó a decir que los jueces «no tienen ni idea» de los asuntos que afectan a la seguridad del Estado. Pidió que se estudiasen urgentemente disposiciones legales que evitasen resoluciones como las adoptadas respecto a los papeles del Cesid. Su conmilitona Teresa Fernández de la Vega había dicho que cabía recurrir estas resoluciones ante el Tribunal Constitucional. Belloch reconoció la inviabilidad de proyecto tan bizarro. Nadie podía recurrirlas, ya que el fiscal había pedido la desclasificación de los documentos, que fue lo que hizo la sala.

Pese a que el inmarcesible Eduardo Serra había planteado la posibilidad «legal» de no cumplir las sentencias del Tribunal Supremo (con lo que ratificó su conocida actitud de respeto y colaboración con la justicia), el Gobierno, con Aznar a su cabeza, había reiterado su voluntad de cumplir lo que decidiese, en todo caso, nuestro más alto tribunal de justicia. Sin embargo, en lugar de callarse cuando se hizo pública la actitud del Tribunal Supremo, el Gobierno dijo que su decisión de no desclasificar (el 2 de agosto de 1996) «fue la mejor». Así lo expresó Miguel Ángel Rodríguez: «El 2 de agosto el Consejo de Ministros tomó la decisión que debía y está convencido de que fue la mejor de las posibles. Ahora se hará lo que pide el Supremo, pero esto no significa que tomase una decisión equivocada.» Otros miembros del Gobierno dijeron que la del 2 de agosto fue una decisión política más que jurídica. ¿Para cumplir pactos desconocidos de silencio y encubrimiento del crimen de Estado?

CAPÍTULO CINCO

EL GAL EN EL TRIBUNAL SUPREMO: EL CASO SEGUNDO MAREY

«Cuando el pie se gangrena una vez, sus antiguos servicios no le valen ya ningún respeto.»

Shakespeare, *Coriolano.*

«Establecieron la impunidad de todos los crímenes públicos; todo lo que podía detener la corrupción de las costumbres, todo lo que podía contribuir al buen gobierno fue abolido. Así como los buenos legisladores tratan de mejorar a sus conciudadanos, éstos se empeñaron en hacerlos peores. Introdujeron la costumbre de comprar al pueblo con dinero y, cuando alguien se veía acusado de intrigas para conseguir favores, sobornaban también a los jueces. Perturbaron las elecciones con toda clase de violencias y, cuando la justicia los perseguía, acobardaban a los jueces. La misma autoridad del pueblo era anonadada.»

Montesquieu, *Grandeza y decadencia de los romanos.*

GONZÁLEZ ANTE SU PROCESO

Mientras ocurría todo esto con los papeles del Cesid, el caso Segundo Marey ha seguido su curso en la Sala II del Tribunal Supremo. Después de continuos sobresaltos y contradicciones, ya sólo falta empezar. Nada menos que la vista del juicio, la resolución de multitud de cuestiones formales y de nulidad, la sentencia, su ejecución, la suerte de los recursos de amparo ante el Tribunal Constitucional, la suspensión o no de ciertas posibles condenas, la polémica sobre los indultos y las repercusiones público-políticas de todo ello. Persistirán durante la celebración de la vista incógnitas tan decisivas como la actitud final de algunos procesados (o de sus familiares) respecto al «*mister* X» de la trama *gálica*.

Desde que Eduardo Móner, allá por enero de 1996, se decidió a dictar su resolución por la que imponía determinadas medidas cautelares a Barrionuevo, como presunto autor de un delito de detención ilegal, hasta el momento presente, ha mediado una eternidad. Aderezada por tensiones, contradicciones, amenazas, calumnias e irracionalidades de todo tipo. Aquella primera resolución de entidad, inmediatamente seguida del auto de procesamiento de Barrionuevo por la comisión de tres delitos gravísimos (junto a la detención ilegal, la organización de banda armada y la malversación de caudales públicos), fue precedida por la petición del oportuno suplicatorio para poder dirigir el procedimiento contra, entre otros, el ex ministro del Interior de González. Barrionuevo había clamado por su derecho a declarar, atacando indignadamente al instructor Garzón por no permitírselo. Pero cuando se pide el suplicatorio para que, precisamente, pueda declarar ante el instructor del Tribunal Supremo, pone pies en pared y alborota cuanto puede para intentar que el Congreso no conceda el suplicatorio. Con motivo de tan bizarra exhibición, publiqué estas consideraciones bajo el título «Facción y conspiración» [1]:

> «Lo del suplicatorio de Barrionuevo ha sido todo un símbolo del felipismo gobernante. Todo un prodigio de ética, estética y aritmética. El ex ministro del Interior había arremetido contra Garzón porque éste lo sometía a la más bastarda de las indefensiones al no

[1] *El Mundo*, 30 de noviembre de 1995.

dejarlo declarar. Todos los conmilitones y, desde luego, los juristas orgánicos del Gobierno arroparon a Barrionuevo y lo brizaron con palabras de solidaridad y con agresiones de la más variada laya contra Garzón. Ni era imparcial —sino un monstruo de rencor— ni era, por supuesto, el juez natural. Lo era, en todo caso, el Supremo, cuyas competencias había invadido el infame Garzón [me refería al Garzón de antaño, que no al de hogaño]. Como el Supremo se había pronunciado sucesiva y benévolamente en el caso Crillon y en el de los papeles de Laos, era un tribunal promisorio. Y fue enaltecido y elogiado sin tasa. Sus magistrados sí que eran jueces rigurosos, objetivos e imparciales. Pero cuando la Sala de lo Penal, por unanimidad, acordó solicitar el suplicatorio contra Barrionuevo, las cosas habían cambiado. Ya se empezó a hablar de "una decisión política".

»Barrionuevo volvió a quejarse de ser víctima de la más negra de las indefensiones porque se le quería hacer declarar (no, como antes, porque no se le permitía). Cuando Belloch, De la Rocha o Margarita Robles explicaron que, en su parecer, debía votarse favorablemente el suplicatorio, los atajó duramente diciéndoles que se callaran. El iluminado de Leguina dijo que había que oponerse al suplicatorio para que ni la justicia se politizase ni la política se judicializase (lo que, al parecer, exigía la más absoluta impunidad de los delincuentes del poder), formulando la hermosa teoría felipista-pujolista de que no se podía ser más implacable con los "excesos" de la democracia, pasándolos por el pasapuré, que con la barbarie del franquismo, que fue amnistiada. La plataforma guerrista "pro-Barrionuevo" solicitó públicamente el voto contrario al suplicatorio porque éste era "una operación anti-PSOE". (Todos los magistrados de la Sala de lo Penal del Tribunal Supremo estaban conspirando contra el ex ministro y contra el felipismo en su conjunto.) Y el propio Barrionuevo alentó la solidaridad de la tribu asegurando que era "un suplicatorio en blanco" —por su indeterminación y vaguedad— y que incluso estaba dispuesto a recurrir al Tribunal Constitucional. Finalmente, los oligarcas felipistas del Congreso recomendaron —entre guiños de complicidad y codazos de solidaridad tribal— el voto en conciencia, como si fuese una regla votar sin conciencia.

»Fue así como 122 diputados se opusieron al suplicatorio, absteniéndose 10. Pese al clima descrito, algunos dijeron impávidamente que "vaya usted a saber" quiénes votaron en contra o a favor, que el voto era secreto. Pero la impudicia era inútil: Mario Onaindía declaró que votó en contra del suplicatorio de una forma disciplinada. Nuevamente el espíritu de tribu o de facción. Como dijo Bolingbroke, "la facción es un núcleo de personas armadas de poder que no tienen principios de partido ni sentido alguno de bien público". Así se describe muy bien a la oligarquía felipista. Quienes la integran sólo pueden pertenecer a tres categorías: autores, cómplices y encubridores, como afirmaba Pablo Castellano.

»En aquella célebre entrevista de Gabilondo a González, en la que éste aseguró que sabía del GAL tanto como el periodista, el Presidente dijo que un secretario de Estado (el entonces encarcelado Rafael Vera) no era Gobierno y que sólo la presunta implicación de un ministro (lo que nunca ocurriría) afectaría a su responsabilidad presidencial. Ya ha ocurrido. El Presidente sigue siéndolo. Ni dimite ni disuelve las Cámaras. Y Barrionuevo, ya imputado, ya en el banquillo de los acusados, sigue siendo presidente de la Comisión Constitucional del Congreso y, desde luego, diputado, condición que, al parecer, le será renovada en las próximas elecciones para seguirle aforando desaforadamente (en la actualidad es miembro de la Diputación Permanente del Congreso).

»Quizá a la espera de que prosperen todas o algunas de las maniobras urdidas contra la justicia (conflicto jurisdiccional, secretos profesionales, seguir boicoteando la comisión investigadora en el Senado, incluso con la ayuda de Pascual Sala y el juez Bueren); de que Barrionuevo respete la *omertà* como Vera; de que la benevolencia, la magnanimidad o el temor reverencial de la justicia ante el poder termine por imponerse o de que la "madurez democrática" (Pujol *dixit*) acabe por abrirse paso y proclame el derecho a la impunidad en la epopeya del GAL.

»Por lo pronto, el honorable Pujol ya ha propuesto un pacto tácito de sosiego y reflexión, una tregua que permita, como en la transición, el apaciguamiento y el consenso contra la hostilidad y la crispación. González ha bendecido la iniciativa, si bien matizando, por necesidades del guión, que el pacto debe ser expreso y no incluir una ley de punto final. Para favorecer sosiego y reflexión, no dimite, no disuelve las Cámaras, sigue obstruyendo a la justicia e insiste en inacabables teorías de conspiración y conjura contra el Estado (que es él), contra el Gobierno (que es él), contra el PSOE (que es él) y, "por consiguiente", contra la Corona (que no es él pero que piensa que está con él o unida hipostáticamente a él).

»El Código Penal dice que "la conspiración existe cuando dos o más personas se conciertan para la ejecución de un delito y resuelven ejecutarlo". Hasta ahora, las conspiraciones conocidas —contra el Estado, contra la comunidad, contra la vida y contra el patrimonio común— son las que dieron lugar, desde el Gobierno, sus aparatos y sus aledaños, a los asesinatos del GAL, a las gigantescas malversaciones de fondos reservados, al terrorismo de Estado y a los robos de Estado.

»Aunque González y los suyos se empeñen (con la enorme tenacidad, prepotencia, arrogancia e ignorancia que les caracteriza), no existe el derecho a delinquir impunemente. Por intenso que sea el encanallamiento de cierto sector de la opinión pública, aunque sean muchas las personas que tienen callos en las rodillas (de su posición genuflexa ante el poder) y en las manos (de tanto aplaudir al poder) ese "derecho" no puede ser reconocido en el seno de una convivencia digna. Sería mucho más respetable el ejercicio por González de su derecho a ser juzgado. Lo reclamó su correligionario Fabius cuando era insistentemente acusado de negligencia en la contaminación de sida por transfusiones de sangre sin el debido control. En el caso de González, los indicios son tan consistentes, tan tenaces las sospechas y tan elocuente su actitud y la de su círculo más íntimo, que se ha ganado a pulso ese derecho a ser juzgado.»

PASIÓN Y PROCESAMIENTO DE JOSÉ BARRIONUEVO

Pronto llegaría el procesamiento de Barrionuevo por los tres delitos referidos. Cayó como una bomba entre las huestes felipistas, que habían llorado con un solo ojo después de la resolución de Móner estableciendo medidas cautelares que, si bien graves e importantes, sólo respondían a la posible comisión de un delito de detención ilegal. No es que estuviese bien, pero tampoco muy mal. Recuerdo que la noche anterior a que se hiciese público el auto de procesamiento me comunicó un compañero, con todas las prevenciones del caso, que la resolución era por los tres delitos, que estaba ya hecha a máquina, pero no firmada. Al parecer, existía el temor de que Móner se echase atrás y era preciso extremar la prudencia. La medida había sido largamente meditada y, según todos los indicios, la actitud de Fernando Cotta tuvo mucho que ver con ella.

Como González había puesto de moda la expresión «Estado de desecho» (dijo que no estaba dispuesto a que el Estado de derecho se convirtiese, por la investigación de los secretos y los fondos reservados, en un «Estado de desecho»), el artículo en el que describí el auto lo titulé «Procesamiento de un Gobierno de desecho»:

«En 1989, en pleno entusiasmo por la caída del muro de Berlín, el presidente Vaclav Havel pronunció una frase lapidaria: "La historia y la moral se están reconciliando." El excesivo optimismo histórico de Havel, porfiadamente desmentido por realidades tan abrumadoras como deprimentes, no empaña el horizonte de esperanza de su afirmación. Y puede servir para una primera glosa del auto de procesamiento dictado por el juez Móner: representa una reconciliación de la justicia con la realidad, un triunfo del poder y la independencia de la justicia sobre la justicia del poder, una admirable demostración de que, pese a todo, aún podemos seguir albergando una esperanza en la dignidad y el honor de la justicia propia de un Estado democrático de derecho.

»El auto de procesamiento es de un rigor y una precisión impecables. Tanto la relación de hechos que se consideran indiciariamente probados como los razonamientos jurídicos sobre la existencia de indicios racionales de la participación de Barrionuevo, prevaliéndose de su condición de ministro del Interior, en tres delitos de gravísima entidad, responden a una lógica jurídica implacable y son, sencillamente, estremecedores.

»Que el primer ministro de Interior de un Gobierno democrático haya podido perpetrar, valiéndose de su posición institucional, un delito de secuestro en su más grave dimensión (bajo condición), un delito de organización de banda armada y de integración en la misma —es decir, la más perversa manifestación del terrorismo de Estado— y un delito de malversación de caudales públicos —utilización criminal de fondos reservados— produce al mismo tiempo, y casi a partes iguales, horror, tristeza y depresión. No se puede olvidar que Barrionuevo fue, durante seis años, el máximo gestor de la política antiterrorista y de orden público del Gobierno González y que esa política era responsabilidad de todo el Gobierno y, a su cabeza, de González Márquez. No caben desembarcos ni exoneraciones.

»La lectura del auto de procesamiento impone reflexiones elementales. ¿Pudo José Barrionuevo hacer lo que realmente hizo, perpetrar lo que presuntamente perpetró, cometer tan tremendas iniquidades, sin que su actuación fuese conocida, compartida o auspiciada, por acción u omisión del Gobierno al que pertenecía y por el presidente de ese Gobierno? ¿Omitió cualquier comunicación, despacho, información o connivencia con su presidente? ¿Éste lo defiende a ultranza por meras consideraciones de compañerismo, piedad, solidaridad, benevolencia o filantropía, al margen de cualquier necesidad de silencio, encubrimiento y ocultación? Cuando se medita en la resolución de Eduardo Móner, estas reflexiones se hacen tan necesarias como dramáticas.

»Vuelve a debatirse ahora sobre la inclusión en las listas del PSOE de José Barrionuevo. Hablan algunos de que, al persistir la presunción de inocencia (aunque debilitada hasta el paroxismo), siguen teniendo —tanto él como su partido— el derecho a la inclusión. Continúo pensando que en una lista encabezada por González lo consecuente es que figure en puesto de honor el ex ministro con quien tanto quiso e hizo su presidente. Sigo pensando también que la democracia española, el pueblo español y el viejo y respetable PSOE merecen un trato más justo, limpio y decente. Que al felipismo le fallan, al mismo tiempo, la ética, la estética y la aritmética. Y que se ha quedado con la cabeza vacía, con las manos sucias por la sangre y la codicia y con el corazón convertido en una inmensa caja de caudales.

»Antes de aceptar los requiebros de sus conmilitones para encabezar nuevamente las candidaturas felipistas, González dijo que era un presidente amortizado y que ya ocupaba un lugar en la historia. Después del auto de Móner, su amortización moral y política debieran ser un hecho incontestable. Y también su ingreso en la *Historia universal de la infamia* de Jorge

Luis Borges. Los que reivindican, pese a todo, su inocencia ética, jurídica y política —igual que la de Barrionuevo— debieran pensar que aunque la abuela tenga barba no es el abuelo. Procesado Barrionuevo, González está en el banquillo de los acusados. Como representante de un Gobierno de desecho y de una razón de Estado que, como siempre, ha parido monstruos, criminales y locos morales de la peor especie.»

NO ESTIGMATIZAR A GONZÁLEZ

González contaba todavía con muchas bazas por jugar. Decenas de ases en la manga. Nadie con un mínimo peso en el sistema estaba dispuesto a aceptar su imputación en los GAL. Que se preocupase de los suyos, no de los demás, y que no desbarrase demasiado. Que no repitiese la elocuente filosofía de que, en los tiempos en que comienza el GAL, la escalada terrorista exigía medidas extraordinarias. O que había sido pasmoso y admirable el sentido de autocontención de las Fuerzas Armadas. O que, antes del GAL, ya desde los últimos tiempos franquistas y en los gobiernos ucedeos funcionaban organizaciones parecidas. O que la legítima defensa colectiva podría explicar que «algunos» se sintiesen tentados a lo del GAL. O que las acciones de éstos habían sido simples «incidentes» (a lo que Álvarez Cascos repuso que era «terrorismo de *bodeguiya*»). Mejor que se callase. Cada vez que hablaba se hacía más patente lo que debía estar para siempre latente.

Pero no había problema en la Fiscalía. Al parecer, ninguno de los acontecimientos posteriores al verano de 1995 habían influido lo más mínimo en el seno de la Junta de Fiscales de Sala del Tribunal Supremo, que reunió al efecto Juan Ortiz Úrculo. Ahora las tensiones se centraban en la Sala de lo Penal del Tribunal Supremo. Como José Luis Manzanares —consecuente con lo que había anunciado— no iba a participar en el debate ni en la votación y José Manuel Martínez Pereda estaba enfermo, mientras que la presidencia de la sala estaba vacante (ocupada en funciones por José Augusto de Vega) y la Sala III aún no se había decidido sobre la entrega de los papeles del Cesid, parecía razonable esperar a mejor momento para decidir sobre cuestión tan delicada, Pues no. Se hizo de inmediato. El resultado fue cuatro magistrados a favor de llamar a González como imputado y seis en contra. Mientras el debate se producía, el fiscal general del Estado intentaba como alma en pena estar al tanto de la cuestión.

Escribí sobre este episodio las siguientes reflexiones:

> «Decía Einstein que "la ardiente voluntad de justicia y verdad ha hecho más por mejorar la condición del hombre que cualquier sagacidad política". Sobre todo cuando las instituciones y las personas que deberían representar y aplicar esa "ardiente voluntad" se dedican a ejercer la sagacidad política. O la servidumbre voluntaria ante el poder. O la "ecolalia", es decir, la patología consistente en que el enfermo repita lo que se le ha dicho. O la carfología, que consiste en arrancarse pelusa imaginaria de la ropa como si alguien se estuviese registrando a sí mismo o diciendo aquello de que "a mí que me registren". Gran parte de los fiscales y magistrados que acaban de protagonizar una de las escenas más "voltaicas" de nuestra historia judicial —que ya es decir— merecen festejos en que se coloquen banderas y banderines "bajo arquivoltas de agujas de abeto y guirnaldas de acianos", como ocurrió, según cuenta Vladimir Nabokov, cuando su padre regresó a su tierra tras un largo exilio político.
>
> »Sin embargo, no tengo la menor duda de que los protagonistas del fasto están persuadidos de que obran por derecho y conforme a derecho. Con sentido del Estado, de su responsabilidad jurídico-institucional y de su compromiso con el bienestar colectivo. La escenificación de la Junta de Fiscales fue magistral. La convocatoria se anunció el día anterior a la reunión. No hubo votación, pero el acuerdo se presentó como

si se hubiese votado. La unanimidad no se produjo en cuanto al fondo, pero pareció que sí. Los fiscales entendieron que no existen "nuevos elementos probatorios ni incidencias procesales que justifiquen un cambio de criterio", pero se proyectó la imagen de que los seis discrepantes de antaño cambiaban de criterio hogaño.

»La Sala II del Tribunal Supremo se encontraba ya, en horas veinticuatro, ante el aplastante parecer de los fiscales de mayor entidad jerárquica. Las reiteradas y contumaces declaraciones inculpatorias de Damborenea contra González, el testimonio referencial de Sancristóbal, las declaraciones de Luis Roldán, el procesamiento de Barrionuevo, su lamento por tener que "desatascar él solo el carro", su promesa de lealtad "hacia arriba y hacia abajo", la persistente lógica de los hechos, el estallido incriminatorio de Álvarez Cascos, las amenazas de Aznar en el Congreso y demás realidades "ejemplares" eran pura bagatela. No se trataba de procesar ni, mucho menos, de juzgar o condenar. Se trataba, simplemente, de hacer posible la investigación necesaria sobre el máximo responsable (políticamente al menos) de todas las gestas gálicas. No considerar "procedente" el testimonio de González es tanto como recusar la realidad, como prescindir de los hechos, desalojar del proceso la lógica y la razón. Y, sobre todo, ignorar principios esenciales de todo "buen derecho": el de legalidad, el de igualdad de todos ante la ley y el de tutela efectiva de derechos e intereses legítimos. Pues nada. Sólo insinuar el peso de los hechos es "crispar y tensionar".

»Así lo ha entendido la Sala de lo Penal de nuestro Tribunal Supremo. Es posible que nunca lleguemos a saber por qué la convocatoria del Pleno de la Sala se realizó con tal prontitud, sin dar tiempo a la designación de un nuevo presidente ni a la decisión de la Sala III sobre el acuerdo gubernamental de no entregar a los jueces "los papeles del Cesid". La misma Sala de lo Penal tiene pendiente de resolver los recursos de apelación formulados contra la negativa de Móner a solicitar del Gobierno los dichosos papeles. ¿Por qué tanta celeridad, urgencia tan clamorosa? Si había que ponderar la existencia o no de indicios bastantes para imputar a González y compañía, ¿por qué se prescinde de aquellos papeles y de la simple declaración de tan sospechosos personajes? Eduardo Móner dijo que los papeles no eran "imprescindibles". ¿Eran imprescindibles las nuevas declaraciones de Domínguez y de Amedo exhibiendo una ilimitada capacidad para cambiar su testimonio y, sobre todo, para sembrar dudas y lanzas sobre la imparcialidad de Garzón ante la quietud y la eutimia del propio Móner? ¿Quién va a pensar que tan exquisita valoración de las pruebas, tan peculiar valoración de los indicios, tan contumaz denegación de diligencias probatorias se hubiesen desplegado si los sospechosos fuesen José López, Francisco García o cualquier sargento Vázquez de los que tanto abundan en esta Celtiberia de nuestras perplejidades? ¿O si los "imputados" fuesen presuntos etarras o narcotraficantes? Produce tristeza y melancolía terminal pensar en la cantidad de presos preventivos y condenados que lo son por indicios o pruebas no superiores en alcance a los que existen e insisten en el proceso contra González y sus dos exquisitos conmilitones. Pero ni se les llama a declarar. Después de un largo y encrespado debate, al parecer con tensiones y enfrentamiento, ésta fue la decisión. En definitiva, qué sostiene a González? Lo sostiene el sistema.» [2]

LOS CIMBRIOS, GONZÁLEZ Y EL GAL

En definitiva, ¿qué sostiene a González? Lo sostiene el sistema.

[2] «Un horror sin final», *El Mundo*, 5 de noviembre de 1995.

Y tanto que lo sostenía. Con todas su fuerzas, piezas y engranajes. Aunque la retórica oficial había sufrido un batacazo con la desclasificación de los papeles del Cesid, la actitud de la Sala II del Tribunal Supremo había caldeado el corazón del felipismo. Además, la guerra contra los fiscales de la Audiencia Nacional más impermeables contra la razón de Estado estaba alcanzando algunos éxitos indudables. Aunque el inefable Martínez Zato (se le llama «Martínez Zotes» y se le apoda «el Barrotes», por su periodo en la Dirección General de Instituciones Penitenciarias con el genial Ledesma) no había conseguido la decapitación o el tormento de ninguno de ellos, Ortiz Úrculo había sancionado a los cuatro, singularmente a María Dolores Márquez de Prado, proponiendo su traslado forzoso. Al mismo tiempo, nadie parecía dispuesto a romper la *omertà*. Barrionuevo, Vera, Rodríguez Galindo y compañía seguían siendo «hombres de honor». Todos los felipistas combatían encadenados a su líder para defenderlo, sin posible claudicación, de los «irresponsables, cínicos, canallas, descerebrados o algo más» que querían meterlo en la cárcel. Combatían como cimbrios.

> «Se llamó cimbrios a los miembros de la izquierda monárquica que colaboraron con la Primera República. Se les bautizó así porque, en su "Manifiesto" del 12 de noviembre de 1868, dijeron estar "abrazados a los principios populares, como aquellos antiguos cimbrios que combatían encadenados, para mejor defender sus mujeres, sus hijos y su hacienda". Tras numerosas victorias sobre numerosas tribus germánicas y sobre los ejércitos romanos (en los años 113 a 101 antes de Cristo), intentaron saquear Hispania, pero fueron derrotados por los celtíberos. Hasta ahora el saqueo no ha sido seguido por la derrota de los saqueadores.
>
> »Nuestros cimbrios de hogaño dicen también estar abrazados a los principios populares y combaten asimismo encadenados para mejor defender a su caudillo. De tanto olvidar sus raíces republicanas, forman

asimismo parte de la "izquierda monárquica", si bien ubicados en el compartimiento estanco del felipismo, cada vez más enrarecido e irrespirable por la acción conjunta de miasmas, pesadillas, sospechas y certezas sobre la implicación del líder en el Erebo del GAL. Si es acusado demoledoramente por los hechos, recusan los hechos. Si la realidad, la lógica y la evidencia se combinan para concederle la gran X de los GAL, hay que tacharlas y desalojarlas de la historia.

»Nuestros cimbrios no se han desanimado por las sentencias de la Sala III del Tribunal Supremo que ordenaba al Gobierno la desclasificación de trece documentos del Cesid, que pulverizaban todas las patrañas argumentales en defensa de secretos que nunca lo fueron (o que nunca debieron serlo) o que ponían de manifiesto que la tan invocada seguridad del Estado no es la seguridad de las "autoridades o funcionarios que personalmente puedan estar relacionados con una causa penal". Ni tan siquiera la seguridad de González, clave de bóveda —según los suyos— de nuestro ordenamiento constitucional y de la supervivencia del sistema. Pero da igual lo que diga el Supremo. Ha cometido un error, sus magistrados "no tienen ni idea de los asuntos que afectan a la seguridad del Estado" (Belloch *dixit*) y las sentencias han alegrado sobremanera a "los antidemócratas, los violentos y algunos grupos nacionalistas" (González *dixit*). Por supuesto que también a los cínicos, los irresponsables, los canallas y los descerebrados "o algo más" que han presionado a la Sala III hasta obtener de ella lo que, sin presiones, no habría decidido jamás. Para que no se diga la verdad (que el temor de González al banquillo está en la base misma de sus descalificaciones e insultos), nuestro personaje se cura en salud: este tema "no le preocupa"; "estoy dispuesto —dice— a que me reprochen cualquier cosa, pero no a que dentro de unos años me reprochen no haber dicho que estamos en una situación cuyas consecuencias no podemos prever".

»No se refiere el líder a la situación de descerebramiento penal y procesal de los sumarios GAL (en los que éstos siguen apareciendo sin su cerebro, sin su particular "*mister* X"); no alude a la patología jurídico-judicial que supone que en aquellas causas estén y sean todos los responsables menos el máximo responsable; no apuntan sus reflexiones al daño irreversible que para nuestra justicia y para los principios de legalidad y de igualdad frente a la ley supondría que las causas concluyesen sin tan siquiera haber sido imputado, procesado y juzgado el jefe máximo de todos los acusados, algunos de ellos tan inmediatos a su jefatura como Barrionuevo, Vera, Manglano y Sancristóbal. González no se refiere a nada de esto. La "situación cuyas consecuencias no podemos prever" es que la justicia haya triunfado sobre el secreto, o el derecho sobre el encubrimiento, y la Constitución sobre la seguridad de presuntos delincuentes del poder.

»Lo intolerable no es que pudiese ser consagrada la impunidad de los más poderosos, que sólo vuelvan a responder los sargentos Vázquez (como es sólito en nuestra historia) o que la pesadilla asesina de los GAL se salde "diplomáticamente", es decir, respetando las raíces últimas y más podridas de la razón de Estado. Lo verdaderamente intolerable para la facción felipista y para no pocos "juristas de Estado" es que pueda ser derrotada la estrategia de obstrucción y de opacidad que han opuesto a la acción de la justicia, que la visibilidad y la transparencia del proceso se impongan al encubrimiento del crimen de Estado, favorecido por la mentira de Estado, el secreto de Estado y hasta la imbecilidad de Estado.

»Fue muy dura la coincidencia. Al mismo tiempo que se hacían públicas las sentencias, Barrionuevo comparecía ante la Sala II del Tribunal Supremo para ser informado de la conclusión de la instrucción, decidida por el juez Móner. Según éste, ya se han practicado todas las diligencias pertinentes y adecuadas, toda la investigación necesaria. No es pertinente ni adecuado ni necesario llamar a González como imputado. Lo necesario, adecuado y pertinente es considerar que Barrionuevo, por sí y ante sí, fundó, organizó y financió el GAL sin el conocimiento ni el consentimiento del presidente del Gobierno del que era ministro de Interior. González no sabía más del GAL que el periodista Gabilondo. Fue, por consiguiente, traicionado y ninguneado por toda la plana mayor de sus colaboradores en la lucha contraterrorista, de la que era máximo responsable. Si no ordenó investigación alguna sobre los GAL; si negó sistemáticamente a la justicia cualquier colaboración en las investigaciones; si apoyó fervorosamente a todos los acusados que se mantuviesen fieles a la versión oficial, incuidos todos los que le engañaron y traicionaron al no informarle, implicándole en sospechas cada vez más lacerantes e imparables; si ha apoyado reiteradas campañas de descrédito y linchamiento de los jueces instructores, ha sido por defender la seguridad del Estado. Ésta también exige que "sólo tire del carro", como cerebro máximo, José Barrionuevo. Al fin y a la postre, dijo que sería leal "hacia arriba y hacia abajo". Con esa lealtad debe bastar. ¿Para qué la de González? El líder González prefiere los comportamientos elusivos y fugitivos de Craxi, Mitterrand o Carlos Andrés Pérez. Resistir hasta el fin. Confiar en que "el sistema" sea incompatible con su enjuiciamiento y en que su estigmatización no siga haciendo estragos contra la justicia en la Sala II del Tribunal Supremo.

»También coincidieron las sentencias sobre los papeles del Cesid con la decisión de Ortiz Úrculo de sancionar a los cuatro excelentes fiscales de la Audiencia Nacional que más han destacado en la defensa de la dignidad del Ministerio Fiscal frente a todo tipo de complacencia y connivencia con el poder o con el miedo. Ha brillado en tan lamentable episodio el cordial abrazo de felipistas y no felipistas dentro del Consejo Fiscal, bajo la batuta del incomparable soldurio de González que es Martínez Zato. Úrculo se ha encarnizado especialmente contra María Dolores Márquez de Prado, proponiendo su traslado forzoso "por su acritud y excesos formales con jueces y tribunales". Es conmovedor. Por no ser delicada, respetuosa, femenina y sumisa con sus compañeros, por no estar debidamente "amaestrada". Por ser un miembro más del Ministerio Fiscal. Sólo le ha faltado al bueno de Úrculo decirle, como Esteban de la Misericordia a la hermana del conde de Foix, en el encuentro de Pamiers, en 1207, entre cátaros, valdenses y católicos: "¡Id a vuestra rueca a hilar! No es de vuestra incumbencia hablar en una asamblea." Úrculo se ha comportado como un cimbrio más.» [3]

GONZÁLEZ SE DESTAPA

Y seguirán surgiendo muchos más. El asesinato por ETA del concejal del PP en Ermua Miguel Ángel Blanco, inmediatamente después de que el Ministerio del Interior consiguiese liberar a Ortega Lara de su pozo presidiario, provocó las más grandes movilizaciones del pueblo español. Tuvieron causas, fundamentos y objetivos limpios, pero algunos quisieron aprovecharlos *pro domo sua*. En beneficio del energumenismo y la involución represiva del sistema. Nuncan faltan visionarios, fanáticos y medradores que intenten monopolizar las grandes manifestaciones de la sociedad civil. Al margen de felices coincidencias, el día 15 de junio de 1997 era un día excelente para mandar mensajes autoritarios y antidemocráticos, llenos de insinuaciones y autojustificaciones, con motivo del libro de Barrionuevo *2001 días en Interior*, del que González era ilustre prologuista.

Hizo un encendido elogio de los que hoy «sufren una injustificada persecución», en referencia a seis personas

---

[3] «Tribuna abierta», *ABC*, 16 de abril de 1997.

que se encontraban presentes, todas ellas con causas judiciales abiertas por lo del GAL (Barrionuevo, Vera, Argote, Galindo, Sáenz de Santamaría y Manglano). Reveló que los tres últimos (generales) se pusieron en contacto con los socialistas, cuando aún vivía Franco, para tratar de entender a quienes estaban «frente a la dictadura». Lamentó que «veinte años después estén empapelados aquellos que hicieron posible la convivencia democrática». Al parecer, si los tres generales referidos estaban procesados era por haber hecho posible la convivencia democrática. O haberla hecho posible debería constituir una eximente completa para todos los asesinatos, secuestros, torturas o malversaciones que hubiesen perpetrado. Un precioso discurso.

Pero no se detuvo ahí González. Habló de «maravillosas operaciones de acordeón» iniciadas por los gobiernos de UCD y finalizadas durante su mandato como presidente del Gobierno. Y detalló algunas. Una fue «la que permitió la superación del 23-F»; otra, «la que hubo que aplicar para acabar con una parte de la violencia terrorista». El balance final de estas «maravillosas operaciones» fue altamente satisfactorio porque «desapareció la tentación involucionista y también algunas de las acciones que se han dado en llamar "guerra sucia" frente a una permanente guerra sucia, cruel y persistente, del terrorismo de ETA». González pidió perseguir a gorrazos a los protagonistas de la violencia callejera, identificó la autodeterminación de Euskadi con la limpieza étnica y abogó por el cierre de *Egin*. Sus palabras finales fueron excelsas: «Pepe [Barrionuevo], Rafa [Vera], señores generales, gracias por lo que hicieron por España; hoy me toca decirles con claridad que estoy aquí para dar la cara y querría darla por que ustedes no tuvieran que darla, porque no lo merecen.»

BARRIONUEVO SIN INDULTO

¿Por qué no da la cara González? No en mítines o presentaciones de libros. En el Tribunal Supremo y en su «proceso». ¿Piensa que con palabras como las que dijo consuela suficientemente a los que responderán por él y sin él? ¿Cree de verdad, por poner un ejemplo singularmente patético, que Esperanza Huélano, la mujer de Barrionuevo, va a presenciar callada el juicio, sus incidencias, sus pruebas y sus más que probables condenas? Esperanza es mujer sólida y decidida. Tanto ella como los tres hijos del matrimonio están convencidos de que las máximas responsabilidades de los GAL son de González y no están dispuestos a que su marido y padre apechugue con responsabilidades que no son suyas. Además, con Barrionuevo no vale el indulto. La Constitución establece que «la prerrogativa de gracia no será aplicable a ninguno de los supuestos del presente artículo» (el artículo 102). En su primer apartado, este artículo dice que «la responsabilidad criminal del presidente y de los demás miembros del Gobierno será exigible, en su caso, ante la Sala de lo Penal del Tribunal Supremo». Es por ello conmovedor que Barrionuevo asegure tristemente que en nigún caso pediría el indulto. ¿Para qué pedirlo si es imposible obtenerlo?

No cabiendo el indulto, sólo cabe recurrir en amparo ante el Tribunal Constitucional. ¿Se confiará en que, sea cual sea la sentencia condenatoria, diga lo que diga, exista la prueba que exista, se estimará el amparo? ¿Hasta tal punto de instrumentalización de la justicia constitucional llegará el sistema? Llegará hasta donde sea necesario. Aunque no sean posibles ni la justicia ni la gracia.

Nadie puede dudar de nuestra originalidad. Quien sepa de algún otro país de nuestro contexto en que los máximos responsables políticos y jurídicos de hechos gravísimos queden al margen y, por tanto, sin juicio ni condena, que lo diga. Quien conozca alguna realidad judicial en la que se decida no llamar como imputados a los más altos dirigentes de un partido que crea una trama criminal para obtener financiaciones ilegales ni al presidente del Gobierno desde el que se financia y coordina una organización terrorista para «luchar contra el terrorismo», que dé un paso al frente y lo proclame. Además, si estas iniquidades se razonan jurídicamente en la necesidad de no estigmatizar a esos máximos responsables, que pasan a ser máximos irresponsables, el espectáculo es de circo. Y de farsa.

Contemplar el banquillo de los acusados en el caso Filesa produce depresión y tristeza. Leer la sentencia en la que se condena a todos los sargentos Vázquez como si fuesen mariscales de campo y no simples gardingos de sus señores, envejece el alma y el peinado. Y verlos entrar en la cárcel sin que el gran González los mire a la cara o los brice con una brizadora maternal, con una canción de cuna para dormir a «sus presos», es un escándalo jurídico y moral que congela cualquier sentido de la justicia.

Chesterton inventó una nueva bienaventuranza: «Bienaventurados los que padecen persecución por la justicia, porque ellos pensarán más en la justicia que en su propio destino personal.» Pero aquí no hay bienaventuranza posible. Están los desventurados que se creyeron protegidos por el manto de impunidad de sus señores y están frente a ellos, aunque escondidos, los capitanes Araña de la trama. La mujer de Carlos Navarro ha repetido algo conmovedor: «A González debería caérsele la cara de vergüenza.» Como si hablase de un hombre de honor. Barrionuevo insiste en que será leal hacia arriba y hacia abajo. Pero arriba sólo está el *«one»*, el «dios», que decidió hace mucho estar por encima de las leyes y en el limbo del derecho.

Su irresponsabilidad política y su impasibilidad penal constituyen la envidia de todos los poderosos de la Tierra. Pero, al parecer, lo exige el sistema. Siempre les quedará a los condenados el portón del consenso, el trueque y el indulto, del que está excluido constitucionalmente el inefable Barrionuevo. Para los demás, aunque falte la justicia, que no falte la gracia.

Para graciosa, la campaña folletinesca de los felipistas catalanes con el lema «Justicia, sí; persecución, no». «Nuestros compañeros han sido condenados injustamente, sin pruebas o con pruebas falsas.» Al parecer, los *filesios* son perseguidos de forma inclemente y justiciera por el juez favorito de González y de todos los suyos, José Augusto de

Vega. Llaman persecución a la justicia porque están acostumbrados a la impunidad. Y quieren con sus gritos abonar el terreno para que el GAL se distancie de sus líderes máximos.

Uno de los penúltimos episodios nacionales de esa actitud ha sido el escándalo montado sobre unas declaraciones de Luis María Anson en *Tiempo* (16 de febrero). Los tambores empezaron a batir el día anterior asegurando (*El País*, *Ya*, *Diario 16*, la Ser, etc.) que Anson denunciaba en esa entrevista la gran conspiración contra González y los suyos para derribarlos del poder. Los conspiradores «se inventaron» lo del GAL y recurrieron a todo tipo de patrañas para linchar a González. Tenían en perspectiva obligar al Rey a abdicar en su hijo para, después, proclamar la República. Se publicaban las fotografías de los conspiradores y sus siniestros currículos. Desde Roma, González animaba a Anson a «seguir diciendo la verdad», y diversos oligarcas felipistas incitaban a actuar al fiscal general. Nada era cierto. Una gran falsedad. Una nueva superchería. Otra vez se intentaba la fabulación de que uno de los «conspiradores» había confesado y denunciado a los demás. Como ocurrió con Garzón, que pretendió, nada menos, que yo fuese el conspirador arrepentido. Como entonces, tampoco ahora existía el más mínimo fundamento. El mismo día 16 de febrero Anson publicaba un rotundo artículo en *ABC* y *El Mundo*, y García-Trevijano atacaba con dureza y mordacidad la nueva opereta bufa del felipismo. Volverán a intentarlo antes de que se inicie el juicio por lo de Segundo Marey. Antes, en todo caso, de que el GAL termine de desfilar ante la justicia. Pondrán, si pueden, el país patas arriba.

No le llegará la justicia, según parece, a González. Aunque teóricamente pertenezca ahora a la «puta base rastrojera» del PSOE, se puede aún permitir actitudes regias. Como la del Enrique V de Shakespeare: «¡Que eso recaiga sobre el rey! Nuestras existencias, nuestras almas, nuestras desconsoladas viudas, nuestros hijos, nuestros pecados. ¡Que el rey sea responsable de todo eso! ¡Es preciso que Nos respondamos de todo!» Es la mejor forma de no responder de nada. Y de ponerse a la justicia y al país por montera. Los bueyes castrados y los carneros de Panurgo son así de reverentes y domésticos. Tienen, como diría Horacio, «heno en los cuernos».

CAPÍTULO SEIS

EMBESTIDA FELIPISTA EN LA AUDIENCIA NACIONAL: LA GUERRA SUCIA CONTRA LOS FISCALES INDEPENDIENTES

«La conveniencia y aun necesidad de la potestad sancionadora no evita que su ejercicio vaya acompañado de tales irregularidades que constituye un sarcasmo para los ciudadanos. La injusticia empieza con la arbitrariedad en la persecución porque es sabido que, si la Administración quiere, encuentra infracciones o infractores sin dificultad alguna. El resultado salta a la vista: el Estado tiene en sus manos a todos, de tal manera que el destino de cada uno depende, además del azar, de la voluntad del Estado para castigarle. Si esto sucede, el ciudadano, por las razones dichas, está irremediablemente perdido. No hay defensa posible. El infractor es víctima de represalias que nada tienen que ver con la infracción. Se trata de dar un ejemplo o de obligarle al silencio o a la humillación o a la expoliación personal.»

Alejandro Nieto, *Derecho administrativo sancionador.*

SE PREPARA LA GUERRA

Desde que, en 1993, tras el «felipazo» de Garzón, se consolidan en la Audiencia Nacional las investigaciones sobre los GAL, las cosas se ponen serias. Nadie pudo parar las condenas de Amedo y Domínguez y nadie puede ahora evitar que las declaraciones de éstos den cada vez mayor densidad y profundidad a la instrucción sumarial de la guerra sucia contra ETA. Si en el plano judicial es Garzón el que en mayor medida protagoniza las investigaciones, el impulso de éstas corresponde, dentro de la Fiscalía de la Audiencia, a Eduardo Fungairiño, verdadero coordinador del Ministerio Fiscal en materia antiterrorista, junto a Ignacio Gordillo, María Dolores Márquez de Prado, Pedro Rubira y Jesús Santos.

Ya Javier Moscoso había dirigido su cólera contra Ignacio Gordillo, ordenando su sustitución como fiscal del caso Amedo por no haber cumplido a satisfacción la orden moscosiana de que apoyase la libertad de los acusados. Eran los fiscales coordinados por Fungairiño un grupo homogéneo en la legalidad e imparcialidad de su actuación contra todo tipo de terrorismo y, por supuesto, contra el crimen de Estado y la guerra sucia. Nunca contaron con la simpatía de los sucesivos fiscales generales del felipismo. No apoyaron en ningún caso los esfuerzos oficiales por obstruir las investigaciones, falsear las pruebas, presionar testigos, procurar connivencias institucionales para la inmunidad de los acusados y linchar a los jueces. Era mucho más accesible y aquiescente José Aranda, fiscal jefe hasta enero de 1997. No existió en el campo antiterrorista. No existió tampoco como verdadero fiscal jefe. Ya por timidez laboral, ya por adinamia congénita, confió siempre la dirección y coordinación de la Fiscalía de la Audiencia Nacional a Eduardo Fungairiño. Todo era para Eduardo. Hasta que dejó de serlo después del largo adiós del inefable don Eligio de la Fiscalía General y el nombramiento de Carlos Granados. Era la primavera de 1994.

Las tensiones afloraron con cierta frecuencia y dos sucesos las hicieron estallar. Fungairiño solicitó a Aranda, en la Junta de Fiscalía del 7 de agosto de 1994, que convocase una nueva Junta para examinar la viabilidad de una querella contra los antiguos directivos de Banesto, encabezados por Mario Conde. Ya estaban abiertas en la Fiscalía de la Audiencia unas diligencias informativas sobre la cuestión. Aranda se mostró propicio a la sugerencia de Fungairiño, pero presentó la querella sin conocimiento de los fiscales, que se informaron a través de la prensa de su interposición y admisión por el Juzgado Central de Instrucción nº 3. El hecho ocurrió el 14 de noviembre de 1994 y fue presentado como un gesto de desconfianza de Aranda hacia el resto de los fiscales de la Audiencia. Quiso ser utilizado como prueba de que el intrépido y acerado Aranda, más progresista que nadie, había superado la barrera de obstáculos que le oponían sus muy «condistas» colaboradores para arremeter en solitario contra los antiguos directivos de Banesto. Éste fue el mensaje que Aranda «filtró» a los medios de comunicación. Y el que plasmó en su comparecencia dentro del expediente disciplinario incoado a María Dolores Márquez de Prado. La comparecencia se realizó sin publicidad ni contradicción. Cuanto le plugo y como le plugo. No cuchara de palo, sino de barro.

Era totalmente falso, pero quedaba bien. Los fiscales más destacados en la lucha contraterrorista y en la investigación de la corrupción y el crimen de Estado estaban, al parecer, obstruyendo la presentación de una querella contra Conde y los suyos. ¿Por qué? Nada se dijo. La realidad era que Fungairiño, Gordillo, Márquez de Prado, Rubira y Santos eran precisamente los más decididos partidarios de esa querella. De hecho, la intervención implacable de Ignacio Gordillo en el caso de Argentia Trust y, por tanto, en la condena de Conde, se compadece muy mal con aquella versión felipista del «motín» de los fiscales indomables. Pero ya Belloch funcionaba, con sus intrigas, mentiras y conspiraciones sin cuento. Mientras realzaba la patética figura de José Aranda, comentaba con sus íntimos la necesidad de relevarlo, llegando a deslizar el nombre de Roberto García Calvo (que es posible que ni se enterase).

El segundo acontecimiento fue la decisión de separar a Gordillo del caso Lasa-Zabala sin consultar ni reunir a la Junta de Fiscalía. Fue, al parecer, un insistente ruego de Carlos Bueren, para quien la intervención de Gordillo en ese sumario (resultado, en medida muy sustancial, de los esfuerzos del propio Ignacio) era perturbadora. Tan obsequioso estuvo Aranda con ese ruego de Bueren (con indudables raíces en las alturas) que asumió él mismo la representación de la Fiscalía en el caso (lo que provocó un seísmo de asombro en la Audiencia Nacional) y, cuando no pudo o no quiso actuar, ordenó que le sustituyese un fiscal adscrito a lo contencioso administrativo (el fiscal Barroso intervino en una importante declaración testifical en junio de 1995). Finalmente, designó a Jesús Santos.

Si ya Moscoso y Eligio habían distinguido con su ojeriza al grupo de Fungairiño, que no se plegaba a los desvelos felipistas por el desjarretamiento judicial de los GAL, apoyando con toda lealtad la instrucción garzoniana, Carlos Granados probó también la imparcialidad de Fungairiño y los suyos cuando decidió cumplir castrensemente la «indicación» felipista de excarcelar a Galindo en su primera aventura carcelaria. Fue a primeros de agosto de 1996. Granados estaba en sus últimos días de fiscal general y, al parecer, quiso hacer un último favor a «*mister* X», intimidado por la presencia de Galindo en la cárcel. La orden escrita la tuvo que cumplir Pedro Rubira, no sin hacer constar, también por escrito, su protesta por aquella arbitrariedad.

Meses antes, en julio de 1995, Aranda había remitido «clandestinamente» a Granados un enloquecido informe sobre Gordillo acusándolo de filoetarra por sus relaciones profesionales con Íñigo Iruín y de poner en grave riesgo la integridad y la vida de sus compañeros de la Audiencia. Granados no hizo nada. Ni contra el «acusador» ni contra el «acusado». Javier Gómez de Liaño intentó en vano, incluso con diligencias abiertas, que Aranda declarase sobre ese extremo y que Martínez Zato le hiciese llegar el informe en cuestión.

El conflicto iba enconándose. La parafernalia mediática del felipismo lo azuzaba sin límites. Interesaba enormemente aprovechar las tensiones para quitarse de encima a fiscales tan incómodos para la estrategia de la impunidad que, cada vez con mayor desesperación, se estaba desplegando. Con fiscales dóciles todo sería más fácil. La decisión de «romper» a Fungairiño y a los suyos se hizo más firme cuando, inopinadamente, Bueren se marchó del Juzgado

Central de Instrucción nº 1 y fue sustituido por Gómez de Liaño, íntimo amigo de Fungairiño, Gordillo, Rubira y Santos y novio de María Dolores Márquez de Prado. Además, por si algo faltase, Javier imprimió un fuerte ritmo a la desfalleciente y errática instrucción del caso Lasa-Zabala por Bueren, que nunca quiso «ver» nada con el GAL y que más bien entorpecía la investigación garzoniana.

A finales de mayo de 1996, Gómez de Liaño, a petición de Gordillo y de las acusaciones particulares, acordó la prisión del general Rodríguez Galindo. Lo habían precedido días antes Felipe Bayo, Dorado Villalobos, Julen Elgorriaga y Pedro Gómez Nieto. Era intolerable. Alfonso Guerra estalló diciendo que «los miembros de ETA deben estar satisfechos con las últimas actuaciones judiciales». Mientras tanto, Aranda hacía suya la propuesta de Cobo del Rosal de que el caso Lasa-Zabala lo instruyese el Tribunal Supremo. Belloch pontificó: «Todos estaríamos más tranquilos si la instrucción la llevase un juez del Tribunal Supremo.» Es evidente que el «todos» manejado por Belloch abarcaba a los que abarcaba. También es evidente que a Belloch y a los suyos, a «todos», no les gustaba nada la investigación del caso Zabala desde que la asumió Javier Gómez de Liaño.

INSPECCIÓN Y EXPEDIENTES DISCIPLINARIOS: EL ESPLENDOR DE ZATO

Era la hora de Zato, fiscal jefe de la Inspección Fiscal. Tardará mucho tiempo en nacer, si es que nace, un felipista que compararsele pueda. Felipista de los de Ledesma y, por tanto, con la toga alfombrando los pasos del líder. Había sido director general de Instituciones Penitenciarias (apodado por ello «el Barrotes»), donde, al parecer, de acuerdo con el Cesid, ordenó una singular y democrática operación (bautizada como «operación reja») de espionaje carcelario que resultó frustrada por su torpe ejecución. Fue después vocal del Consejo General del Poder Judicial, portavoz del mismo (le llamaron «portacoz» por su finura) y jefe de la

Secretaría Técnica de la Fiscalía General cuando la epopeya eligiana. Presentóse a teniente fiscal (segundo cargo de la Fiscalía), pero sólo consiguió dos votos, si bien obtuvo como botín la previa exaltación a la categoría de fiscal de sala. Dícese que el cese de Leopoldo Torres se produjo porque no obedeció el guiño ledesmista de nombrar a Zato teniente fiscal.

Pero la voracidad ascensora y progresante de nuestro personaje apenas tenía límite. Presentó su candidatura a jefe de la Inspección. Obtuvo cero votos en el Consejo Fiscal, pero fue nombrado. En ese puesto estaba cuando decidió descender para pacificar la guerra de los fiscales. Su «visita de inspección» se prolongó desde el 17 de octubre hasta el 4 de noviembre. Fue majestuosa, entre vuelo de cóndor y descenso de buitre. Descerrajó cajones, desventró armarios, hurgó documentos sin cuento, revolvió, enredó, intrigó y conspiró con fruición.

Finalmente, el informe. Setenta folios, setenta. Con un «oficio de remisión» desbordante de objetividad y neutralidad, marca de «la casa». Proponía Zato expedientes disciplinarios por faltas muy graves contra Fungairiño, Márquez de Prado, Gordillo y Rubira. Los dos últimos, por utilización de alumnos de un *master* jurídico en tareas propias de la Fiscalía. Los dos primeros, por haber ocultado al Juzgado Central nº 1 y a la sala un informe pericial de huellas en perjuicio de un presunto etarra con motivo del atentado contra Aznar.

La falsedad de las imputaciones era patente. Pero daba igual. Todos ellos eran reos de desobediencia y falta de respeto a Aranda. Éste era culpable también de la «crisis de autoridad» en la Fiscalía de la Audiencia, pero no estaba excluido de culpa el fiscal general del Estado, por no haber respaldado adecuadamente su autoridad. ¿Por qué no un expediente al fiscal general? El oficio de remisión terminaba esplendorosamente: «Si no se defiende en los actuales momentos la dependencia jerárquica dentro de nuestra Institución [así, con mayúsculas] se podría concluir que el Ministerio Fiscal ha entrado en una profunda crisis, de consecuencias incalculables.» ¿Preveía ya el bueno de Zato que iba a liderar el motín del Consejo Fiscal y de las asociaciones de fiscales contra Jesús Cardenal, cuya torpeza, por lo demás, no necesitaba aliados? ¿Tenía ya *in mente* traicionar la confianza del fiscal general echándole encima a todos los fiscales del Reino? ¿O creía que su lealtad estaba reservada a González, Ledesma, Belloch, Eligio, Moscoso y demás tropa progresante colaboracionista con el encubrimiento y la impunidad de los crímenes de Estado?

Úrculo actuó con rapidez. Que nadie dijera que no preservaba la autoridad del Ministerio Fiscal. Ordenó la incoación de expedientes disciplinarios contra los cuatro fiscales «indomables». Fue el 10 de diciembre de 1996, entre el júbilo carroñero del mejor cainismo celtibérico, que en seguida pidió a voces y a coces la decapitación de los expedientados. Menos de eso, nada. Interdicción de agua y fuego. Más degradados que Dreyfus. El espectáculo era conmovedor. Los mismos que habían asistido impávidos a las manipulaciones felipistas de Moscoso y Eligio, los mismos que ni levantaron voz alguna contra el nombramiento eligiano (flagrantemente ilegal), los mismos que asistían imperturbables a las correrías de sus conmilitones por salvar a González y a los suyos de Filesa, del GAL, de las escuchas del Cesid, de Roldán, etc., defendían el «honor» del Ministerio Fiscal contra tan siniestros compañeros. Lo que éstos dijesen públicamente era desobediencia y rebeldía; lo que aquéllos declarasen era ejercicio de la libertad de expresión y del derecho a la crítica.

Poco después de los expedientes, publiqué en *El Mundo*, con un título rotundo, «El fervor de la jauría», las siguientes reflexiones sobre la cuestión:

> «Hay que recordar a los fiscales que han osado colaborar con mayor tesón y denuedo con los jueces instructores de los casos GAL que el redil sigue en su sitio y que su condición de funcionarios del Ministerio Fiscal exige dependencias domésticas y humillaciones públicas. Contra ellos sigue alzado, con toda su tosque-

dad habitual, el garrote disciplinario, casualmente dirigido y empuñado por un felipista incomparable. La zafiedad e inanidad de los cargos no resiste el más leve análisis objetivo. Se conculcan los principios elementales de legalidad y seguridad jurídica. Se pretende aplicar retroactivamente instrucciones posteriores a la conducta cuestionada. Se hace una próvida utilización de descalificaciones basadas, nada menos, en la insumisión de estos fiscales "protervos" a los que, para colmo, se les acusa de violar la dignidad del Ministerio Fiscal.

»Ellos son los indignos. No los que sirven reverencialmente al poder de turno. No los permanentemente genuflexos ante los que administran sus expectativas de nombramiento o ascenso. No los que utilizan su parcela de poder institucional como bastión de la impunidad de los poderosos o como chacrita de adulación. Actuar con dignidad y decencia conduce a la indignidad disciplinaria. Sobre todo cuando esta acusación, o cualquier otra, es conveniente para redondear el cerco contra los jueces.

»Es cada vez más patente que la independencia de la justicia no es compatible con la dependencia del Ministerio Fiscal. Como ha dicho el fiscal ginebrino Bernard Bertossa, "no se puede afirmar sin mentir que se es partidario, a la vez, de la independencia de la justicia y del sistema de dependencia en el que la fiscalía está legal y psicológicamente inmovilizada". Aquí se sigue mintiendo con la mayor naturalidad. Que se lo digan, si no, a Eduardo Fungairiño, Dolores Márquez de Prado, Ignacio Gordillo y Pedro Rubira. Y que se le pregunte después a Juan Ortiz Úrculo si sigue pensando que el Estado de derecho es incompatible con la dependencia del Ministerio Fiscal del poder ejecutivo. ¿O bastó su nombramiento para que esto deje de ser cierto?»

Parecía que bastaba, pero cuando el alborozo de la jauría alcanzaba las más altas cotas, Úrculo sorprendió a la afición cesando a Aranda. Al fin se había persuadido de su incapacidad manifiesta para el desempeño de un cargo tan delicado, sobre todo cuando no se quieren asumir sus funciones esenciales. El propio Zato lo había responsabilizado de la «crisis de autoridad» en la Fiscalía de la Audiencia Nacional. Sin embargo, ahora convenía canonizarlo como gran jefe. Al fin y a la postre, había sido especialmente sumiso al felipismo en cuestiones esenciales, como la decisión de la Junta de Fiscales —por dos veces acordada— de que no se llamase a González como imputado en «lo» del GAL. Y había hecho todo lo posible para que no avanzase la instrucción del caso Lasa-Zabala.

Como compensación, los cuatro expedientados, después de procesos disciplinarios cuya conclusión estaba cantada, fueron sancionados por Úrculo. Gordillo, un mes de suspensión; Rubira y Fungairiño, 50.000 pesetas de multa cada uno. María Dolores se llevaba la palma del «rodeo» disciplinario: Úrculo proponía su traslado forzoso «por su acritud y excesos formales en su comunicación con jueces y tribunales». Además, una multa de 50.000 pesetas. Las sanciones supieron a muy poco a los «jueces de la horca», que volvieron a llorar por Aranda destacando que la «víctima» salía peor librada que los «verdugos».

Como suele ocurrir, los pasteleros se quedan en terreno de nadie. Úrculo actuaba como sonado, como un viejo gringo desnortado. Su desconcierto era mayúsculo. Creía servir, contra su conciencia y contra toda razón jurídica, los intereses de la jauría y del Gobierno, «suavizando» al mismo tiempo las sanciones, y conseguía críticas unánimes. Puede que le resultara muy difícil perdonarse la iniquidad que perpetró. Por si algo faltase para redondear su torpeza, le constaba que Fungairiño —al menos él— contaba con fuertes apoyos en el Gobierno, no disimulando Jaime Mayor Oreja decididos elogios a su capacidad profesional. Nadie ignoraba, por lo demás, que la coz disciplinaria contra los cuatro fiscales iba dirigida, en el fondo, contra Garzón (el que entonces se conocía) y contra Javier Gómez de Liaño, que hasta ese momento se habían liberado del garrote conciliar, no sin sobresaltos. Después vino la exhibición de incapacidad de Úrculo en la sustitución de Aranda.

El episodio de Luis Poyatos, apoyado por todo el Consejo Fiscal (salvo dos abstenciones), fue suntuoso. Cuando Rosa Aguilar hizo público el hecho de que Poyatos pertenecía, incluso liderándola, a una organización ultraderechista y se conoció, entre otras cosas, que la pobre fiscal Carmen Tagle (asesinada por ETA) le gritaba por los pasillos de la Audiencia por su muy resistible diligencia laboral, Úrculo se vino abajo. Había embarcado a la ministra Mariscal de Gante en la operación Poyatos sin que, al parecer, en la Inspección Fiscal (encabezada por Zato, en la que estaba integrado Poyatos) nadie le hubiese advertido de los mimbres de aquel cesto.

Después de algunos éxitos de parecido jaez, el Gobierno decidió cesar a Úrculo. Era el 9 de mayo de 1997. Cuando podía pensarse que Aznar y sus ministros habían aprendido la lección de que nombrar fiscal general a un miembro de la carrera fiscal, lejos de ser una potenciación de la autonomía y la despolitización del Ministerio Público, no hacía más que dinamizar el corporativismo y la guerra de facciones (algunos fiscales del Tribunal Supremo hablaron del «sargento fiscal» Úrculo, pues su «jerarquía» profesional era inferior a la de ellos), el Gobierno nombró a Jesús Cardenal, fiscal de Vizcaya, de un conservadurismo incluso excesivo para el celtíbero fiscal medio. Era, en relación con Úrculo, un «cabo fiscal», y no contaba con los apoyos de aquél en la Asociación Profesional de Fiscales.

La decisión de Úrculo —sin duda inducida por el Gobierno— de nombrar a Fungairiño fiscal jefe de la Audiencia Nacional provocó una ataque de bilis negra (o atrabilis) en muy amplios sectores de la carrera fiscal. Fungairiño no era, antes de su nombramiento, fiscal de sala, categoría precisa para ser nombrado fiscal jefe de la Audiencia Nacional. Como el Consejo Fiscal no estaba dispuesto, ni aunque hubiera riesgo de conflagración mundial, a votar a Fungairiño como fiscal de sala ni como nada, Cardenal lo nombró directamente fiscal jefe de la Audiencia Nacional.

Jamás un estatuto de «autonomía funcional» (como era calificado el estatuto fiscal) ha sido esgrimido con tanto ardor. Nunca la defensa de tan singular «autonomía» provocó pasiones tan intensas. Aunque fuese cuestionable, desde el punto de vista estatutario, la decisión de Cardenal, una interpretación razonable de la Constitución y del desarrollo reglamentario del Ministerio Fiscal podrían conducir a la legitimidad del nombramiento. En todo caso, una vez que fue recurrido ante el Tribunal Supremo, había que esperar a la resolución que éste adoptase.

Pero no. Las asociaciones de fiscales, el Consejo Fiscal y la Junta de Fiscales de Sala declararon la guerra a Cardenal y transitaron, armados por la cólera, con la toga ígnea, por los senderos de Marte. No era una lucha por un estatuto de independencia del Ministerio Fiscal, integrado de esta forma en el poder judicial y convertido en presupuesto indispensable de la independencia judicial. Era una guerra tribal por una autonomía inexistente (en el mejor de los casos desmedulada), con perfiles cainitas (contra Fungairiño y el «traidor» Cardenal), atizada por una impresentable actitud despectiva y chulesca de Aznar.

Cuando el Tribunal Supremo resuelva sobre la legalidad o no del nombramiento de Fungairiño, ya no valdrá de nada. Se ha eliminado recientemente el requisito, para ser fiscal jefe de la Audiencia Nacional (como para otros cargos de la Fiscalía), de tener la condición de fiscal de sala. La posición de Eduardo Fungairiño es, por tanto, intocable.

LA CHICA, FUERA

Cuando, según todos los indicios, Margarita Mariscal de Gante llevó al Consejo de Ministros, el día 30 de mayo de 1997, la propuesta de que se apoyase el nombramiento de Fungairiño, propuesto por Cardenal, y la negativa al traslado forzoso de María Dolores Márquez de Prado, porque la ministra de Justicia no veía fundamento alguno para aceptar la propuesta urculina, Aznar zanjó el problema así:

«Fungairiño, fiscal jefe; la chica, fuera.» Incurría así, sin saberlo, en el mismo vicio pastelero de Úrculo. De un lado, una decisión fuerte, una exhibición de poder. De otro, un festín para las fieras del circo. A ver si se amansaban con la cabeza de María Dolores. Y, encima, la risa floja cuando el Ministerio Fiscal fue un clamor.

Todos sabemos que, al final, el traslado forzoso de María Dolores será anulado, bien por la Audiencia Nacional (en la Sala de lo Contencioso Administrativo), bien por el Tribunal Supremo. Pero la injuria causada es irreparable. No sólo la han acusado y sancionado injustamente, con radical desatención a los principios de legalidad, imparcialidad y seguridad jurídica. La han puesto en la picota pública —sayón penitenciario incluido— y algunos medios y ciertos sedicentes periodistas se han permitido contra ella las actitudes más despreciables y encanalladas del machismo celtibérico.

Que una fiscal con su capacidad y experiencia, con tantos años de dedicación —difícil y arriesgada— a la Audiencia Nacional y, dentro de ella, a multitud de sumarios y juicios contra la delincuencia organizada más temible (terrorismo y narcotráfico), sea así maltratada e injuriada, con la colaboración de muchos compañeros de profesión, del fiscal general y del propio Gobierno, produce asco y repugnancia.

Es sancionada, encima, por su «acritud y excesos formales en su comunicación con jueces y tribunales». En Celtiberia y por esto. Mujer, fiscal, separada y novia de un juez clave en la lucha contra el terrorismo de Estado (Javier Gómez de Liaño) que, además, no se comporta con la sumisión y la reverencia debida al hombre (compañera de profesión, pero menos). El hecho de que ninguno de los jueces y fiscales de la Audiencia hubiese acusado, en ningún sentido, a María Dolores, cuyo trato y colaboración elogiaron todos ellos dentro del expediente disciplinario, de nada sirvió. Agria y excesiva. Estaba escrito en las estrellas. Había que aplicarle el *malleus maleficarum* (martillo para brujas). Y se le aplicó.

Además, orgullosa, digna e independiente. Como, por desgracia para algunos, ya no existen autos de fe, la inquisición debe limitarse a la picota y al traslado. Como tampoco cabe que la intervención del Pedrosa de turno —Zato, por poner un ejemplo— provoque la ejecución de una nueva Mariana Pineda por el delito de lesa majestad de militar en la causa de la libertad, sólo la difamación y el traslado. La chica, fuera. Como con los papeles del Cesid, que el Tribunal Supremo revoque la decisión del Gobierno. Aquí paz y después gloria.

Ya esperaba María Dolores esa «gloria» desde que contestó al pliego de cargos del fiscal Iscar (de la Sala de lo Militar del Tribunal Supremo, para mayor morbo). Citando a Alejandro Nieto, hizo la siguiente «reflexión preliminar»: «La conveniencia y necesidad de la potestad sancionadora no evita que su ejercicio vaya acompañado de tales irregularidades que constituya un sarcasmo para los ciudadanos. [...] La injusticia empieza con la arbitrariedad en la persecución, porque es sabido que, si la Administración quiere, encuentra infracciones e infractores sin dificultad alguna. [...] El infractor es víctima de represalias que nada tienen que ver con la infracción. [...] Se trata de dar un ejemplo o de obligarle al silencio o a la humillación o a la expoliación personal.»

Después vendría una nueva exhibición de incapacidad y desprecio por el derecho. La ministra de Justicia resolvió los recursos interpuestos por los cuatro expedientados manejando la vara torcida del «equilibrio político». Se revocaron las sanciones de multa a Fungairiño y a María Dolores, pero se mantuvieron la suspensión por un mes a Ignacio Gordillo y la multa de 50.000 pesetas a Pedro Rubira. Como estos últimos, apoyados por Fungairiño, denunciaron públicamente la injusticia de la medida, Zato (tan fervoroso defensor de la libertad de opinión de los fiscales «amotinados» contra Cardenal) ordenó unas diligencias informativas por si tales críticas implicaban blasfemia anti-inspectora.

Coincidiendo con la notificación de la medida a Gordillo, salió a concurso la plaza de teniente fiscal de la Audiencia. Ignacio la venía ocupando en funciones desde el nombramiento de Fungairiño, hacía más de ocho meses. Pero había que esperar a que no pudiese aspirar a la plaza, al menos con algún fundamento. A la guerra, como en la guerra. Sobre todo si esa guerra es más sucia que el común porque, en definitiva, es una guerra contra los que se afanan en castigar a los criminales de la guerra sucia del GAL.

Para confirmarlo, aunque Gordillo fue el único candidato a la plaza en el primer concurso convocado para cubrirla, el Consejo Fiscal le concedió cero votos. Gordillo ha anunciado que seguirá presentando su candidatura en sucesivos concursos. Como Sísifo, volverá a subir con la roca. Pero lo seguirán esperando los «autonomistas» del Consejo Fiscal. Y volverá a subir.

Por eso, cuando María Dolores pidió una plaza de abogado fiscal de la Sala II del Tribunal Supremo, obtuvo cero votos del Consejo Fiscal. Era mucho más antigua que la otra peticionaria. Había dedicado todos sus años de profesión al campo penal, cuando la otra candidata estaba en el Tribunal de Cuentas. Y había publicado múltiples trabajos de investigación jurídica. Pero estaba el reato, como en la vieja doctrina eclesiástica. Ni siquiera su primo Cotta la votó, pese a que su padre (Fernando Cotta) se lo recomendó vivamente. Apoyar a María Dolores era estigmatizarse. Más que González si aparece como imputado en su proceso. Pero «*mister* X» es irresponsable.

EL VEINTE A LAS VEINTE

En el acto cívico que se organizó en el Palacio de Congresos de Madrid —rebosante de ciudadanos— el día 20 de febrero de 1997 a las 20 horas, «por la dignidad y la independencia de la justicia», Antonio García-Trevijano sintetizó muy bien lo que estaba ocurriendo: «La mayor represión contra la vía del martirio no viene del verdugo que lo ejecuta, sino del colega de profesión al que desnuda y ridiculiza... Dejemos la prudencia de la mentira en las manos sucias de los malos políticos y la justicia de la verdad en el noble corazón de los buenos jueces y fiscales.» Iba a triunfar la prudencia de la mentira.

Como la que destacó Enrique Gimbernat, en el mismo acto, recordando que la teoría de la estigmatización se aplicaba en los Estados Unidos a los infractores socialmente más desfavorecidos, nunca a los poderosos. En ningún caso a los que, una noche de lluvia en las afueras de Busot, por órdenes muy superiores (superiores incluso a la justicia y a la verdad), asesinaron los cuerpos destrozados de Lasa y de Zabala enterrándolos en cal viva. Federico Sainz de Robles denunció el planificado asalto al poder judicial (un poder inexistente desde la égida felipista) y a cuanto oliese a una mínima independencia de la justicia. «Ningún gobierno —dijo— hace nada por potenciar a la justicia; sería como dar fuerza al poder que debe controlarlo.»

Y el que esto escribe recordó que «en los nidos de hogaño siguen los pájaros de antaño» (no pensaba entonces en los garzones); que, como decía Séneca, en su obra *Sobre la clemencia*, «lo peor del encubrimiento es que hay que proseguir siempre y que no es posible dar marcha atrás, porque los crímenes han de taparse con nuevos crímenes», y que ante aquellos representantes de nuestra sociedad civil en apoyo de los fiscales independientes acosados por la mugre disciplinaria, había que rectificar la vieja afirmación del Cid para hacerle decir: «Dios, qué buen señor / si oviese buen vasallo.» Qué buen señor sería el pueblo español, al margen de toda canallocracia, si tuviese representantes dignos, buenos legisladores, jueces y fiscales valientes y honestos.

El acto fue presentado y moderado por Pablo Sebastián, que recabó el apoyo de la sociedad civil a los pocos fiscales, jueces y periodistas que estaban luchando para que la verdad se abriera paso frente a los intentos de impunidad de los delincuentes poderosos. Fue el acto más contundente y solidario con el poder de la justicia y contra la justicia del poder que se ha celebrado en nuestro país. Contó con presencias tan significativas y plurales como Julio Anguita,

Nicolás Redondo, Julián Marías, Eduardo Jauralde, José Luis Manzanares, Francisco Frutos, Antonio García Paredes, José Antonio Gimbernat, Juan Francisco Martín Seco, Fernando Suárez, Pablo Castellano, Agustín Moreno, Salce Elvira, Jaime Campmany, Antonio Fontán, Marcelino Camacho, Eduardo Fungairiño, Javier Gómez de Liaño, María Dolores Márquez de Prado, Ignacio Gordillo, Pedro Rubira, Jesús Santos, Pedro Caba, Julián Serrano Puértolas, Manolo Revuelta, José Luis Morales, Jesús Cacho, Andrés Vázquez, Federico Jiménez Losantos, Dalmacio Negro, Eduardo Martínez Fernández, Pedro García Trelles y gente entrañable que acudió a una asamblea de la que nada podía esperar que no fuese la defensa incondicional de la dignidad y la independencia de la justicia como instrumento para que pueda actuar como un poder de la sociedad en el Estado en mucha mayor medida que como poder del Estado frente o contra la sociedad.

Pero aquel acto excitó aún más el fervor de la jauría. Eran cosas que no debían decirse. Como el personaje de Delibes, convenía candar la boca y poner jeta de acelga. Sin embargo, ni los cuatro fiscales perseguidos ni ninguno de los que allí, y fuera de allí, los apoyaban estaban dispuestos a ello.

TODOS CONTRA «IRONSIDE» FUNGAIRIÑO: LA BURDA EXPLOTACIÓN DE UN INFORTUNIO DIALÉCTICO

El informe de Fungairiño sobre la competencia de los tribunales españoles en los asesinatos, secuestros y desapariciones masivos perpetrados por las dictaduras militares argentina y chilena provocó un maremoto en las ya muy revueltas aguas del Ministerio Fiscal y, en general, en nuestra realidad política y mediática. Las cosas iban marchando con normalidad —si bien con una exasperante lentitud de goteo— en las actuaciones instruidas por Garzón (para el caso argentino) y por García Castellón (para el caso chileno) sin que la Fiscalía plantease problema alguno. Es más: en un principio apoyó sin reservas aquellas investigaciones. Sin embargo, cuando merecieron la atención del Gobierno y éste se vio precisado a «dar explicaciones» a Menem y a Frei, todo se complicó. Además, a lo celtibérico: con pasión y sin rigor.

Mientras la polémica se ciñó a los límites de lo puramente teórico, no hubo sangre ni crujir de dientes. De hecho, ya en tiempos de Carlos Granados, la Fiscalía General se opuso a la apertura del procedimiento por las atrocidades cometidas en Argentina. Más tarde, el fiscal Javier Balaguer apoyó la competencia de la jurisdicción española, posición que, en principio, fue apoyada por la Junta de Fiscales de Sala. En el ámbito doctrinal había opiniones encontradas, singularmente a partir de la condena en Francia del capitán Astiz por el secuestro y desaparición de dos monjas francesas. También en Italia y en Suecia se han abierto investigaciones contra militares argentinos por secuestros y crímenes contra la humanidad.

Pero la polémica se agrió cuando el simple debate jurídico se degradó al nivel de la contienda facciosa y de intereses banderizos que, por un lado, defendían con fervor de catecúmeno la competencia de la justicia española en la investigación de las atrocidades argentina y chilena y, por otro, hacían lo posible y lo imposible para obstruir a esa misma justicia en la investigación de las actividades de los GAL. La guerra sucia y el terrorismo de Estado en Argentina y en Chile sí. La guerra sucia y el terrorismo de Estado en España no. Sin embargo, estas actitudes «pasaban» muy bien ante amplios sectores de la opinión pública. Es muy fácil explotar los sentimientos, aunque sea pisando sobre cadáveres y sangre asesinada.

Sobrevino de pronto, como llovido por el dios de la lluvia, para gozo de los banderizos, un informe muy desafortunado de Eduardo Fungairiño. Lo cierto es que su planteamiento esencial nada tenía que ver con cualquier tipo de justificación de aquella barbarie. El informe decía textualmente: «Lo ocurrido en Argentina y en Chile durante las dictaduras militares (aniquilamientos sistemáticos de sectores de población, mediante asesinatos, secuestros, torturas en dependencias militares, desaparición de las víctimas en fosas comunes o por lanzamiento de los cadáveres al mar) por razones escalonadas de disidencia política (primeramente, sospechosos de pertenencia al grupo terrorista montonero o al MIR; después, meras sospechas de izquierdismo subversivo; finalmente, meras relaciones amicales o familiares con dichos sospechosos) tuvo lugar en el territorio de dichas repúblicas.» Hablaba del «laudable propósito de no dejar impunes crímenes de lesa humanidad» y de que los regímenes que sustituyeron a las dictaduras criminales habían aprobado «exenciones o amnistías» para proteger «a sus militares delincuentes». Y añadía que los españoles asesinados o desaparecidos «lo fueron por encontrarse en el punto de mira de la disidencia política que los exterminadores quisieron eliminar». Era evidente, por tanto, la condena incondicional de aquellas atrocidades.

Pero Fungairiño se olvidó de la situación en la que vivía y de la necesidad de precisarlo todo, en esta materia, con especial finura y meticulosidad. Como había decidido, de acuerdo con el fiscal general y (después se comprobó) con la mayoría de los fiscales de sala del Tribunal Supremo, oponerse a la competencia de los tribunales españoles, argumentó con el pie forzado de que los militares asesinos de Argentina y de Chile no eran banda armada y terrorista cuando ocuparon el poder en sus respectivos países. Lo eran, sin duda alguna, y su toma del poder fue absolutamente anticonstitucional, antidemocrática e ilegítima, pero el bueno de Eduardo no lo entendía así y razonó de la siguiente forma: «Es discutible que las fuerzas armadas argentinas o las fuerzas armadas chilenas en todo puedan ser consideradas como una banda armada; y en cuanto a que la finalidad del exterminio de la disidencia política fuera la subversión del orden constitucional, no cabe olvidar que las juntas militares no perseguían sino la sustitución temporal del orden constitucional establecido mediante acta institucional que tenía por objeto, precisamente, subsanar las insuficiencias de que ese orden adolecía para mantener la paz pública (los militares argentinos recibieron de la presidenta de la república, en 1974, un mandato de suprimir las actividades terroristas del grupo montonero, mandato que luego extralimitaron hasta extremos tales que en los opositores llegaron a convertirse ellos mismos en criminales y en lo político llegaron a destituir a dicha presidenta).»

Es difícil comprender (imposible aceptar) el argumento de que las juntas militares que dirigieron y ejecutaron tan horrendos crímenes no constituyesen banda armada ni pretendiesen otra cosa que «la sustitución temporal del orden constitucional establecido mediante acta institucional que tuviese por objeto subsanar las deficiencias de que ese orden adolecía para mantener la paz pública». Creer, a estas alturas, que las juntas argentina y chilena tomaron el poder legítimamente «para mantener la paz pública» es, sencillamente, desolador. Históricamente falso y jurídicamente reprobable. Aunque después se añada que esos militares se convirtieron más tarde en criminales y exterminadores. Lo fueron desde el principio. Videla, Galtieri y los suyos y Pinochet y sus gardingos actuaron siempre, fuesen cuales fuesen las respectivas coartadas, como auténticos terroristas de Estado, convirtiendo los estados argentino y chileno en estados delincuentes.

Estoy convencido, porque conozco y quiero a Eduardo Fungairiño (y porque el contexto de lo que dice contradice el texto que acabo de transcribir), de que no quiso decir lo que parecía decir en ese párrafo contradictorio, escolástico y farragoso. Todos cuantos lo conocen saben de su larga experiencia de lucha contra el terrorismo (contra todas sus manifestaciones), el crimen de Estado, la corrupción y el narcotráfico. Montar sobre ese párrafo —eliminando su contexto— una cacería de brujas contra Fungairiño (y contra Cardenal, por apoyarlo) es politiquería de vía estrecha. Sobre todo si los dardos más envenenados proceden de los que siguen empeñados en una siniestra porfía contra la justicia para impedir que González sea llamado en cualquier forma (aunque sea como perjuro) al que no es sino su proceso, y que Barrionuevo, Vera y demás procesados «amigos y compañeros» respondan de sus hazañas, de manera que, en el peor de los casos, puedan disfrutar de clemencias sin cuento. Que los mismos que claman desde hace tiempo por la supresión de la Audiencia Nacional (singularmente de su competencia en materia penal) aúllen ahora defendiendo su competencia para investigar el terrorismo de Estado en Argentina y en Chile, que no en España, no deja de ser un espectáculo conmovedor.

Siempre estuve contra la existencia de la Audiencia Nacional. Desde su creación hasta la fecha. Creo que, en el ámbito penal, rompe con la exigencia del juez natural al despreciar el principio de inmediación, es decir, la competencia del juez del territorio en que se cometen los crímenes. Cuando se arguye que la Constitución consagra el derecho al «juez predeterminado por la ley», no al juez natural, se prescinde de la razón jurídica del Estado democrático de derecho. Aunque la ley diga que el juez competente no es el del territorio (el único que puede cumplir el principio de inmediación y la exigencia constitucional de una tutela judicial efectiva), eso no puede aceptarse como ley democrática o, si se prefiere, como derecho democrático o, simplemente, como derecho. Pero los que han defendido apostólicamente las competencias penales de la Audiencia Nacional, potenciándolas sistemáticamente cuando estuvieron en el Gobierno, no tienen derecho alguno a defender ahora su eliminación («peligro nacional» o «circo nacional» la ha llamado el metafísico Guerra) o la designación política de sus jueces o el trasvase de sus competencias penales a órganos judiciales cuyos miembros son designados, al margen de los criterios de antigüedad u objetividad, por un Consejo partitocrático y reverencial ante el poder. Para cambiar de criterio sobre la Audiencia Nacional ha bastado que algunos de sus fiscales y jueces hayan decidido investigar a fondo corrupciones y crímenes de Estado y no colaborar con los infinitos consensos de impunidad que se perpetran o se intentan desde el corazón mismo del sistema.

Contra la opinión de los que entienden que la normativa española no permite la investigación, por parte de la Audiencia Nacional, de los asesinatos, torturas, desapariciones y secuestros de españoles en Argentina y en Chile, creo que la justicia de nuestro país es competente para ello. No sólo porque la Ley Orgánica del Poder Judicial lo permite, sin que pueda prosperar el argumento de que sus preceptos procesales y orgánicos no son aplicables retroactivamente, porque sí lo son (como ha razonado con agudeza Jesús Vicente Chamorro), sino porque lo permitía, en el tiempo en que acaecieron las salvajadas, el Código de Justicia Militar y, sobre todo, la normativa internacional contra los delitos denominados «de protección universal», como el genocidio y el terrorismo. No creo que la legislación de inmunidad otorgada en Argentina y en Chile constituya obstáculo para la persecución de los crímenes cometidos contra españoles en aquellos países. Ni fueron allí investigados y juzgados ni cabe entender que esa legislación bochornosa, que dice perdonar crímenes contra la humanidad, tenga validez alguna. Son leyes que no constituyen derecho, por su renuncia anticipada a cualquier principio de justicia.

En cualquier caso, todo esto es cuestionable desde el punto de vista jurídico. El carácter no pacífico del problema se manifestó en la Junta de Fiscales de Sala del Tribunal Supremo del 10 de diciembre de 1997. Cuatro fiscales votaron en contra de la competencia de la justicia española en tal materia, tres lo hicieron a favor y otros tres se abstuvieron. El debate fue, al parecer, estrictamente jurídico, sin que a nadie se le ocurriese acusar política o ideológicamente a quienes mantuvieron tesis contrarias a las suyas.

Sin embargo, debería crearse, de una vez, un Tribunal Penal Internacional, de carácter permanente, para juzgar los crímenes de persecución universal: crímenes de guerra, contra la paz y contra la humanidad, genocidio, terrorismo, delitos contra el derecho internacional, etc. El hecho de que, cada vez que se estima necesario (como en Ruanda o en la ex Yugoslavia), hayan de crearse tribunales penales internacionales de carácter ocasional ilustra suficientemente sobre esa necesidad ética y jurídica. Sólo así podrá esperarse, razonablemente, que la comunidad internacional juzgue y, en su caso, castigue a quienes atacan con mayor ferocidad los bienes jurídicos que a todos nos afectan. Sus crímenes pueden resultar impunes si gozan de la protección de cualquier Estado o se perpetran en el curso de conflictos bélicos más o menos «bendecidos» por alguna potencia.

No puedo, sin embargo, evitar un sentimiento de desesperanza y hastío cuando compruebo que alguno que exhibe como bandera su decisión y su fervor en la investigación y persecución de aquellos crímenes, coreado por gentes de excelente catadura moral y cívica (la jauría es otra cosa), se dedique al mismo tiempo a frustrar y romper lentamente la investigación de nuestra guerra sucia, llegando incluso hasta el extremo de «desimputar» (lo que no existe jurídicamente) y pedir perdón a determinados acusados exquisitos. Pedir perdón a los verdugos supera con creces lo que hacía Pedro Crespo. Éste se limitaba a ejecutarlos «con muchísimo respeto».

LAS ALEGRES COMADRES DE WINDSOR EN VERSIÓN CELTIBÉRICA: UN CARDENAL SIN REMEDIO

Las críticas contra Cardenal se convirtieron en galerna cuando el Gobierno decidió revocar las sanciones disciplinarias impuestas a Fungairiño y a María Dolores Márquez de Prado por negarse a duplicar una prueba dactilográfica en las diligencias abiertas por el atentado etarra contra Aznar. Zato, el instructor Iscar y el inefable Úrculo entendieron de consuno, que ya es entender, que los dos tenebrosos fiscales habían intentado perjudicar ilícitamente a un etarra privando al sumario de una prueba que le beneficiaba. ¡Toma castaña! O, como diría Jaime Campmany, «¡tócate el níspero!».

En el Congreso de los Diputados acababa de producirse una violenta discusión a cuenta de la solicitud pesoísta de que se cesara a Cardenal y a Fungairiño por el célebre informe de éste, apoyado por aquél. Durante el debate, González de Txábarri, que no compartía —como es obvio— determinados pasajes del informe, pero tampoco compartía la pasión reprobadora del grupo socialista, se puso serio y recordó que los proponentes de ambos ceses tenían en el Congreso y en su Diputación Permanente a un presunto terrorista (Barrionuevo) al que protegían con la inmunidad como los pinochetistas a Pinochet. No tenían legitimidad para pedir lo que pedían. Aquello sonó como un trallazo en el alma de las huestes felipistas y de sus mariachis mediáticos.

Pujol y los suyos, que habían votado en contra de la moción pesoísta, decidieron repentinamente, sin consulta previa con sus aliados del PP, que era necesario reprender con dureza la actitud de Cardenal y de Fungairiño. Partidarios en Celtiberia de que la guerra sucia del GAL no sea investigada, porque ello es impropio de una «democracia madura», decidieron que esa madurez exigía la reprobación y el cese de los dos siniestros individuos del Ministerio Fiscal. O Cardenal rectificaba en el Congreso o perdía el capelo cardenalicio. O abjuraba de su herejía o sería arrojado a la hoguera que merecen todos los herejes relapsos. Por una vez en su vida, Cardenal se comportó al estilo de Richelieu. Al servicio de Aznar y Pujol, que no de Luis XIII. Por no incurrir en pecado de contumacia, quedó prácticamente como un liberal. Como si la democracia fuese compatible con el progreso. Como ha dicho Gaetan Picon, los cefalópodos temen más al progreso que los bípedos.

Por su parte, las asociaciones de fiscales, que estaban en plena luna de hiel contra Cardenal y Fungairiño por el levantamiento de las sanciones, llevaron sus protestas y su indignación hasta el cuerno de esa luna. Cardenal demostró nuevamente su finura y sutileza en la solución de los problemas. No se le ocurrió otra cosa que transmitir a Zato, en confianza y sin preservativo alguno (sin condones morales que sirviesen de medida cautelar), la conveniencia de que hablase con los representantes de las asociaciones pidiéndoles mayor moderación en sus críticas al Gobierno, a la ministra de Justicia y a él mismo. Como dijo Víctor Márquez Reviriego, Cardenal se bailó una jota sobre un campo de minas.

¡Para qué quiso más don Zato! Al parecer, no le sorprendieron las confidencias de Cardenal, no opuso reparo alguno a su ruego, no se vio obligado, por una mínima lealtad, a advertirle sobre el tremendo error en el que incurría. Tampoco se le ocurrió, aunque era consciente de la gravedad de la empresa, pedirle aquellas instrucciones por escrito. Así no habría duda sobre su contenido y alcance. Era mejor aprovechar tan sorprendente confidencia. Si Zato decía negro y Cardenal blanco, todo se quedaba en gris.

El viejo cóndor de Boccaccio, que no de Petrarca, más conocido en Oliver que en las oficinas del Ministerio Fiscal, recordó su etapa de «barrotes» y decidió enjaular a Cardenal. Díjoles a sus colegas representantes de las asociaciones que Cardenal le había ordenado que los pusiera firmes insinuando que, de lo contrario, utilizaría la senda disciplinaria. De nada sirvió que Cardenal descendiese a simple cura del común para intentar la prédica del desmentido. Ni ponerlos firmes ni amenazarlos con el cuerno disciplinario; simplemente que moderasen sus críticas. Los fiscales embistieron contra Cardenal como una estampida de búfalos en el viejo Oeste antes de que el sanguinario Buffalo Bill los exterminase. Creyeron a pies juntillas a Zato. No otorgaron ni el beneficio de la duda a Cardenal. Al amigo, hasta el culo; al enemigo, por el culo. Celtiberia pura.

Es evidente, para cualquiera que tenga una mínima sensibilidad democrática, que Cardenal no tenía derecho alguno a pedir moderación en el ejercicio de la libertad de expresión, opinión y crítica de los fiscales como ciudadanos, en todo caso al margen del ejercicio de sus funciones profesionales. Pedirles moderación a través del jefe de la Inspección era, en sí mismo, una intromisión ilegítima en la libertad de expresión de los fiscales afectados y, además, por la calidad jerárquica de Zato, una amenaza más o menos encubierta. Pero Zato «adobó» las palabras de Cardenal hasta el paroxismo. Lo de «poner firmes a los fiscales» más parece invento de la «casa» que verdad real. En todo caso, si Cardenal utilizó la expresión es seguro que no pretendía su transmisión literal a los fiscales. No estaba el horno para esos bollos. Dice Zato que él no era un «general» para poner firme a nadie. ¿Se lo advirtió a Cardenal? Curiosamente, cuando José María Mena comentó el nombramiento de Fungairiño (que le parecía ilegal), dijo con su humor característico que lo que ocurrió es que Fungairiño, que era coronel, fue nombrado para un puesto que sólo podía ocupar un general. Las calificaciones castrenses son, al parecer, harto sólitas en nuestro Ministerio Fiscal.

En definitiva, Zato apuñaló por la espalda (no junto a la estatua de Pompeyo) a un Cardenal ya amoratado por cuatrocientos golpes repetidos. A traición y sobre seguro. Con un puñal sin gracia. Con cuchillo cachicuerno. Daba así una lección de respeto al fiscal general del Estado. Quizá recordó que, en definitiva, tampoco los fiscales indómitos, a los que también acuchilló, habían respetado a su gran jefe Aranda. Así lo dijo en su informe disciplinario. El pecado de Zato era tan «hermoso» como el de los fiscales indomables. Además, con el plus de peana de que él era el jefe de la Inspección y su víctima era el fiscal general del Estado. No cabían inspectores que inspeccionasen al inspector o alguacilasen al alguacil. «El Barrotes» era imparable. Su gesta, inmarcesible. Siempre al servicio de su dios González. Siempre sirviéndole con la toga en el suelo y con la cabeza alta para disimular.

CAPÍTULO SIETE

UN EPISODIO DE LA JUSTICIA DEL PRÍNCIPE: EL CASO SOGECABLE

«¿Por qué continuamos creyendo en la mentira de Estado que consiste en repetir hasta la saciedad que la justicia es independiente, serena e imparcial?»

Denis Robert, *La justicia o el caos.*

«Hay que ver si las leyes son aplicables a todos los ciudadanos. Si éste es el caso, estamos ante un Estado de derecho. Si no son iguales a todos, el Estado de derecho no existe.»

Gherardo Colombo, fiscal de Mani Pulite, de Milán.

EL CONTEXTO

El modelo felipista de comportamiento frente a cualquier investigación judicial de las hazañas y aventuras delictivas de los prebostes del PSOE se transfirió —incluso potenciándose— al caso Sogecable. El imperio mediático de Polanco y de su vicario Juan Luis Cebrián reaccionó con la arrogancia y la agresividad propias de una potencia colonial. Nunca tan pocos han hecho tanto daño a la dignidad y a la credibilidad de la justicia española.

Hasta el comienzo del caso habíamos asistido a continuadas exhibiciones de prepotencia por parte de los políticos más notorios y audaces del felipismo, con el mismo González a la cabeza. Las iniquidades cometidas con la juez Huertas; las patrañas y falsedades urdidas para impedir el avance del caso Amedo; las impudicias perpetradas a lo largo del caso Juan Guerra, las hazañas de omisión, encubrimiento y encanallamiento exhibidas en el caso Filesa; la inacabable y sucia lucha para imposibilitar la investigación de los fondos reservados; el folletín criminal del caso Roldán, debidamente troceado para la mayor honra y gloria de González y Belloch; todos los procesos GAL, con su indigna reata de impunidad para los más responsables; las escuchas criminales del Cesid, que no respetaron «del Rey abajo ninguno». En estos y otros dramas «político-penales», los acusados y los acusables habían observado la misma liturgia defensiva: la agresión contra el juez y contra el proceso, mezclada con lamentos victimistas, trucos y trampas procesales de todos los calibres. Nada de igualdad ante la ley ni de buena fe ni de lealtad procesal. A la guerra, como en la guerra. Los querellantes, el juez y el fiscal estaban coaligados («agavillados», según expresión acuñada por Carlos Andrés Pérez al ingresar en la cárcel de El Junquito) para hacer del proceso instrumento de su venganza, de su odio tribal o de inquinas ruines y bastardas de diverso origen y condición.

Desde el principio, los ilustres querellados se negaron a morir, mostrándose decididos, por contra, a matar, a dejar el campo sembrado de cadáveres. Eran conscientes de su poder mediático, de sus «pilotes de cimentación» en la Audiencia Nacional, en el Consejo General del Poder Judicial y en el Tribunal Supremo, de su sólida alianza con los sectores más influyentes del felipismo y de su capacidad de presión sobre las más altas instancias del Estado. También eran conscientes de que la coyuntura no podía serles más favorable. La debilidad, el complejo de culpa y el miedo del Gobierno eran notorios. Pendiente la resolución del Tribunal Supremo sobre los «papeles del Cesid», patente la incapacidad de Ortiz Úrculo para cumplir mínimamente con sus funciones tras la reciente exhibición de incompetencia en la propuesta de Luis Poyatos como fiscal jefe de la Audiencia Nacional, en plena efervescencia la estúpida y sucia guerra contra los cuatro fiscales «indomables», con las asociaciones de jueces y de fiscales en abierta hostilidad contra la ministra de Justicia y el fiscal general del Estado y con un Consejo Fiscal empeñado, con fervor apostólico, en hacer imposible la sucesión de José Aranda, casi canonizado pese a su «timidez laboral» y a su acrisolada dejación de funciones, la situación no abonaba serias resistencias a los planteamientos del polanco-felipismo, cualquiera que fuese su campo de granjería.

Además, el conocimiento del caso Sogecable correspondió a Javier Gómez de Liaño. Era, como parece razonable, hermano de sus hermanos (singularmente de Mariano, abogado de Mario Conde) e hijo de su padre (el ya jubilado magistrado del Tribunal Supremo don Mariano, de infeliz recuerdo para don Cebrián) [1]. Estaba en sus manos la investigación del caso Lasa-Zabala, en el que venía mostrando una osadía imperdonable, como lo fue acordar la prisión del general Galindo, de Julen Elgorriaga, de Bayo Leal o de Dorado Villalobos, solicitar altaneramente la entrega de los papeles del Cesid o citar de comparecencia a los diputados que medio los vieron cuando Eduardo Serra los medio enseñó a la «no-Comisión» de Secretos Oficiales. Era, además, novio de María Dolores Márquez de Prado y amigo de Eduardo Fungairiño, Ignacio Gordillo y Pedro Rubira. Nada tenía que ver con los establos de la sumisión y era demasiado juez para ser tolerable. No formaba parte de la justicia que complace al príncipe.

Encima, el fiscal de la causa iba a ser Ignacio Gordillo, uno de los blancos favoritos de la artillería polanco-felipista, que desde hacía tiempo disparaba contra la «rebelión» de los fiscales de la Audiencia Nacional. Se le consideraba,

[1] En 1981 don Mariano Gómez de Liaño, juntamente con otros cuatro magistrados, formó parte del tribunal que condenó a Cebrián por el desacato consistente en criticar, con la dureza debida, una sentencia incompatible con la democracia naciente.

junto a María Dolores, el causante máximo de la desfenestración de José Aranda, quien lo había acusado clandestinamente, en julio de 1995, en comunicación dirigida a Carlos Granados (a la sazón fiscal general del Estado) de ser filoetarra, «confidente» del abogado Íñigo Iruín y, por tanto, un enorme riesgo para sus compañeros y para la propia dignidad y credibilidad de la Audiencia Nacional.

Por si algo faltase, el primer denunciante de Sogecable fue Jaime Campmany, suegro de una hermana de María Dolores Márquez de Prado y cuya biografía política en el franquismo podía constituir, de ser preciso, un importante filón para la malevolencia. Aunque Campmany fuese persona digna y honrada y tanto Polanco como Cebrián no fuesen, en modo alguno, víctimas de la dictadura (más bien fueron beneficiarios), allí había «tomate», como diría Eddie Constantin. Para redondear la suerte, la denuncia de Cebrián y las posteriores querellas parecían tener por fundamento un informe económico-contable «de expertos del sector privado» atribuido, entre otros, a Ramón Tamames y a Gerardo Ortega, que habría sido elaborado por encargo de un «anónimo» secretario de Estado.

LA FISCALÍA DEFIENDE A POLANCO

Capítulo aparte merece la actuación en la causa de los dos fiscales generales del Estado (Ortiz Úrculo y Jesús Cardenal) que se sucedieron durante su tramitación. Nada más comenzar ésta, el 7 de marzo de 1997 Juan Ortiz Úrculo dictó una Instrucción de emergencia, como corresponde a la justicia del príncipe: «No deduciéndose de lo hasta ahora actuado los presupuestos constitucionales y legales suficientes, habilitantes para la adopción de medidas cautelares de carácter personal, por parte del Ministerio Fiscal no se solicitará medida alguna de tal naturaleza y se opondrá a las que puedan solicitar otras partes.»

Una verdadera joya preventiva en honor de los querellados. Había que protegerlos de la ferocidad del juez instructor Gómez de Liaño y de la posible proclividad de los fiscales intervinientes a comportarse en el caso como si de uno normal se tratase. ¿Iniciativa personal de Ortiz Úrculo o inducida desde más arriba? Crecidos por este trato excepcional, los *prisistas* reaccionaron coléricamente cuando el juez acordó —el 8 de mayo— medidas cautelares harto livianas contra los consejeros de Sogecable Carlos March y Leopoldo Rodés. Ambos eran obligados a presentarse ante el Juzgado, cada quince días el primero y mensualmente el segundo. Los dos necesitarían autorización judicial para salir de España.

Como el fiscal Gordillo no recurrió la decisión, los medios del imperio polanquista (del «polancolio», según expresión acuñada por Federico Jiménez Losantos) pusieron el grito en el cielo celtibérico y acusaron al fiscal de estar desobedeciendo flagrantemente las órdenes de su superior jerárquico. Recordaron su expediente disciplinario por parecida «torpeza» y presionaron aún más al encogido Ortiz Úrculo, que posteriormente se comportó con una deferencia exquisita. Ya cesado, aunque todavía sin abandonar el barco, recordó a la Fiscalía de la Audiencia Nacional —el 14 de mayo— la necesidad de cumplir escrupulosamente su instrucción del 7 de marzo. Exánime y desangrado, fiel aunque afligido, Ortiz Úrculo daba así su largo adiós a un puesto en el que contradijo los principios que, antes de su exaltación a la Fiscalía, decía albergar.

Entre la libertad y el establo hay una enorme distancia ética, estética y dietética, pero se reduce hasta extremos insospechados cuando, por mor del cálculo, de la jerarquía y de la servidumbre, se entra en el circuito de la justicia estabulada. Estoy convencido, sin embargo, de la capacidad de rectificación de Ortiz Úrculo, que nunca ha intentado hacer granjería de la actividad política.

Jesús Cardenal mantuvo la Instrucción de Úrculo. No estaba dispuesto a seguir la triste suerte de su predecesor y era consciente de la extraordinaria «timidez» del Gobierno en el caso Sogecable. Si bien esa instrucción podía servir como instrumento de presión en las negociaciones con el «polancolio» para convertirlo en «duopolio», el Gobierno no ignoraba que Polanco era uno de los quicios de un sistema que no estaba dispuesto a desquiciar en nigún sentido.

El nuevo fiscal general del Estado exigió de los fiscales de la Audiencia una permanente consulta sobre cualquier trámite del caso Sogecable. Su confianza institucional y personal en Eduardo Fungairiño (cuya designación como fiscal jefe había propuesto pese a presiones y reacciones energuménicas de romanos y cartagineses) no era razón bastante para liberarse de toda inquietud por la buena llevanza de caso tan delicado para los intereses oligárquicos en juego. Además, la valentía y el coraje civil no eran su fuerte, y no podía olvidar fácilmente la tormenta de críticas y recelos suscitados por su nombramiento ante cierta «Memoria» suya (la de 1994), cuando era fiscal del Tribunal Superior de Justicia del País Vasco, en la que cuestionaba, entre otras cosas, la compatibilidad entre la democracia y la moralidad de instituciones y costumbres.

Sin embargo, apoyó limpiamente a los suyos; rechazó la denuncia de los «polancos» contra Ignacio Gordillo, al que acusarían nuevamente de desobediencia e insubordinación; y permitió una interpretación flexible de la inefable Instrucción de Úrculo, «tolerando» (pese a la orgía de alaridos del imperio prisista) la aplicación a Polanco de medidas cautelares de cierta entidad. No pudo —o no quiso— frenar en exceso la fuerza y la convicción con que actuaba, a pesar de todo y de todos, Eduardo Fungairiño. Éste llevaba entre los pliegues del alma la inicua expulsión de María Dolores Márquez de Prado («la chica», según Aznar), cuya fotografía había puesto sobre la mesa como testimonio de cariño y de lealtad.

LA DENUNCIA Y LAS QUERELLAS

Todas estas circunstancias, debidamente mezcladas, abonaban un ilimitado campo de embestidas y linchamientos. No fue desaprovechado. La denuncia de Campmany fue presentada el 24 de febrero, tras el anuncio por Sogecable de su intención de demandar a la revista *Época* (dirigida por el denunciante) por la publicación de un informe de Jesús Cacho sobre presuntas actividades ilícitas de la sociedad denunciada. La denuncia y las posteriores querellas se fundaban en una relación de hechos que, de ser ciertos, podrían constituir delitos de apropiación indebida, estafa, societarios, fiscales y contables. En síntesis, los hechos eran los siguientes:

- Desde que inició sus actividades, en 1990, Canal Plus exigía a sus abonados realizar un depósito de garantía de 25.000 pesetas que, según la cláusula del contrato, se devolvería en caso de baja.
- A finales de agosto de 1991, Canal Plus vendió todos sus descodificadores y adaptadores a otra sociedad llamada Sogecable, integrada por los mismos socios de Canal Plus, por un importe de 5.340 millones de pesetas. Al mismo tiempo, le traspasó los depósitos de garantía de los abonados, que representaban entonces una cuantía de 2.482 millones, sin autorización de los depositarios.
- En septiembre de 1991, Sogecable alquiló a Canal Plus los descodificadores, con la intención de poder cobrar los depósitos futuros.
- A partir de ese momento, ambas sociedades han actuado como sociedades paralelas, con todas las ventajas que les proporcionaban los traspasos de los depósitos de garantía y la exención de presentar cuentas consolidadas. Según consta en el Registro Mercantil, el importe de los depósitos de los abonados se encuentra contabilizado en el pasivo del balance de Sogecable. A 31 de diciembre de 1995, el saldo de dicha cuenta era de 20.926 millones de pesetas, un 70 por ciento del pasivo.
- El 2 de enero de 1996, la Sociedad Canal Plus adquiere la totalidad de las acciones de Sogecable. Al día siguiente, la Junta de Accionistas de Sogecable acuerda su disolución sin liquidación. Canal Plus modifica su denominación social por la de Sogecable.

• En estas operaciones, al parecer, se han utilizado indebidamente los depósitos en garantía de los abonados, que deberían haber permanecido, por imposición legal, en una cuenta aparte.

• Canal Plus obtuvo un beneficio adicional cuando el Gobierno redujo el impuesto del IVA del 15 al 6 por ciento. Sin embargo, a los nuevos abonados se les siguió cobrando la misma tarifa, lo que representó para esa empresa unas ganancias de 5.550 millones de pesetas.

COMIENZA LA GUERRA

La guerra comenzó de inmediato. Primero se puso en duda la propia legitimidad del reparto en cuya virtud correspondió la causa a Gómez de Liaño. Días antes se había interpuesto una denuncia contra Sogecable en relación con el fútbol televisado. Nada tenía que ver con este caso, pero había correspondido a García Castellón y éste convenía más. Era más amigo de la «casa». Por intentarlo, que no quedara.

Los querellados lo recurrían absolutamente todo, desde la primera a la última resolución judicial, fuese cual fuese su contenido. Recurrieron contra la incoación del procedimiento, porque la denuncia no había sido ratificada por el denunciante y porque no se había pedido al fiscal su informe sobre competencia, «aunque tales actuaciones —decían los recurrentes— no son exigidas por la ley». Además, la Audiencia Nacional no era competente para conocer de los hechos denunciados, pues el supuesto perjuicio causado a los abonados de Canal Plus por haber utilizado sus fianzas no sería superior a 20.000 pesetas (a cada uno), por lo que se trataría de una falta continuada o «falta-masa» (no de un delito).

Habría entonces 1.400.000 faltas. La ridiculez de estas aseveraciones no encogía a los querellados. Según el Tribunal Supremo, en conformidad con lo dispuesto en el Código Penal, «en las infracciones contra el patrimonio hay que partir de la cuantía total del perjuicio causado, aunque los sumandos individualizados sean infracciones constitutivas de falta, ya que la hipótesis de la falta continuada queda limitada a las plurales infracciones que, en su cuantía total, no rebasen las 50.000 pesetas».

El 2 de marzo, un editorial de *El País*, titulado «Un peldaño más», insinuaba la directa relación entre la actuación judicial, la «guerra digital» y el comienzo del juicio Argentia Trust, presentando el caso Sogecable como parte esencial de «una operación de acoso y derribo... contra el grupo Prisa, con *El País* como objetivo final». Javier Pradera rompió aguas acusando directamente a Liaño de prevaricador, si bien con el gesto caritativo de admitir la hipótesis de que la prevaricación tuviese por causa la ignorancia o la imprudencia del juez. El final del artículo era antológico: «Hasta la subida de los escalones de la Audiencia Nacional para recibir la notificación de una querella temeraria [Polanco y Cebrián se vieron sometidos a tal estigma el 28 de febrero] puede ser manipulada mediáticamente con el propósito de meter a personas honorables en el mismo saco que De la Rosa, Mario Conde y Ruiz-Mateos.»[2]

Como apostillaría Antonio García-Trevijano en *El Mundo*[3], Pradera jugaba «el cínico juego de la oligarquía contra la independencia judicial [...] conserva el instinto de la delación pero no sabe ya a quién aplicar su necesidad de servidumbre [...] si el Tribunal Supremo no consideró prudente llamar a Felipe González porque eso estigmatizaría a un bien del Estado, sus secuaces tienen que impedir que los dos bienes del patrimonio ideológico y cultural de España suban los escalones de la Audiencia Nacional para ser estigmatizados». Polanco y Cebrián «eran» el poder, formaban parte esencial del sistema resultante de la transición y estaban por encima de la leyes y de la justicia. Pronto lo comprobaría Javier Gómez de Liaño. Y algunos más.

---

[2] Javier Pradera, «Escalones y prevaricaciones», *El País*, 5 de marzo de 1997.

[3] 8 de marzo de 1997.

No podía faltar la presentación de algo elemental y ordinario —la investigación de posibles delitos comunes— como una gran campaña de acoso y descrédito contra Polanco y Cebrián y, por supuesto, contra la libertad de información. El día 22 de marzo apareció en *El País* un manifiesto de solidaridad de cuatrocientos intelectuales denunciando esa campaña «de descrédito personal y profesional, que trata de minar su honorabilidad [la de los querellados] y la credibilidad y la independencia de *El País* y de los otros medios del grupo». Casi un delito contra la seguridad del Estado. O de profanación de varones sagrados.

Las reacciones de algunos fueron de gran dureza. Para Javier Ortiz, «resulta grotesco andar por ahí dándoselas de rebelde y comportarse luego como comisario político del jefe... conviene distinguir entre la gastronomía y la coprofagia» [4]. García-Trevijano preguntaba a qué honorabilidad se referían los firmantes: «¿A la de quienes idearon graves conspiraciones contra el Estado y conjuras republicanas para tapar los crímenes y la corrupción felipista con manto de armiño?» [5] Federico Jiménez Losantos lo llamó «pronunciamiento» y dijo que «nunca podrá pagársele [a Polanco] el espléndido retrato del mundo intelectual español que está consiguiendo con su campaña... nunca la nómina hizo tanto bulto intelectual» [6].

Lo cierto es que el manifiesto estaba firmado, además de por gente de nómina, por intelectuales muy respetables que, sin duda alguna, actuaron de buena fe. Les habían hecho creer, como a don Antonio Machado, «cosas que no son verdad», y no pensaron que su firma era utilizada como instrumento de presión y alanceamiento del juez Gómez de Liaño, como si fuesen defensores de una justicia de excep-

[4] «Recogedores de firmas», *El Mundo*, 26 de marzo de 1997.

[5] «El manifiesto canalplusista», *El Mundo*, 24 de marzo de 1997.

[6] «Los muy abajo firmantes», *ABC*, 22 de marzo de 1997.

ción. Contra esta interpretación se alzó el trabucaire Javier Pradera: «El propósito de los firmantes del escrito [...] no ha sido atentar contra la independencia judicial, sino impedir la consumación de una infamia: el intento de hacinar a personas honorables en el mismo furgón en que viajan Conde, Ruiz-Mateos o De la Rosa.» [7] Pradera lanzaba nuevamente su fervor inquisitorial y apostólico contra Javier Gómez de Liaño: «sus antecedentes judiciales» (le había llamado en la Ser «prevaricador inconsciente») y la suspicacia del instructor ante las amables críticas praderistas «no dejan espacio a la libertad de expresión». Casi como el «llanto militar» de Pío Baroja. En el caso de Pradera, jurídico-militar.

En todo caso, el pronunciamiento de los intelectuales polanquistas en nada se parecía al «Yo acuso» de Zola en el caso Dreyfus. En este artículo se denunciaba la injusticia del poder. En el manifiesto se denunciaba a la justicia por investigar el poder. Zola se exponía a la persecución y a la cárcel. Los polanquistas no exponían nada. En todo caso, conservaban o crecían.

RECURRIR HASTA EL ALIENTO

Todas las resoluciones del instructor fueron recurridas. Hasta las de ínfima importancia procesal. Hasta las de mero trámite. Javier lo expresó telúricamente: «Me recurren hasta el aliento.» Encima, los querellados se quejaban a la sala (la Sección II de lo Penal de la Audiencia Nacional) de la lentitud con que sus recursos llegaban a ella. El 16 de abril (un mes y veinte días después del comienzo de las actuaciones) la causa tenía cinco tomos, mil quinientos folios y una abundante documentación complementaria. Además, los querellados habían interpuesto ya veintiún recursos, todos ellos resueltos por el juez, pero protestaban ante la sala por

[7] «Síndrome de abstinencia», *El País*, 2 de abril de 1997.

la lentitud del proceso. Sorprendentemente, sus amigos del PSOE se lamentaban de su extraordinaria rapidez. Todos sabían que el tribunal revisor era mollar.

De la plétora de recursos, tres merecen ser destacados. El primero tuvo como objeto la decisión judicial de pedir el listado completo de abonados a Canal Plus, que tenía por objeto conocer la identidad de los posibles perjudicados para que pudiesen defender sus derechos y, si así lo querían, ejercer acciones contra los querellados. Éstos entendían que de esta manera se vulneraba el derecho de los abonados a la dignidad personal y el propio derecho a la intimidad de Sogecable.

La resolución por la que Liaño desestimó el recurso de los querellados era muy razonada y harto razonable. Los perjudicados por los presuntos delitos cometidos eran, sin duda alguna, los abonados. Parecía elemental que se pudiese conocer su identidad para ofrecerles la posibilidad de ejercer las acciones pertinentes. Sin embargo, la sala entendió[8] que no había motivación suficiente: «No basta que exista un razonamiento, sino que es preciso, además, que éste no sea arbitrario.» El acuerdo de Liaño era arbitrario porque no había realizado el necesario «juicio de proporcionalidad» entre la medida adoptada (que invadía la intimidad) y la necesidad jurídica o procesal (que no se había acreditado).

La sala estallaba en fervores garantistas al proclamar la importancia del derecho a la intimidad «que gozan los ciudadanos en su decisión de abonarse a determinados medios de difusión, que transciende sus preferencias personales en las áreas del espíritu *lato sensu*». El conocimiento público de que una persona estaba abonada al entonces único medio televisivo al que cabía abonarse podría vulnerar su dignidad espiritual. Abonarse a Canal Plus era mostrar una preferencia personal en el campo espiritual. La terquedad del juez instructor (aparte de su arbitrariedad)

---

[8] Auto de 19 de mayo de 1997.

era manifiesta. Le faltó finura espiritual y le sobró fervor inquisitorial. Sin embargo, como los querellados aducían también el derecho a la intimidad de Sogecable, la sala tuvo que corregir su ambición: «La querellada no tenía intimidad, pero sí un derecho de exclusión de acceso a su ámbito patrimonial», que era preciso respetar porque su vulneración podría afectar al derecho a la información y «socavar, en última instancia, el sustrato económico de la empresa». El instructor no había alcanzado tales cimas argumentales y sus razonamientos eran inanes e ineficaces. La sala había defendido la intimidad de los abonados y de Sogecable como un buen caballero andante el honor de una doncella. El salteador era Liaño.

CONTRA LA INQUISICIÓN

El segundo gran recurso fue contra el secreto de las diligencias, acordado por el instructor desde el comienzo de la investigación, a petición del fiscal. Los querellados adujeron que el secreto vulneraba su derecho de defensa, que había sido gravemente limitado «sin justificación objetiva y sin necesidad». El instructor desestimó el recurso invocando la necesidad de proteger la investigación de las interferencias y los obstáculos (destrucción y ocultación de pruebas, perturbación de la actividad investigadora de la Policía Judicial y obstrucción del trabajo de los peritos judiciales) que pudiesen poner los querellados. Liaño hacía constar la complejidad de la causa y su especial vulnerabilidad si, al menos en su fase inicial, no se decretaba el secreto. Éste había sido levantado parcialmente el día 14 de abril, limitándose a las actuaciones en las que parecía imprescindible.

La sala descargó sobre el instructor una de sus más feroces resoluciones: la declaración del secreto «no está objetivamente justificada, es irrazonable, innecesaria, desproporcionada e inadecuada». No existían precedentes en la Audiencia Nacional de que un secreto sumarial acordado por cualquier instructor, con el respaldo del fiscal, hubiera sido revocado. La propia sala que tan jupiterinamente descalificaba la resolución de Liaño había dictado numerosas resoluciones confirmando el secreto. Una de ellas se ajustaba como anillo al dedo al caso Sogecable: «Para llevar adelante con éxito la investigación que, por su importancia y características, requiera unas actuaciones particularmente complejas, es imperiosa la necesidad de que éstas se realicen de forma no pública para impedir la destrucción de pruebas ya obtenidas o que se pudieran obtener por la marcha de la investigación» (auto de 13 de junio de 1995).

Pero en ninguno de los supuestos anteriores estaba implicada la *crème de la crème*, una parte del alma del sistema o, en palabras de la propia sala, de su espíritu *lato sensu*. Aquí no bastaba con revocar rompiendo todos los precedentes. Era preciso el ensañamiento personal con el juez instructor, su pública humillación. La sala parecía encarnar, a la mayor gloria del polanco-felipismo, «el cumplimiento de las profecías bíblicas, el próximo reinado de la razón y de la virtud, en el cual se comprendería y glorificaría mejor el evangelio de la justicia», como dijo Elie Haldevy de la Declaración de Independencia de los Estados Unidos.[9] Sólo que aquí estábamos ante una declaración de dependencia. Una más de la justicia que complace al príncipe.

Javier Gómez de Liaño ordenó ese mismo día 13 de mayo levantar el secreto, «que todavía afectaba a algunas diligencias». Su resolución era enérgica: la decisión del tribunal podía resultar «insólita para el fiscal y para algunas partes», y el instructor salvaba su responsabilidad «por los perjuicios que puedan derivarse para la investigación sumarial». Al día siguiente (14 de mayo) dictó una providencia desacostumbrada y, por tanto, también «insólita»: dados los términos utilizados por la sala para descalificar al instructor, daba vista a las partes y al fiscal por si la conducta de la

[9] Herbert Aptheker, *Historia de la Revolución Norteamericana*, Ediciones Futuro, Buenos Aires, 1965, pág. 112.

sala pudiese constituir infracción penal o disciplinaria. Llovía sobre un terreno empapado, pues las relaciones del tribunal con el instructor distaban mucho de la más elemental cortesía.

Ya el 7 de mayo la sala, al resolver el recurso de Polanco contra la decisión del instructor de impedirle salir del territorio nacional sin el conocimiento y autorización del Juzgado, había descrito y calificado con enorme dureza la actuación de Gómez de Liaño, a la que frontalmente tildó de «arbitraria». El instructor remitió aquella resolución al Consejo General del Poder Judicial sin el menor éxito: el Consejo estimó, en su reunión del 21 de mayo, que las expresiones de la sala, entendidas en su sentido estrictamente jurídico, no implicaban desconsideración alguna para el juez instructor. Ni vejación ni desatención. Las únicas víctimas eran Polanco, Cebrián y demás tropa. Liaño era el verdugo.

Éste no se encogió. Enrabietado como estaba por la exasperante actitud obstruccionista de los querellados, que siempre encontraron refugio y respaldo en la sala, y ahora en el Consejo, dictó aquella resolución radical (la del 14 de mayo) que, sorprendentemente, no fue recurrida ni por el fiscal ni por las partes. El fiscal dijo que la decisión de la sala «se aparta radicalmente de los precedentes de esta Audiencia e incluso de la doctrina dictada por la propia sala». Además, su resolución empleaba «modos y términos inusuales en las relaciones entre jueces y tribunales» y «algunas de sus expresiones resultan innecesarias y pudieran haber sido sustituidas por otras desprovistas de sentido peyorativo». Sin embargo, «no debía extraerse de la resolución de la sala un significado inequívocamente ofensivo y vejatorio ni debería llegarse a la conclusión de que cualquier calificativo desafortunado atrajera una consecuencia de denuncia por infracción penal o disciplinaria». Para las acusaciones popular y particular, la sala había incurrido en una falta disciplinaria de desconsideración y vejación. Para los querellados, la resolución de la sala había sido «impecable».

Imperdonable e intolerable fue para el propio tribunal y para el presidente de la Sala de lo Penal (Siro García), que rápidamente impetró la acción disciplinaria del Consejo General del Poder Judicial. Como suele suceder en Celtiberia, el Consejo corrió en socorro del vencedor. Liaño había actuado en el campo puramente jurisdiccional, en el que un juez sólo puede ser corregido procesalmente (mediante los correspondientes recursos contra sus resoluciones) o depurando la responsabilidad civil o penal en que pudiese haber incurrido. Nunca disciplinariamente, pues ello equivaldría a dotar al Consejo de inexistentes e inconstitucionales facultades jurisdiccionales. No cabe revisión gubernativa de cualquier decisión judicial dictada en el curso de un proceso. Sin embargo, ante el regocijo de los querellados y en medio de la trompetería triunfal de sus medios, el Consejo ordenó la incoación de un expediente disciplinario, del que se nombró instructor al que a la sazón era presidente de la Sala de lo Militar del Tribunal Supremo, José Jiménez Villarejo (que por tener larga prole y presumirse que rezaba el rosario en familia fue bautizado en Justicia Democrática —concretamente por Jesús Vicente Chamorro— como «padre Peyton»).

Jiménez Villarejo no se anduvo con remilgos impropios de actitudes castrenses. Tras una rápida instrucción del expediente, sin atender ni un miligramo los argumentos defensivos del verdugo Liaño (que invocó la tesis de José Luis Manzanares, ex vicepresidente del Consejo y magistrado entonces de la Sala de lo Penal del Tribunal Supremo, según la cual la actuación jurisdiccional no podía ser corregida disciplinariamente), calificó los hechos como falta disciplinaria grave y propuso una sanción de 500.000 pesetas. La Comisión Disciplinaria del Consejo fue muy benévola: rebajó la multa a 350.000 pesetas. Benevolencia que fue ratificada por el Pleno tras desestimar por abrumadora mayoría el recurso de alzada de Gómez de Liaño. Éste anunció que, de no prosperar su recurso económico-administrativo contra la sanción, pediría pagarla a plazos.

Recordé entonces un episodio que había vivido con mi malogrado amigo Antonio Carretero. Cuando le eché en cara que no hubiera votado a favor de la expulsión de Ricardo Varón Cobos (por el escándalo del mafioso Bardellino, cuya ilegal excarcelación firmó a instancias de Rodríguez Hermida, que sí fue expulsado), Antonio me contestó muy serio que él había votado por que se le impusiera una multa de 50.000 pesetas, cifra que era «descomunal» teniendo en cuenta los ingresos (en 1984) de un magistrado. Añadió que, si a los jueces españoles se les preguntara si preferían pagar esa multa o ser sodomizados, optarían sin vacilar por esto último.

Pues a Javier le habían dado por ahí y, encima, una multa descomunal. Como me decía mi viejo amigo Eduardo Navarro Álvarez, lo malo no es que a uno le den por el culo, sino que, además, le echen el aliento en el cuello después de guardar cola. El padre Peyton debía estar de acuerdo con esa imagen: no se limitó a proponer la sanción, sino que, encima, advirtió al Consejo que la conducta de Javier podría ser constitutiva de un delito de prevaricación.

Así de simple. ¿Dónde estaba la prevaricación? ¿Acaso era Liaño el que estaba prevaricando? Cierto que su actitud era conmovedoramente incompatible con la justicia del sistema, que estaba tratando a los dioses como si fuesen mortales, que estaba diciendo cosas que, como recomendaba el entrañable Gabriel Celaya, «no deben decirse» y que desconocía paladinamente «las tres exigencias insaciables» que, según Herbert Hoover[10], ha de cumplir todo gran empresario que se precie: «la autoperpetuación, la ilimitada expansión de sus actividades y la búsqueda incesante de un poder cada vez mayor».

---

[10] Richard Hofstadter, *La tradición política americana*, Seix Barral, Biblioteca Breve, Barcelona, 1969, pág. 362.

Cierto es también que parecía desconocer la tesis de Montaigne de que «catorce de cada quince hombres son bribones», y la reflexión al respecto de Thomas Jefferson, en su carta a Mann Page, en 1775: «Siempre he comprobado que los bribones predominan, y no creo que la proporción sea exagerada para las clases altas y para aquellos que, elevándose por encima de la multitud, se esfuerzan continuamente por rampar hasta los puestos detentadores del poder y de los beneficios.» Pero ¿dónde estaba la prevaricación que adivinaba el padre Peyton echando su cuarto a espadas en la guerra contra Gómez de Liaño? Hay que recordar que José Jiménez Villarejo había sido calificado por el teniente general Faura como «el mejor embajador del ejército en el mundo de la justicia». Gómez de Liaño lo ignoraba.

LA «PREVARICACIÓN» DE GÓMEZ DE LIAÑO

La prevaricación estaba en lo siguiente: si el día 13 de mayo, en cumplimiento de lo ordenado con tanta delicadeza por la sala, había ordenado el levantamiento del secreto, el día 15 decretó que éste se aplicara de nuevo, pero exclusivamente a las diligencias de investigación que, «encomendadas por el instructor, está practicando la Brigada de Delincuencia Económica y Financiera de la Policía Judicial». El responsable de esa Brigada acababa de remitir (el día 14) un informe en el que decía que el conocimiento por las partes de la investigación que se estaba realizando la haría imposible o ineficaz, pudiéndose poner en riesgo, asimismo, gestiones policiales futuras. Es decir, que los querellados tendrían mayor capacidad de obstruir la investigación que la Policía de realizarla.

Citando la doctrina del Tribunal Supremo y de la propia sala, Gómez de Liaño motivó densamente su resolución. Recurrida por los querellados, el fiscal solicitó que se desestimase el recurso y se confirmase la resolución. Pero el fiscal dijo más: la decisión de Liaño en nada contradecía o se oponía a la resolución de la sala que ordenó levantar el secreto. Los querellados no recurrieron ante la sala contra la resolución del instructor desestimando el recurso que ante él interpusieron. Es decir: como se dice en la jerga forense, «se aquietaron». Haciendo patente su incapacidad, Liaño acordó el 13 de junio, una vez que la Policía Judicial dio por terminada la parte más sustancial de sus investigaciones, el levantamiento del secreto.

Sin embargo, contra toda lógica y contra toda justicia (suelen ir unidas, salvo en los arcanos de la justicia del príncipe), el padre Peyton vio prevaricación en tan limpio y jurídico episodio. Y el Consejo no se lo tomó a beneficio de inventario, sino que decidió entrar a por uvas. Como estaban verdes y la vendimia quedaba lejana, algunos vocales sensatos alegaron que el Ministerio Fiscal parecía haber respaldado al instructor y que se debería, al menos, solicitar más información para decidir con el necesario conocimiento. Así se decidió. Se dejaría el asunto sobre la mesa hasta recibir mayor ilustración. O el soplo del Paráclito.

Recibidos ambos (la ilustración y el soplo), el Pleno acordó en su reunión del 27 de noviembre (por quince votos a favor, tres en contra y tres abstenciones) enviar la documentación del caso a la Sala de lo Penal del Tribunal Supremo. No a la Fiscalía General del Estado, que sería, en todo caso, el órgano pertinente para decidir si promovía o no la acción de la justicia. Quince vocales entendieron que eso no serviría de nada, ya que era conocida la actitud del fiscal de no ver delito alguno en la actuación de Gómez de Liaño. En consecuencia, la documentación se enviaría a la Sala II del Tribunal Supremo, por si éste tenía en cuenta la cuestión a la hora de decidir sobre las querellas formuladas contra Liaño por los «polancos», «galindos» y demás sectas. ¿Dónde estaba la prevaricación?

Si la había cometido Gómez de Liaño, también lo habían hecho el fiscal de la Audiencia Nacional, el de la Sala II del Tribunal Supremo y el fiscal general del Estado, que no sólo respaldaban la resolución del instructor sino que, además, habían pedido el archivo de las querellas por presunta prevaricación contra éste. ¿A qué jugaba el Consejo? ¿Por qué ese encarnizamiento contra Gómez de Liaño, concordante, de forma palmaria, con las ansias vengadoras de los polancos y los cebrianes de toda índole?

Quince vocales del Consejo tendrán que responder algún día. ¿Cómo era posible que incluso vocales que se habían opuesto en principio a que se actuase contra Liaño por esas chirigotadas votaran después que se remitiera la cuestión al Tribunal Supremo? ¿Acaso como mal menor, en aras de un consenso minimalista? Podían pensar algunos que, en definitiva, no era tan grave mandar al juez a hacer puñetas para después exhibirlas en la toga. Así lo entendió Joaquín Almunia al acusar públicamente al Consejo de no cumplir con su deber (que era, según el suplente de González, expulsar a Liaño de la carrera judicial) y enviar al Supremo «la patata caliente».

ALMUNIA COGIÓ SU FUSIL

Lo de Almunia fue de parusía. O de orgasmo. Con un respeto profundo a la independencia del poder judicial y a la dignidad institucional del Consejo, entregó a su presidente una lista de los jueces que debían ser eliminados (no es difícil pronosticar quiénes éramos). La mudez de Javier Delgado ante tan obscena exhibición de desprecio hacia el poder judicial por parte de uno de los más eximios representantes del poder político recreció a Joaquín Almunia. Después de entregar la lista, dijo públicamente que Javier Gómez de Liaño no merecía ser juez y que así se lo había comunicado al presidente del Consejo del Poder Judicial.

Con su ingenuidad institucional a cuestas, mantenida pese a sus sucesivos linchamientos por parte del Consejo, Liaño solicitó que éste le amparase frente a Almunia. En esa misma reunión del día 27, el Consejo sobrepasó, si cabe, todas las negrísimas expectativas sobre su independencia de las oligarquías partidarias a cuya voluntad debía su composición. Denegó el amparo a Liaño aduciendo que ya no llevaba la causa por la que Almunia había pedido su cabeza (la de la trama del GAL para chantajear, extorsionar y amenazar a periodistas y jueces «enemigos»).

Que Liaño fuese el instructor del caso Lasa-Zabala, con los «galindos» en la cárcel y la turbamulta de «barrionuevos», «veras» y demás tropa felipista mordiéndole las entrañas, no tenía importancia alguna. El Consejo había adivinado, como los arúspices del Capitolio, que Almunia quería acuchillar a Liaño «por el siniestro costado» sólo por las diligencias de aquella trama en torno al «vídeo sexual» de Pedro J. Que lo amparase Dios, que no el Consejo. Al menos seis de sus vocales lo eran por decisión del propio Almunia; el resto, con el concurso de la voluntad de Almunia. ¿En qué país creía vivir Gómez de Liaño?

Aquellas decisiones del Consejo le frieron el estómago (que no los huevos, como Garzón) y le causaron una úlcera sangrante que lo mantuvo varios días en la cama. Éste fue su destino de finales de noviembre de 1997. Mientras tanto, los «polancos» y los «almunias» de todas las especies y condiciones tocaban los claros clarines de su victoria —una más— sobre el enemigo que, por serlo, lo era del sistema. Debía ser frito con alquitrán y colgarse su cabeza de los momeyes, como hacían los negreros con los negros revoltosos, según cuenta Raúl del Pozo.[11]

Una lección más para los jueces, fiscales y periodistas que se empeñaban en no saber dónde estaba el redil, dónde la fuente de la eterna juventud, dónde el manantial de la verdad y la justicia del régimen. Para los que se negaban a la sumisión, a la servidumbre y al pensamiento único del sistema y preferían «el horizonte del disidente a la morada del conformista»[12], los riesgos de la libertad y la dignidad civil a las zahúrdas del servilismo.

---

[11] Artículo de Raúl del Pozo en *El Mundo*, 24 de noviembre de 1997.

[12] Gonzalo Puente Ojea, *Elogio del ateísmo*, Siglo XXI, Barcelona, 1995, pág. 309.

Pero faltaba todavía el tercer gran recurso polanquista contra el malvado juez instructor. Cuando la investigación estaba en sus comienzos, antes de que hubieran declarado los querellados, de que los peritos de la Agencia Tributaria hubieran emitido su dictamen y de que la Brigada Económica de la Policía Judicial hubiera realizado sus pesquisas, los querellados solicitaron, el 10 de abril, «el sobreseimiento y archivo de las diligencias por no ser los hechos investigados constitutivos de delito». Acompañaron su solicitud con un dictamen elaborado por el catedrático, ex magistrado del Tribunal Constitucional y abogado en ejercicio Luis Díez Picazo, en el que se defendía la inexistencia de cualquier conducta delictiva en los querellados. El instructor denegó tan sorprendente petición, y contra su acuerdo recurrieron los querellados. En la resolución que rechazaba aquella petición «por abuso de derecho» (no admitiéndola a trámite por su manifiesta improcedencia) el instructor razonaba que la actitud de los recurrentes faltaba a la probidad y a la buena fe procesal, pues estaban sin practicar diligencias que, según el fiscal, las partes acusadoras y el propio instructor, eran esenciales para la investigación de los hechos denunciados.

No emitió dictamen escrito, pero casi, el magistrado de la Sala II del Tribunal Supremo, Enrique Bacigalupo, que se personó en el despacho del fiscal Gordillo para examinar las diligencias manifestándole «que allí no había nada». En su declaración ante el juzgado, Gregorio Marañón Beltrán de Lis (uno de los querellados) había dicho que «diversos catedráticos y magistrados» le habían asegurado lo mismo. Con tan ingente bagaje científico a su favor, los querellados habían recurrido ante la sala la resolución de Liaño de no admitir a trámite el recurso de reforma. El recurso, cumplidos todos los trámites previos, se recibió en la sala el 2 de septiembre.

Múltiples incidencias sucedieron en la celebración de la vista del recurso, que fue señalada para el 1 de octubre.

Se había resuelto «en horas veinticuatro» la recusación formulada por el letrado querellante Francisco Rojas contra el magistrado de la sala José Ricardo de Prada, al que se le imputaba una no demostrada e incógnita amistad con Polanco. Lo que ocurría, en realidad, es que las partes acusadoras recelaban de la actitud de la sala (que había sido difundida ampliamente) de convertir aquel recurso en una petición de archivo. Estaba, además, pendiente en el Tribunal Supremo aquella «causa especial» en la que Liaño aparecía entre los imputados por un posible delito de prevaricación (cómo no) y también estaba pendiente la resolución por Ismael Moreno sobre la recusación del propio Liaño.

Aquel recelo de los querellantes fue corroborado por dos decisiones de la sala. En primer lugar ésta se atendría «al contenido del "suplico" de la queja». Los recurrentes pedían, con patente improcedencia, que la sala acordase «el sobreseimiento y archivo de las actuaciones por no ser los hechos constitutivos de infracción penal». Sólo como alternativa pedían que se ordenase al instructor «que tramitara el recurso de reforma». Era lo único que, en términos de buen derecho, cabía analizar y resolver.

LA SALA DECIDE ARCHIVAR

Por si algo faltase para conocer la actitud de la sala, ésta suspendió su deliberación para que el instructor (Ismael Moreno) le remitiese «testimonio de todo lo actuado». Fue evidente que la decisión del tribunal era considerar el recurso como petición de archivo, no simplemente como solicitud de que el instructor resolviese el recurso de reforma que había rechazado por abuso de derecho de los recurrentes, con el respaldo del fiscal. Éste entendía que faltaban diligencias esenciales que practicar (entre ellas la propia declaración de algunos querellados, incluido el académico Cebrián, que la había impedido con su recusación de Liaño horas antes de que tuviese que declarar) y que sólo después de completada la investigación y abierto el juicio oral cabía decidir sobre su continuación o el archivo de la causa.

Pero la sala había atravesado hacía tiempo el Rubicón de la lógica jurídico-procesal y, en su resolución del 30 de octubre, decretó el archivo «respecto de los hechos que se investigan como supuestos delitos de apropiación indebida y estafa por no ser aquellos hechos constitutivos de tales infracciones criminales». Es decir: para la sala no existían los delitos más graves de los que eran acusados los recurrentes. Si existían otros (societarios, contables y fiscales), debería decidirlo el instructor, así como si mantenía o no las medidas cautelares adoptadas contra algunos querellados (entre ellos Polanco). Los magistrados de la sala no desaprovecharon la ocasión para volver a descalificar a Javier Gómez de Liaño. La instrucción del sumario —dijeron— había sido «errática» y fronteriza con una «causa general» contra los querellados. Curiosamente, ambas calificaciones habían sido reiteradas por Javier Pradera en *El País*. Pura coincidencia, o «simpatía». Hacía cinco meses que Liaño estaba apartado de la instrucción, pero sus compañeros de la sala no lo olvidaban. Les ocurría lo que a don Antonio Machado con Guiomar: «Reo de haberte creado / yo no te puedo olvidar.» Mas no por amor.

A pesar de que los razonamientos de la sala conducían a la conclusión de que el archivo parcial decretado era el propio del sobreseimiento libre (no constituir los hechos infracción penal) y que, por tanto, cabía interponer recurso de casación ante el Tribunal Supremo, la sala sorprendió a propios y a extraños afirmando que se trataba de un sobreseimiento provisional (sólo aplicable cuando el archivo obedecía a falta de autor conocido o de prueba suficiente) y que, por consiguiente, no era posible la casación. Este error de la sala desorientó a los letrados de los querellados: mientras el profesor Stampa Braun (mi viejo amigo y maestro de Derecho Penal en Granada) recurrió en amparo al Tribunal Constitucional, los demás fueron a la casación. Denegada su admisión a trámite por la sala, recurrieron en queja ante el Tribunal Supremo. ¿Qué se hará de tanto despropósito?

No había (tampoco en esta materia) precedente alguno en la torturada historia judicial de Celtiberia. Que un tribunal decretase el archivo parcial de una causa sin que se hubiese completado la investigación, dejando en el aire diligencias probatorias ya acordadas por el instructor a petición del fiscal; que ese archivo se decidiese contra el criterio de éste y del instructor; y que un recurso de queja se transformase, sin más, en una petición de archivo sólo podía ser explicado por demiurgos, nunca por juristas. Por demiurgos y merlines expertos en prodigios antijurídicos legalizados hasta la exasperación y la náusea. Pascal decía que un poder sin justicia conduce a la corrupción y a la tiranía y una justicia sin poder a la impotencia y a la impunidad. ¿Y cuando el poder de la justicia ni siquiera cumple con las exigencias del pudor?

EL ARCHIVO DE NUNCA ACABAR

Todavía quedaban algunos cabos sueltos. El escándalo causado por aquel archivo espasmódico, en una resolución rabulística que pretendía damasquinar el agrio perfil de una justicia perpetrada sin el derecho y contra el derecho, tenía que producir alguna impresión —aunque limitada a lo accesorio— en el ánimo desfalleciente de Ismael Moreno, el neo-instructor de Sogecable, que lo era ya por derecho propio desde que asestase, seis días antes (el 24 de octubre) su nunca bien trovada estimación de la recusación cebrianesca de Liaño. Entre las aclamaciones recibidas por su gesta y la ovación suscitada por el gesto de la sala se había llegado a la apoteosis. Pese a las rocas que habían llovido desde la abstención de Garzón (querellas y más querellas contra Liaño, crucifixión —no precisamente «rosada»— de tan pérfido juez por el poder mediático del polanco-felipismo, con un sector importante del Consejo del Poder Judicial actuando como cabo de varas, la «causa especial» urdida contra Liaño y cuatro de sus más conocidos amigos y compañeros, etc.), todo había sido empeorable. Aquel archivo y esta decisión de estimar la recusación rizaban el rizo del engendro.

Ismael Moreno tenía en sus manos el verduguillo que podía terminar con aquel toro moribundo que ya era Sogecable. La resolución de archivo parcial de la sala le incitaba a terminar la faena: «Debe ser el instructor quien decida si debe o no continuar la instrucción y cuál de las dos resoluciones de las previstas en la regla 50 del artículo 789 de la Ley de Enjuiciamiento Criminal (sobreseimiento libre o provisional) debe adoptar.» También debía el instructor decidir sobre «el mantenimiento o no de las medidas cautelares» adoptadas contra varios imputados, singularmente Jesús Polanco.

Como los malos árbitros, Moreno optó por la compensación. Descargó su mala conciencia por su actuación en lo esencial con un lenitivo aplicado a lo accesorio. Pese a que, archivada la causa por los dos delitos más graves, la lógica más elemental conducía a la eliminación de aquellas medidas (en el caso de Polanco, libertad provisional con fianza de 200 millones de pesetas, presentación en el juzgado los días 1 y 15 de cada mes y necesidad de obtener la autorización del juzgado para salir del territorio nacional), Ismael Moreno las matuvo en su totalidad (auto de 11 de noviembre de 1997). Adujo que los delitos distintos a la apropiación indebida y a la estafa no eran de la competencia de la Audiencia Nacional y debía ser el juez de la plaza de Castilla que resultase competente el que definitivamente decidiese sobre el mantenimiento o modificación de las medidas cautelares.

Polanco y los suyos reaccionaron con cólera mal reprimida. Ya daban por finiquitado lo de Sogecable con la decapitación de Javier Gómez de Liaño, el enfangamiento mediático de jueces y fiscales y el archivo de lo fundamental. Sin embargo, el Moreno ése, tan pastueño e inocuo, no se atrevió, se le encogió el alma. Quería, encima, que fuera otro el juez del verduguillo. No se podía permitir. Su resolución parecía dar a entender que, en definitiva, algún crimen habían cometido, ya que ni sus vasallos más propicios terminaban de negarlo. Pidieron inmediatamente el archivo total y, desde luego, que el caso no saliera de la Audiencia Nacional, ni de Moreno, ni de la sala, ni de la cercanía benefactora de su gran amigo Auger. Lo único que faltaba era que, al salir de esas madres, algún juez o fiscal se tomase el caso en serio y volviese a las andadas de Liaño.

Además, se corría el gravísimo riesgo de que, si atacaban y linchaban al juez al que correspondiese el asunto, los compañeros reunidos en Junta mostraran su solidaridad exigiendo respeto. Ese riesgo (ya se había comprobado hasta el tuétano) no existía en la Audiencia Nacional, donde los jueces sólo eran solidarios con los pobres e indefensos procesados. Eran conscientes de la proclama olímpica de Gabriel Albiac: «¡Ave Polanco, sólo tú divino! Los que no reconocen tu majestad no existen. No existieron nunca. Sólo fantasmas. Serán borrados del país, del universo y de la memoria.» [13]

---

[13] «Cambio de guardia», *El Mundo*, 6 de noviembre de 1997.

CAPÍTULO OCHO

LA JUSTICIA DEL PRÍNCIPE SE ACERCA A LA CIMA: LA RECUSACIÓN DE JAVIER GÓMEZ DE LIAÑO

«Puede afirmarse tranquilamente que, en la historia del hombre, no ha habido ningún derecho fundamental que haya descendido del cielo o nacido en una mesa de despacho, ya escrito y redactado en los textos constitucionales. Todos son fruto de conflictos, a veces seculares, y han sido conquistados con revoluciones y rupturas, al precio de transgresiones, represiones, sacrificios y sufrimientos.»

Luigi Ferrajoli, *Derecho y razón.*

Después de múltiples azares y obstáculos, Gómez de Liaño consiguió la hazaña de que Polanco compareciese ante su presencia. Era el 20 de junio de 1997, casi cuatro meses después del comienzo de la investigación. Fue a las diez de la mañana. El presidente de Prisa y de Sogecable llegó acompañado (como ocurre con cualquier ciudadano que se ve en ese trance) por doce abogados, entre principales y ayudantes. Era esperado, a la puerta de la Audiencia Nacional, por una treintena de directivos de *El País,* la Ser, Canal Plus y el Grupo Timón, que acudieron a expresarle su solidaridad en tan amargo episodio.

Tras declarar durante tres horas y media ante su «enemigo» Javier Gómez de Liaño, se suspendió la comparecencia para continuarla (era viernes) el lunes siguiente, 23 de junio. En ninguna de sus comparecencias contestó Polanco a las preguntas de las acusaciones particulares, pero sí lo hizo, extensamente y con toda naturalidad, a las del juez y el fiscal. Fue, como era previsible, una declaración normal de un querellado ante su juez ordinario predeterminado por la ley. Lo único anormal fue el retraso, causado por la multiplicación de incidencias y recursos de la defensa de los querellados, la guerra mediática contra el instructor (que, al parecer, ni era hijo de nadie ni legítimo juez), la beligerante y áspera actitud de la sección competente para revisar su actuación jurisdiccional y el singular celo disciplinario del Consejo General del Poder Judicial que, lejos de amparar la independencia del instructor, seriamente perturbada por el continuo festival de descalificaciones, parecía amparar a los indefensos querellados, víctimas de una persecución tan proterva como feroz.

Como se dijo en los habituales cenáculos polanco-felipistas, el instructor se estaba «ensañando» con los querellados, que se encontraban inermes ante el juez en una desigual contienda procesal. Todo ello por casi nada: la presunta comisión de los delitos de apropiación indebida, estafa, societarios y fiscales. Una nadería.

LIAÑO SE ATREVE, POLANCO SE INDIGNA

Tras concederse tres días de reflexión, Gómez de Liaño acordó —el 26 de junio— la libertad de Polanco bajo fianza de 200 millones de pesetas, presentaciones ante el Juzgado los días 1 y 15 de cada mes y prohibición de salir del territorio nacional sin la autorización del juez. Algunas acusaciones particulares habían solicitado la prisión incondicional o fianzas muy superiores. El fiscal había compartido, básicamente, la posición del juez instructor mediante una inteligente y hábil diferenciación entre «medidas cautelares de carácter personal» (prohibidas en la instrucción de Ortiz Úrculo, que había hecho sorprendentemente suya, como si fuese un heredero sin posible beneficio de inventario, Jesús Cardenal) y «medidas cautelares de carácter real». La resolución era tranquila y ponderada. El juez realizó notorios esfuerzos para explicar y motivar su acuerdo.

Los hechos podrían ser constitutivos de los siguientes delitos:

a) Falsedad en documento mercantil y delito societario, al haberse alterado sustancialmente, en perjuicio de la sociedad, las cuentas anuales, mediante el procedimiento de omitir en el balance de Canal Plus, desde 1991, los depósitos de los abonados.

b) Apropiación indebida, por haberse dado a los depósitos de los abonados un destino diferente al previsto en el contrato de suscripción. Los depósitos se habían utilizado en la financiación gratuita de la sociedad, que llegó a repartir dividendos pese a estar al borde de la disolución obligatoria.

c) Estafa, pues, a pesar de la rebaja del IVA, a buen número de suscriptores se les siguió cobrando cuotas de abono que no tenían en cuenta la bonificación del impuesto sin advertirles de tal extremo.

Pese a ello, el instructor insistía en la necesidad de un justo equilibrio entre el deber de asegurar el ámbito de libertad del imputado y la necesidad de que la justicia cumpliese su cometido. Ese equilibrio se manifestaba en la no procedencia de la prisión provisional de Jesús de Polanco, que «no tendría justificación por innecesaria y desproporcionada». Ello no sirvió para convencer al acusado ni siquiera de que la resolución judicial, aunque legítimamente criticable, respondía a intereses de objetividad, imparcialidad y justicia. Los abogados Manuel Murillo y José María Stampa solicitaban en sus recursos la elevación de la fianza, por entender que era manifiestamente insuficiente la impuesta por el juez. Los abogados de Polanco, tras afirmar que «se trata de una situación bastante extraña y muy difícil de comprender» y que «el proceso tiene un claro punto de partida político, ya que se inició por un dictamen solicitado por un secretario de Estado», presentaron su recurso sobre la base de que no existía delito alguno y de que las medidas adoptadas eran innecesarias.

Su mayor encono era contra el fiscal. Según ellos, había incumplido la instrucción de su superior jerárquico al admitir la imposición de tales medidas y, encima, no recurría la resolución judicial. *El País* destacaba la actitud de Ignacio Gordillo («en ningún momento ha tenido intención de recurrir») y la de Jesús Cardenal, que el día 30, a la salida de un acto de homenaje a Rafael Martínez Emperador (asesinado por ETA), había dicho: «Si no hemos recurrido, ya no vamos a recurrir.» Tanto Horacio Oliva como Matías Cortés (defensores de Polanco y de Cebrián) afirmaron que el fiscal, de no recurrir, estaría haciendo lo contrario de lo que había dicho pensar sobre el caso.

No podía quedar impune la iniquidad de Ignacio Gordillo. Había actuado de acuerdo con su fiscal jefe y con el fiscal general del Estado, pero daba igual. Como denunciar a un fiscal en el ejercicio de sus funciones es gratuito (como tantas otras iniciativas torticeras y desleales con el ordenamiento jurídico), los abogados de Polanco y Cebrián denunciaron la conducta de Gordillo ante la Fiscalía General del Estado.

La denuncia quedó en nada para el denunciado, pero no para los denunciantes, que vieron gratificada su mala fe por la difusión de su iniciativa.

CEBRIÁN, A LA PALESTRA

El mismo día 30 de junio, Gordillo pidió a Gómez de Liaño que citase a declarar, a la mayor brevedad posible, a Juan Luis Cebrián (consejero delegado de Sogecable), a Jorge Semprún (representante de Canal Plus Francia y ministro de Cultura cuando, en 1989, el Gobierno concedió la licencia de Canal Plus) y al resto de los consejeros que aún no habían declarado. Cebrián fue citado para el 7 de julio, a las 10 horas. Semprún lo fue para el día 21.

Pero ni lo uno ni lo otro. Ya estaba bien con el espectáculo del gran Polanco ante el juez instructor, con sus idas y venidas a la Audiencia Nacional, con sus largos interrogatorios de dos días, con las medidas cautelares que se le aplicaron. Como si fuese un acusado más, un ciudadano más, un miembro más de la sociedad. Ya era hora de que Javier Gómez de Liaño terminase de saber a quiénes estaba tratando como iguales, quiénes eran los señores a los que osaba citar e interrogar como si perteneciesen al común de los ciudadanos.

Ese juececillo que, sin miedo ni esperanza, trataba de establecer la verdad, se iba a enterar. Como dijo Gabriel Albiac, «en esta salvaje tierra nuestra la verdad, más que amarga, es sórdida hasta lo indeseable» [1]. Polanco y los suyos se lo iban a demostrar a Javier Gómez de Liaño.

La ocasión era propicia. El Consejo General del Poder Judicial no terminaba de desjarretar al juez instructor pese al fuego graneado de unos y otros; el fiscal no recurría sus resoluciones, a pesar del celo apostólico exhibido en favor de los querellados por Ortiz Úrculo y por Jesús Cardenal; la sala propinaba «varapalos» al instructor, pero su ritmo de revocación era lento y, sobre todo, Baltasar Garzón mantenía una actitud conocidamente hostil hacia su ex amigo (más bien ex hermano) Javier Gómez de Liaño. Se decidió lo que durante largo tiempo (desde, al menos, el mes de abril) se venía cociendo: la recusación de juez, aunque hubo algunas dudas sobre si el instrumento idóneo era éste o un «querellazo» por prevaricación.

Finalmente prevaleció la recusación. Era más rápida y segura en cuanto al objetivo inmediato: la suspensión provisional del juez y la transmisión simultánea del caso Sogecable a Baltasar Garzón. Éste había sido sistemáticamente denostado y difamado por el bloque mediático de los querellados hasta pocos meses atrás. Por sólo poner algunos ejemplos plásticos, se le llamaba solemne y reiteradamente

---

[1] «Esperando al Padrino», *El Mundo*, 1 de diciembre de 1997.

«prevaricador» en cierto programa nocturno de la Ser mientras se aseguraba, con no menor solemnidad, por parte de uno de los más aventajados espadas del polanco-felipismo, que la justicia española cabalgaba a lomos de hijos de puta (Garzón y Gómez de Liaño). A Garzón se le había acusado de participar en el robo de fondos reservados, de viajar con cargo a éstos, de coaccionar a testigos y acusados, de utilizar la prisión preventiva como instrumento de presión e, incluso, de eyacular precozmente.

Pero ahora era ya un «amigo» y, por tanto, un juez deseable. Y deseado. Encima, enemigo del enemigo común, al que venía motejando de prevaricador desde comienzos de abril. Al tanto de ello, y del entorno amical y tertuliero de Garzón, estaba Jaime García Añoveros, íntimo amigo de Polanco y de Matías Cortés, que había cultivado con éxito la amistad del que esto escribe y la de otras personas de sensible cercanía tanto a Garzón como a Gómez de Liaño.

Todo podía servir para las operaciones que se avecinaban. Hasta los cuchillos cachicuernos y los puñales con gracia. Al fin y a la postre, los intereses patrimoniales debían primar sobre la ética, la decencia y otros principios residuales, singularmente si éstos obstruían la fluidez y la bienandanza de aquellos intereses. A la guerra, como en la guerra. García Añoveros era experto en transiciones, transacciones, cambios de lealtades y cinismo desbordante. Era de los liberales, tan sólitos en Celtiberia, que al menor obstáculo o ante la más mínima incitación prefieren la propiedad a la libertad y el interés a los principios. Servía, por tanto, para la empresa.

Ya había informado a Polanco de quién era quién en el círculo Garzón-Gómez de Liaño y de las opiniones que en ese círculo se formulaban (con la desenvoltura y la relajación propias de una reunión de amigos) sobre Sogecable y sus andanzas forenses. Como algunos habíamos manifestado nuestras dudas sobre la existencia de verdadero fondo delictivo —al menos de apropiación indebida— en el caso, podíamos, al parecer, servir de apoyo a la recusación. Como si nuestra opinión implicase hostilidad o la más mínima animosidad hacia el juez instructor. Como si estuviésemos obligados a optar por el más fuerte en lugar de por la verdad y la justicia. Como si estuviésemos dispuestos a convertir nuestras reuniones y tertulias en filones procesales para felones de tres al cuarto. Sobre todo para los que, con especial sentido de la prevención, anotaban, como García Añoveros, en un diario lo que podía convenir para el futuro. Chismes, confidencias, retazos de conversación amical cazados al vuelo y al vuelo sesgados, fechas, citas. Como la prensa del corazón, pero con el plus de vitola de la traición, la falsedad y la alevosía. El diario de Añoveros era tan fabulatorio como el de Hitler, que ni tan siquiera existió.

COMIENZA LA RECUSACIÓN

La recusación fue presentada el 5 de julio, dos días antes de que Cebrián tuviese que comparecer ante su juez natural. Como aseguraba en grandes titulares un diario aledaño a Prisa, el consejero delegado de ésta y de Sogecable «retira a Gómez de Liaño». Como se «retira de la calle» a una meretriz. Al fin y al cabo, lo habían llevado y traído, desde el comienzo de la investigación, como puta por rastrojo.

Mientras, el Consejo General del Poder Judicial, el Ministerio Fiscal y las asociaciones de jueces y fiscales miraban a otra parte o participaban del fervor de la jauría. Si las actuaciones de Gómez de Liaño en el caso Lasa-Zabala, con el encarcelamiento de los «galindos» y la enconada búsqueda de los papeles de «*mister* X» (hasta en el Congreso de los Diputados), no habían producido entusiasmo, lo de Sogecable era imperdonable. Estar contra el sistema. Violar lo que, por la propia naturaleza del sistema, es inviolable: la majestad de Polanco y de Cebrián.

El día 7 de julio, a las 10 horas, Cebrián llegaba a la Audiencia Nacional. Nada dicen los *media* sobre su cortejo de abogados (si eran doce o más, entre principales y menestrales), pero sí que lo esperaban, con gesto solidario, muy diversos prebostes del grupo, como ocurriera con Polanco. Una hora tardó el juez instructor en comunicar la suspensión de la comparecencia y anunciar que se acordaba la suspensión de todas las demás diligencias previstas. Ese mismo día, Jorge Semprún aseguró en la Ser que su citación era «sorprendente, inverosímil y arbitraria», que no se le había citado como consejero de Prisa sino por haber sido ministro de Felipe González, que se trataba, por tanto, de «una maniobra política clarísima» y que era «una estupidez» y una interpretación «paleta y provinciana» sostener que la concesión de una licencia de televisión privada a Canal Plus se realizó gracias a su influencia. Achacó todos los males de Sogecable al encono de Jaime Campmany: «Este señor me tiene un odio personal desde hace muchísimos años y está perfectamente liado y ligado con el juez Gómez de Liaño.»

Así de comedido y caballeroso se mostró el viejo Federico Sánchez, que quizá supiese, al hablar de lo «liado» que estaba el juez instructor a Campmany, que ese mismo día 7 de julio la excelente fiscal María Dolores Márquez de Prado, hermana de la nuera de Campmany y novia de Javier Gómez de Liaño, era destinada al Tribunal Superior de Justicia de Madrid y, más en concreto, a la Audiencia Provincial. Por tan notorio «parentesco», alguien calificó a Campmany como «suegro político» del juez. Manes de la genealogía y el buen hacer informativo.

UNA HELADA Y LABORIOSA NADERÍA

El escrito de recusación fue, como diría Jorge Luis Borges, «una helada y laboriosa nadería». La enemistad manifiesta de Liaño contra Cebrián era, según el recusante, palmaria. En primer lugar, el padre de Gómez de Liaño (don Mariano) formó parte de un tribunal, dentro del Supremo, que condenó a don Juan Luis, en 1981, por un «delito de opinión»: censurar determinada resolución judicial. La sentencia condenatoria era muy del «régimen» anterior, pero la dictaron, con don Mariano, cuatro magistrados más. Yo fui uno de los que criticaron duramente, en *El País*, esa condena.

Esto es una cosa. Pero otra bien distinta es que don Mariano Gómez de Liaño dictase aquella sentencia por encono u hostilidad contra Cebrián, virtudes que habría transmitido por empatía o inpregnación genética a su hijo Javier. También se evidenciaba aquella «enemistad manifiesta» en las críticas de *El País* contra el instructor y contra su novia, la fiscal María Dolores Márquez de Prado. Es decir, quien critica se queja de la enemistad del criticado, al que, por ello, recusa (ya veremos que el disparate iba a prosperar meses más tarde).

Sólo en septiembre de 1995 respondió el instructor, en una carta abierta a *El País*, a las agrias censuras que le había dirigido el colaborador del diario Ernesto Ekaizer. A la sazón, Gómez de Liaño era vocal del Consejo General del Poder Judicial, concretamente adjunto a la Presidencia, que ostentaba Pascual Sala, buen amigo del recusante. El episodio servía para inventarse una enemistad inexistente o que sólo tenía como sujeto pasivo a Gómez de Liaño.

Si la enemistad alegada era manifiestamente fabulada, lo mismo ocurría con el «interés indirecto en la causa» que se aducía como segundo motivo de la recusación. Gómez de Liaño era amigo de personas enemigas de Cebrián. No sólo de su «suegro político» (Jaime Campmany), que, además de tener con él tan bizarro parentesco, era accionista de la Plataforma Digital de Telefónica (con un 0,1 por ciento del capital nada menos). También era amigo de ciudadanos tan hostiles al recusante como Antonio García-Trevijano o Jesús Cacho. Había comido varias veces en su compañía (sorprendido *in ipsa turpitudinem* en algunos restaurantes) y con todos ellos se había comunicado por fax. Todos los amigos de Liaño que eran, a su vez, enemigos de Cebrián «verían con enorme agrado que Polanco y Cebrián se viesen envueltos en escándalos».

Todo pasaba a Garzón. Resolver la recusación y hacerse cargo del caso Sogecable. Por esto último había suspirado desde que, el 11 de febrero, en los preludios de una cena a la que nos había invitado Luis María Anson a Antonio García-Trevijano, a Baltasar Garzón, a Jesús Neira y al que esto escribe, el entonces director de *ABC* nos leyera un informe económico sobre Sogecable-Canal Plus centrado en la utilización de los depósitos de los abonados. Al parecer, era el famoso informe encargado por un todavía anónimo secretario de Estado, que Jesús Cacho publicaría parcialmente en la revista *Época* de la siguiente semana.

Cuando Anson terminó de leer, se hizo un largo silencio que Garzón rompió para decir, con la densenvoltura «jurídica» que le caracteriza, que aquello era «una apropiación indebida de libro» y que si le correpondiese el conocimiento del asunto su primera disposición sería meter en la cárcel a Polanco y a Cebrián como máximos responsables. Con mayor mesura y calado, García-Trevijano hizo alguna digresión sobre las diferencias entre depósito y fianza y entre depósito regular e irregular, cuestiones que había que aclarar antes o al tiempo de analizar la proyección jurídico-penal del problema. Recuerdo que dije, por mi parte, que sólo después de una investigación en regla podría llegarse a conclusiones ciertas sobre el alcance penal que pudiesen tener las conductas analizadas en el informe. De todas maneras, Garzón insistió en su actitud, incitando (no sé si humorísticamente) a Jesús Neira a ser el primer querellante.

Esa actitud no se mantuvo aislada. Una vez iniciada la investigación en el juzgado de Gómez de Liaño, nuestro singular juez jienense se quejó ante los fiscales Gordillo y Márquez de Prado de las vacilaciones de su amigo Javier asegurando que, de haber sido él el instructor, ya estarían en la cárcel Polanco y Cebrián. Pero no quedó ahí su melancolía por no estar instruyendo él mismo el caso Sogecable. Cercana la Semana Santa, le propuso a Gómez de

Liaño que se diese de baja por enfermedad, pues lo encontraba muy «estresado», y así se encargaría él de recibir declaración a los querellados y, en su caso, acordar las medidas cautelares que fuesen pertinentes.

La propuesta era conocida por Clemente Auger, que la acogió positivamente. El viejo «Clementov» no andaba a buenas con Gómez de Liaño y era, más que amigo, «hermano dioscuro» de Cebrián. Hubiese preferido, muy de veras, otro juez instructor. Sin ir más lejos, Manuel García Castellón, al que había correspondido el conocimiento de una denuncia anterior por hechos relativos a los problemas de Canal Plus en lo del fútbol. En *El País* del 26 de febrero se publicaba la existencia de esa denuncia y se añadía que García Castellón la había pasado al fiscal Ignacio Peláez para que informase sobre la competencia de la Audiencia Nacional en los hechos denunciados. «En el supuesto de que éstos coincidieran [con los denunciados por Jaime Campmany] el asunto debería ser tramitado por García Castellón.» Se dijo que éste había intentado, con base en aquella denuncia, atraer sobre sí la competencia del caso Sogecable.

Persona tan excelentemente informada sobre los entresijos del mundo de la justicia como Lorenzo Contreras (mi viejo «hermano lobo») publicó el 2 de marzo una columna [2] en la que describía ese presunto intento de García Castellón, al parecer instado por Clemente Auger. Aquél le habría dicho a Gómez de Liaño: «Javier, esto puede corresponderme a mí.» Liaño le habría respondido: «Dile a Clemente que me lo pida sin intermediarios, que voy a poner la grabadora.»

Tanto Auger como García Castellón se quejaron del artículo de Lorenzo Contreras al presidente del Consejo del Poder Judicial. La queja tuvo éxito. El pleno del Consejo del día 5 de marzo declaró, por unanimidad, que «son absolutamente falsos los hechos [...] y las conversaciones

[2] «La partida de ajedrez», *ABC*, 2 de marzo de 1997.

entrecomilladas no han existido». Contreras se ratificó en el contenido de su información y se lanzó al contraataque: «Entre el Consejo General del Poder Judicial y quienes han envasado contra mí su destilación, acusándome de falsedad, han demostrado cuál es el destino de las informaciones difíciles. En lo sucesivo tendré cuidado, no con la verdad, pero sí con las comillas. Se lo juro a ustedes desde mi honrosa soledad.» [3] Y añadía que, con motivo de la presentación en el hotel Palace de un libro de Carlos Solchaga (*El final de la era dorada*), Clemente Auger había asegurado que no existían en la Audiencia Nacional cojones suficientes para sublevársele.

COMIENZA EL GARZONEO

Presentada la recusación, tres días más tarde (el 8 de julio) nos reunimos a mediodía en el restaurante El Pazo de Monterrey Garzón, Neira y yo. La conversación fue casi tan fuerte como la jura de Santa Gadea de Burgos, aunque sin cerrojo de hierro, ni ballesta de palo, ni mío Cid, ni rey Alfonso. Sí estaba presente, según después supimos, un Bellido Dolfos (hijo de Dolfos Bellido) dispuesto al «asesinato moral y jurídico», si no de Sancho II el Fuerte, sí de su compañero el juez Gómez de Liaño. «Con cuchillos cachicuernos / no con puñales dorados.» Sacándole el corazón «por el siniestro costado».

Desde los aperitivos, el conflicto estaba servido. Creo que fue Neira quien rompió el fuego diciendo que el escrito de recusación era una mierda sin fundamento serio alguno. La misma actitud tomé yo inicialmente. Garzón dijo que, efectivamente, el escrito era «impresentable», pero que conocía hechos y circunstancias que le otorgaban fundamentos más serios de los que en aquél aparecían. Intervine para afirmar que si no era capaz de liberarse de esos

[3] «Los yangüeses», *ABC*, 6 de marzo de 1997.

prejuicios extraprocesales tenía que abstenerse. No podía ser, a un tiempo, juez y testigo.

Neira insistió en la desestimación, pues entendía que la abstención podría plantear problemas complejos y desagradables. Garzón reiteró que, en principio al menos, no estaba dispuesto ni a la desestimación ni a la abstención y que no entendía nuestra actitud. Cuando le dije que, en apariencia, las recusaciones que contra él formularon, sucesivamente, Barrionuevo, Vera y Corcuera tenían mayor fundamento que la de Cebrián, siendo así que Gómez de Liaño desestimó la de Corcuera sin necesitar más que el informe del fiscal, no supo mantener la calma. Me echó en cara que yo, al parecer, lo había defendido entonces como amigo, no como jurista, sin importarme las razones objetivas por las que aquellas recusaciones eran rechazables.

No tenía razón al decir esto. Insistí en que me había referido a la fundamentación «aparente» de tales recusaciones y en que juristas y periodistas neutrales habían reiterado su opinión de que Garzón estaba contaminado y carecía de imparcialidad objetiva en los asuntos GAL por la frustración de sus ambiciones políticas con González y compañía y su posible reacción de revancha o venganza contra ellos. Todavía no se había introducido en la Ley Orgánica del Poder Judicial la duodécima causa de recusación, consistente, precisamente, en que el juez haya tenido conocimiento, en el cargo público que ostentase, de cuestiones o hechos relativos a materias que más tarde conozca con motivo del desempeño de su función judicial.

Pese a los intentos apaciguadores de Neira y míos, la tormenta era imparable, hasta el punto de que advertí de mi decisión de marcharme si Garzón seguía gritando y diciendo impertinencias. Finalmente le dije que, además de ser testigo, era también parte, pues su conocida y ya furibunda hostilidad hacia Javier Gómez de Liaño lo incapacitaba para ser juez imparcial de la recusación. Ni siquiera persona tan ambiciosa como él podía aspirar a ser, al mismo tiempo, juez, testigo y parte. Terminó callándose, con la cabeza puesta entre las manos, visiblemente agitado y cabreado. Al final, se levantó, intentó pagar su parte del almuerzo (no lo hizo, pues Neira insistió en invitarlo) y se marchó. Después de decir «quizá nos veamos en la Audiencia», a lo que concedí poca importancia en aquel momento.

LA ESTRATEGIA DE LA TENSIÓN

No hablé con él en más ocasiones. Después de sus alardes en la liberación de Ortega Lara (de cuyo secuestro era juez competente Javier Gómez de Liaño), se tomó unos días de permiso y solicitó el informe preceptivo al juez recusado (mas no al fiscal, que tuvo que presentarlo *motu proprio* como si fuese extraño al procedimiento). Gómez del Liaño dijo que no se creía incurso en ninguna de las causas de la recusación. El fiscal Gordillo formuló un informe contundente: no existía razón jurídica alguna que la sustentase, por lo que debería ser inmediatamente desestimada, sin recibir el incidente a prueba, con expresa condena en costas al recusante y multa de 100.000 pesetas (la máxima y tremenda cantidad prevista por la ley) por su temeridad y mala fe.

Garzón no estaba dispuesto a actuar con la celeridad exigible en estas cuestiones. Había expresado su intención de «freírle los huevos a Javier» y así lo hizo. En primer lugar, tomó por ante sí una decisión ilegal: prescindir del fiscal en la tramitación del incidente. El fiscal es, en todo caso, «parte legal» de cualquier recusación, y don Baltasar había tramitado otras contando, en todo caso, con el fiscal. En ésta, en cambio, pues no. En segundo lugar, puso las actuaciones de manifiesto a las partes para que instaran lo que estimasen conveniente. Como intentaran personarse, aprovechando el error procesal, las partes querellantes (que nada tenían que ver con la recusación), les denegó tal posibilidad, aceptando la práctica de las pruebas propuestas por Cebrián, pese a su evidente impertinencia: la sentencia en la que se le condenó, en 1981, formando parte del tribunal don Mariano Gómez de Liaño; el expediente disciplinario incoado por el Consejo al instructor por presunta «falta de respeto a superior jerárquico» en una resolución dictada dentro del sumario; el testimonio de las seis resoluciones de la sala revocatorias de otros tantos acuerdos de Gómez de Liaño; los faxes presuntamente emitidos desde el Juzgado de aquél a determinadas personas, y la declaración testifical de García Añoveros, de Neira y del que esto escribe. Era evidente la intención de humillar, sembrar sospechas y acuchillar a Javier.

Antes de ordenar la práctica de las dos últimas «pruebas» (los faxes y las testificales), rizó el rizo del adefesio procesal instando al recusante a que concretase a qué personas y faxes se refería y con qué finalidad se pedía el testimonio de las personas referidas. (Después, en el auto de abstención, confesó que conocía desde mucho antes, extraprocesalmente, tanto la finalidad de la prueba como el esperado contenido de ésta.) «Aclarados» que fueron, de cualquier forma, tales extremos, parecía que el incidente entraba en su fase terminal.

Pues no. A pesar de que estaban paralizadas unas actuaciones penales especialmente «sensibles», pese a que Cebrián denunciaba en su recusación la prolongación artificial de dichas actuaciones por Liaño para hacerle el mayor daño posible, a pesar de que el juez recusado se encontraba en la picota pública, pese a que el informe del fiscal exigía una rápida resolución, acusando al recusante de utilizar «de forma torcida» la recusación, con la que «lo único que pretende es paralizar el proceso», Garzón decidió irse de vacaciones decretando la vacación, asimismo, de los dos procedimientos: el de Sogecable y la recusación.

Había que dar tiempo al tiempo para que el tribunal tuviese la oportunidad de archivar las diligencias y, desde luego, para que su juez natural pudiese seguir disfrutando de los placeres de la pública inquisición. En el calendario garzoniano el mes de agosto era inhábil. Vacaban, a un tiempo, el juez y la justicia. A la mayor honra y gloria de Polanco y de Cebrián.

TESTIGOS DE CEBRIÁN

Me enteré de que había sido propuesto como testigo por García Añoveros, que me llamó por teléfono, con voz entrecortada y casi sollozante, pidiéndome que almorzase con él al día siguiente. Así lo hicimos en el restaurante Casa Domingo. Aún creía en su amistad y buena fe y le exigí que hiciera lo preciso para que se retirase la petición de la prueba testifical, de la que nada útil se podía obtener, que nos implicaba desvergonzadamente en una patraña y que proyectaba la imagen de que Neira y yo estábamos a favor de Cebrián y en contra de Gómez de Liaño. Me aseguró que era ajeno a la propuesta, que había conocido por Matías Cortés, y que, desde luego, nada había comentado con Polanco o Cebrián sobre las opiniones de sus amigos en torno al caso Sogecable, afirmación que me causó gran extrañeza, pues él era el único amigo que tenía que lo fuese al mismo tiempo de los prebostes querellados. Le reiteré mi punto de vista sobre la increíble actitud de Garzón y mi convicción de que Liaño era un juez decente e imparcial, de lo que tenía pruebas abrumadoras.

Me llamó varias veces desde Sevilla y Punta Umbría, asegurándome que estaba intentando cumplir con lo que me había prometido. Hasta que llegó el día 29 de julio. Nos entrevistamos en el hotel Alcalá, a las siete y media de la tarde. Previamente había quedado en reunirme allí mismo con Jesús Neira, quien, en su afán por que se superasen los problemas entre los dos jueces, y desconociendo el alcance de lo que decía, me propuso, como solución, que Garzón desestimase la recusación y Liaño archivase, a cambio, el caso Sogecable. Creo que esa misión no fue iniciativa de Neira. Le hice ver que aquello era una barbaridad, que podía haber, al menos, dos delitos de prevaricación y que tanto él como yo debíamos permanecer ajenos a una realidad en la que nada teníamos que hacer o decidir y en la que nos intentaban introducir alevosamente.

Añoveros llegó nervioso y tenso diciendo que no había conseguido que se retirase la propuesta de prueba testifical, pues los abogados de Cebrián insistían en ella. Como no podía creer que alguien insistiese en proponer testigos aun a sabiendas de que su testimonio le iba a perjudicar, si era veraz, acusé a Añoveros de estar mintiendo y de ser el máximo responsable de lo que acontecía. Fue entonces cuando me dijo, entre temblores y sollozos, que, en realidad, los abogados le habían dicho que había sido Garzón quien había impuesto, como necesaria para el buen fin de la recusación, la prueba testifical. Como Neira volvía entonces de hablar por teléfono, le exigí a Añoveros que repitiese ante él lo que me había dicho. Lo repitió, si bien añadiendo dos matices: «creía» haberlo entendido así, y lo que Garzón habría manifestado, según los abogados de Cebrián, era que necesitaba la prueba «para otra operación más importante».

Fue mi última conversación con Jaime García Añoveros. Se había comportado como un felón. Cuando Neira, aquella misma noche, le comentó a Garzón lo que Añoveros había dicho, aquél montó en cólera afirmando que Añoveros era el que lo había «urdido» todo. Pocas dudas cabían ya: ambos habían colaborado en la gesta, los dos habían decidido implicarnos en aquella montaña de mierda que, lejos de ser semoviente, se nos echaba encima por el impulso de la pareja. Confiaban en que mi sentido de la amistad haría que no los dejara al descubierto. Apostaron muy fuerte. Creyeron que, después de tantos años de relación amistosa, colaboraría con su infamia para no perjudicarlos. Se jugaban mucho. Más de lo que yo podía imaginar. Pero estaban vendiendo la piel del oso antes de cazarlo. Antes incluso de que existiera.

No les importó la inmoralidad y la impudicia de la empresa. No les importó la certeza de que mi declaración, de producirse, iba a ser, por ajustarse a la realidad, contraria a los intereses del recusante, intereses que eran, al parecer, los mismos que los de mis ex amigos. Así lo había expresado el día 28 en *El Mundo* en un breve y duro comunicado, y así lo repetí aquel mismo día 29 en un comunicado similar en *ABC*.

Cuando parecía evidente que Garzón tenía decidido estimar «su» prueba testifical, escribí el siguiente artículo, que *El Mundo* publicó el día 1 de agosto bajo el título «Juez, testigo y parte»:

>«"Todo hombre tiene el deber de pisotear, cuando llega la ocasión, la cabeza de esa víbora que es la arbitrariedad y la ilegalidad." Así de rotundamente condenaba Ihering, en *La lucha por el derecho,* las embestidas contra la seguridad jurídica, el sentido de lo justo y la utilización corrupta o codiciosa de la ley. Esas embestidas son protagonizadas por ciudadanos poderosos que, al ser acusados de cualquier delito, pretenden que se les distinga y acune con privilegios, excepciones y desigualdades sin cuento. Si el juez no se los concede intentan con todas sus fuerzas la defenestración del osado pesquisidor. Es la actitud tipificada como "síndrome Di Pietro". Los grandes personajes de la política y de los negocios investigados y acusados en los procesos de Tangentópolis siempre se sorprendían de que a ellos también se les aplicase la ley común e imputaban ese desaguisado a una confabulación de los magistrados del Ministerio Público y de los jueces intervinientes. Negar la evidencia, obstruir la justicia y, ante todo, linchar moral e institucionalmente al juez instructor han sido deportes practicados con fervor por muchos querellados exquisitos.
>
>»El derecho de defensa es sagrado en una sociedad democrática. Obviarlo, reducirlo o burlarlo constituye una de las mayores injurias contra la razón jurídica propia de un Estado democrático de derecho. Pero nada tiene que ver con cualquier pretendido derecho a la impunidad o con el inexistente derecho de elegir al juez instructor a través de campañas de descrédito que suelen culminar en la recusación o en la querella por prevaricación, aunque los fundamentos de ambas sean inexistentes, raídos o fabulados. Generalmente, tales iniciativas procesales van precedi-

das de oportunas denuncias contra el juez ante el Consejo General del Poder Judicial, para ver si éste encarrila los ánimos del insolente pretor mediante el bastón disciplinario o, al menos, para que se haga pública la incoación del expediente, lo que ya de por sí suele ser de gran rentabilidad mediática.

»Nada tengo personalmente en contra de los querellados en el caso Sogecable y sigo teniendo alguna duda técnico-jurídica sobre el posible alcance delictivo de las conductas investigadas (sin perjuicio, claro está, de que desconozco el alcance real de las actuaciones). Ninguna duda tengo sobre la necesidad de que se respete, con todas sus exigencias y consecuencias, el derecho a la presunción de inocencia de los acusados. No he puesto en cuestión en ningún momento la utilización por los mismos y por sus abogados de todos los recursos e instrumentos procesales que les otorga —a ellos como a todos los inculpados— el ordenamiento jurídico. Pero no les reconozco derecho alguno a estar por encima o al margen del derecho, a cambiar de juez instructor porque el predeterminado por la ley y por las normas de reparto no les guste, a suponer malicia de transmisión genética o a inventarse testigos que nunca lo han sido.

»No puedo ni debo inmiscuirme en el quehacer institucional de Baltasar Garzón y estoy convencido de que existirán razones bastantes (que ahora mismo ignoro) para explicar algunas actuaciones procesales que están convirtiendo un simple expediente de recusación en un acta de acusación o en un verdadero proceso penal contra el juez recusado, a modo de indefinida causa general... Pero la simple circunstancia de verme implicado, como inexistente testigo, en el incidente de recusación, me obliga a ciertas reflexiones y precisiones.

»En primer lugar, no conozco datos o circunstancias de ninguna especie en relación con los fundamentos (a mi parecer, fantasmáticos) de la recusación.

Nunca he participado de los "comadreos maliciosos y difamatorios" a los que se refiere Shakespeare y, mucho menos, si cabe, cuando se trata del ejercicio de la función jurisdiccional. Me parece un insulto al sentido común y a cualquier mínima racionalidad pretender, proponiéndome como testigo de la recusación, que puedo ser conocedor de hechos o informaciones relativos a Gómez de Liaño que lo descalifiquen como juez instructor o, simplemente, como juez honesto.

»Le constan a la parte recusante las relaciones de amistad y respeto que me vinculan a Gómez de Liaño desde hace tiempo. Durante el mismo, sólo he sido testigo de su integridad e imparcialidad, lo que es absolutamente incompatible con mi conocimiento de cualquier asomo de iniquidad en su actuación, ni en el caso Sogecable ni en cualquier otro. De todo esto sí que puedo dar testimonio. Si es lo que pretende la parte recusante, ha elegido muy bien al testigo. Pero si se me quiere utilizar al servicio de móviles bastardos o de maledicencias de cualquier signo y coturno, auspiciadas por falsarios de tres al cuarto, se han equivocado de persona. Los abogados de Cebrián y él mismo (al que nunca he contado entre mis amigos) deberían ser conscientes a estas alturas de que sus informadores, sean los que fueren, han errado el golpe o presumido extensiones desbordantes del encanallamiento existente. Si son como éste los demás fundamentos de la recusación, apaga y vámonos.

»Son ya muchos los años dedicados a la lucha por el derecho (en la judicatura, en el Parlamento y en la normal convivencia ciudadana) para que ahora se me pretenda utilizar al servicio de "esa víbora que se llama arbitrariedad e ilegalidad". Siento un legítimo orgullo por los amigos y compañeros a los que acompaño en esa lucha por el derecho que es la que realmente puede producir, como decía Leopoldo Alas, "consecuencias revolucionarias", aunque la expresión se utilice, como expresaba el propio Clarín, "en el sentido menos alarmante posible". Por alarmantes que sean esas consecuencias, mucho más alarmante es la justicia que complace al príncipe. Unamuno sintetiza muy bien la realidad celtibérica que esa justicia traduce: "Que nos trae a mal traer la sobra de codicia unida a la falta de ambición."»

El día 11 de agosto lancé otro mensaje más explícito y contundente. Fue en un artículo titulado «La bienaventuranza de la justicia». Decía, al final, lo siguiente:

> «[...] No hay justicia posible sin jueces honestos, capaces e independientes. No hay justicia si el poder y los poderosos pueden alcanzar cotas de impunidad a través de privilegios y excepciones. Si la igualdad ante la ley y el principio de legalidad son expulsados de la realidad judicial por la justicia que complace al príncipe. Si la prepotencia de algunos acusados exquisitos puede conferirles el derecho a la impunidad o el de elegir jueces y tribunales "benévolos" a través de recusaciones fraudulentas o querellas fabulatorias. Ciertos recusantes excelentes no parecen darse cuenta de que su recurso a tales "remedios" desesperados los convierte en más sospechosos, potenciando los indicios de criminalidad que puedan existir contra ellos.
>
> »Y ciertos jueces no parecen ser conscientes del tremendo daño que a la justicia y al crédito ético y jurídico del juez "estratégicamente" recusado inflige la adopción de medidas que traspasan los límites de la recusación hasta convertirla en un proceso inquisitorial contra el buen juez que se atrevió a tratar con igualdad a los que eran mucho más "iguales" que los demás. Ante tan penoso espectáculo algunos deberían recordar las duras palabras del magistrado francés Van Ruymbeke: "Son polvo en los ojos... Mediante tales procedimientos se desacredita la acción de la justicia y se mina la confianza del ciudadano en sus jueces." Ojalá que ese polvo no se extienda a la mente y a la

sangre de los que tienen la obligación de limpiarse el alma de prejuicios para cumplir con la bienaventuranza de la justicia.»

Pasamos Pura Mañas (mi compañera) y yo todo el mes de agosto en Madrid. Estaba muy grave su madre y Joaquín, nuestro hijo, se había marchado a Inglaterra y, después, a Benicasim y a Almería con su hermana Susana y su compañero Carlos Mendoza. Ni trabajamos ni descansamos. Mi suegra murió el día 15. No quisimos molestar a nadie. Estuvimos solos en la cremación de sus restos y en todos los trámites (pertinentes e impertinentes) propios de la ocasión. Después, el día 3 de septiembre, cumplíamos en Santa Fe de Mondújar (su pueblo) y en Almería capital (donde había vivido) su deseo de que las cenizas se depositasen en la cripta familiar (en Santa Fe, casi todos los ciudadanos, incluso los enterrados en el cementerio, eran parientes de mi suegra, Rosario Ortega) y de que se celebrase en su memoria una misa en la parroquia de San Pedro.

Fue una mujer sencilla, honrada, generosa y leal con los suyos. También desventurada. No mereció la muerte que tuvo, temprana y dolorosa. Pura fue su única hija. Quedamos desolados. Siempre recordaré la triste imagen de nuestra hija mayor, Alicia, con la urna que contenía las cenizas de su abuela esperando a que abrieran la cripta. Como recordaré, también de por vida, el tremendo desgarro de Susana (la que más había convivido con su abuela), el dolor de Pura y la perplejidad desorientada de Joaquín.

MI DECLARACIÓN ANTE GARZÓN EL DEMIURGO

Si cuento lo anterior es para enmarcar adecuadamente el cuadro de mi declaración testifical ante el inefable Garzón. Fue el día 2 de septiembre, a las diez de la mañana. El día anterior habían declarado, por este orden, García Añoveros (que llevaba en su cartera las preguntas que le iban a hacer «sus» abogados y Jesús Neira. Todo estaba programado: primero el felón, y último el juez «amigo». A ver si la fortuna era favorable y Neira confirmaba, aunque fuese en parte, las fabulaciones del ex ministro ucedeo de la transición (¡menuda confirmación del encanallamiento atribuido al «consenso transicional» por mi amigo Antonio García-Trevijano!). No fue así. Garzón se sintió tan apenado por la declaración de Neira que le manifestó su desencanto y su frustración. Le había hundido recusación tan aguerrida. Como le dijo García Lorca a Soledad Montoya: «¡Qué pena tan lastimosa!»

Llegué al día siguiente a la Audiencia Nacional con Javier Gómez de Liaño. Desayunamos juntos en Riofrío y juntos entramos en el edificio, a cuya puerta había varios periodistas y fotógrafos. Quería yo demostrar así que mi amistad con Javier no había sido empañada, sino robustecida, por el caso Sogecable, por la recusación o por las asechanzas garzonesco-añoverianas.

En el pasillo aledaño al despacho de Garzón esperaban tres abogados de Cebrián (Horacio Oliva, González Cuéllar y Matías Cortés), que se precipitaron muy oficiosos a saludarme. Les negué el saludo (eran más que abogados, o menos, según se mire) y, como en principio no reconocí al procurador Argimiro Vázquez Guillén, viejo amigo, también rechacé inicialmente el saludo de éste, lo que, al advertir mi error, rectifiqué de inmediato.

Huelga describir con detalle aquel acto estúpido y demencial. Todas las preguntas estaban equivocadas, o confundían unas reuniones con otras, o versaban sobre encuentros o citas inexistentes, o pretendían hurgar toscamente en mi vida privada (que, por lo demás, nunca me he visto obligado ni a ocultar ni a exhibir). Eran, en todo caso, preguntas del día anterior, extraídas de las fabulaciones de Jaime García y de algún extremo de la declaración de Neira. De todas formas, ante la torpeza de los respectivos pliegos de preguntas, Garzón —con su proverbial contundencia— dijo que los abogados eran unos «soplapollas» (calificación de estilo garzonita que, después, en un «anónimo», se atribuyó a los magistrados de la Sala II del Tribunal Supremo).

Sí debo destacar la gran violencia con que se desarrolló el episodio, con un Garzón ceniciento y descentrado que, sorprendentemente, en una erupción de testiculina, se negó a que constase en acta mi protesta por la ausencia del fiscal, pues, según me dijo, nada tenía que hacer allí. Le contesté que debía conocer su condición de parte legal en el incidente. Me preguntó por la finalidad de su asistencia. Le dije que velar por la pureza del procedimiento y amparar los derechos de los intervinientes, entre ellos los míos. Contestó que para eso estaba él allí (¿para amparar los derechos de quiénes?). Ni pudor ni justicia. Se veía venir el adefesio.

EL GARZONAZO

Y el adefesio vino al día siguiente. Después de dos meses de tramitación, la pirueta tragicómica de la abstención. Ni estimación ni desestimación. Algo distinto. Más grave, por lo que suponía de carga de profundidad —y de iniquidad— contra el juez recusado, el juez que esto escribe y otros amigos comunes de ambos, ex amigos a la vez del que perpetraba la abstención. El auto no tenía desperdicio. No existía causa para abstenerse, pero Garzón se abstenía porque, una vez iniciado el proceso, «conoció extraprocesalmente» datos relacionados con el devenir de aquél a través de informaciones y comentarios de dos de los testigos del incidente (Neira y yo) «y algunas otras personas» (que nunca llegó a citar) sobre encuentros, charlas y reuniones «en los que se habrían tratado aspectos relacionados con el fondo de las querellas, la forma de apoyar la acción inicial a través de otras acciones, la necesidad de que el procedimiento deba pervivir el mayor tiempo posible en una labor prospectiva, aun cuando no existiese base para ello y la conveniencia de tomar medidas de prisión respecto de alguno de los querellados».

Tales datos, decía Garzón, no habían aparecido «hasta este preciso momento en las actuaciones», por lo que no se había dictado antes «la resolución que ahora se dicta», exigida por «la ética profesional y la buena fe procesal».

¿No por los intereses de gente tan poderosa como Polanco y Cebrián? ¿Tampoco por la necesidad de alancear y linchar al enemigo Gómez de Liaño? Lo que se vulneraba era, precisamente, la buena fe. Incluso la estética, pues la resolución, de estilo espeso y municipal, parecía redactada por un rábula de la peor especie. Fallaban la ética y la estética pero es muy posible que no la aritmética. ¿O es que el juez andaba chantajeado por la «política videográfica» que estaba a punto de ser explosionada por los mariachis del GAL? Una vergüenza.

Todos los «datos» existían meses antes de la recusación, conocidos directamente por Garzón (como le dije el 8 de julio) o por informes sistemáticamente fabulados o sesgados de García Añoveros («el enano infiltrado y soplón», como lo definió Pablo Sebastián), Antonio Navalón y otros. Lo que de verdad había ocurrido es que Garzón tenía la esperanza, cuando se hizo cargo, ilegítimamente, de la recusación y de Sogecable, de que las «pruebas cebrianescas» le permitiesen la estimación de aquéllas. Pero todas le fallaron. Por eso su aflicción ante la declaración de Neira. Por eso su reacción desesperada y testicular después de mi testimonio.

Con su fino y profundo sentido del humor y de la realidad, Pablo Sebastián había bautizado esta empresa garzoniana como «operación bogavante». La «operación nécora» fue un fiasco procesal de Garzón, una exhibición de incompetencia y megalomanía. Luis María Anson había calificado su pirueta político-judicial de inmersión en el felipismo como «operación centollo», un fiasco político del eximio jurista y demiurgo. Ahora, la «operación bogavante», con las pinzas bien afiladas y el cuchillo cachicuerno temblándole en la liga. Antonio García-Trevijano, descubridor de la «garzonitis» como mezcolanza de maldad, cinismo, tosquedad mental, exhibicionismo e impotencia, siempre había desconfiado de Garzón. Sea como fuere el engendro estaba preparado.

El día 3 de septiembre era un buen día para dictarlo. Sabía don Baltasar que yo estaba en Almería, prácticamente aislado por las razones familiares antes descritas, y sabía, por tanto, que mi reacción ante ese brutal ataque contra la verdad, la decencia y la justicia no podía ser inmediata o, en su caso, que podría no haberla, dada la depresión personal que me agobiaba. Aunque tenía decidido querellarme contra Garzón y García Añoveros, actitud que compartía Antonio García-Trevijano, pensé después, de acuerdo con éste, que mejor era, por lo pronto, escribir una dura requisitoria contra la resolución perpetrada. Que fuese Garzón, si se atrevía a la investigación de la verdad (*exceptio veritatis* en los delitos de calumnia), el querellante. Yo sabía que él era escasamente accesible al honor, pero había que salir urgentemente al paso de la patraña, fuesen cuales fuesen las consecuencias. Así, nada más llegar a Madrid escribí el artículo «Cainismo y prevaricación: el garzonazo», que se publicó el 9 de septiembre en *El Mundo*:

> «Es una resolución cainita, mendaz, cínica y prevaricadora. En lugar de una quijada de burro, el arma fratricida ha sido un incidente procesal de recusación que nunca debió conocer Baltasar Garzón. Dos circunstancias le impedían ser juez imparcial: era, desde hace meses, conocedor de "informaciones" extraprocesales sobre el caso, que lo contaminaban profundamente, convirtiéndolo en testigo (realidad que reconoce en el auto de abstención, aunque mintiendo en cuanto a sus fuentes) y, sobre todo, su enemistad hacia Javier Gómez de Liaño era manifiesta y hasta feroz. La antigua amistad se había convertido, después de un proceso crudo y amargo, en odio y rencor.
>
> »Cuando se planteó la recusación, en un escrito ayuno de fundamentos fácticos y jurídicos, frontalmente rechazable —como entendió el fiscal— por su orfandad argumental y su poderoso regusto de mala fe y fraude de ley, Garzón se quejó ante sus todavía amigos (yo, entre ellos) de "lo que le había caído encima".

Si se limitaba, como debía, al contenido del escrito, sólo tenía que desestimarlo sin más. Si no conseguía limpiarse de prejuicios, si "conocía" extraprocesalmente hechos y circunstancias, dimes y diretes, chismes e invenciones que le impidiesen atenerse estrictamente a los términos de la recusación planteada, o si él mismo había emitido opiniones descalificadoras de la instrucción que llevaba a cabo Gómez de Liaño y de su probidad e integridad, tenía que abstenerse. No podía ser juez imparcial quien era testigo. Pero aún quedaba lo más grave: su íntima enemistad con el juez instructor lo descalificaba, desde el principio, como juez de la recusación. Todo esto se lo dijimos Neira y yo a las pocas horas de presentada la recusación. Nadie podía actuar, al mismo tiempo, como "juez, testigo y parte". Así se lo transmití, con mejor o peor fortuna, en una colaboración, que llevaba ese título, publicada el día 1 de agosto en este mismo diario.

»Pero las cosas siguieron el peor rumbo posible. Se hizo cargo del incidente, prolongó innecesariamente su tramitación ("le voy a freír los huevos a Javier"), impidió la comparecencia como parte legal del Ministerio Fiscal (cuyo informe contra la recusación fue demoledor), acordó la práctica de pruebas impertinentes y ridículas (después de solicitar la "aclaración" de dos de ellas —faxes inexistentes y testigos que no lo eran—), suspendió el procedimiento hasta primeros de septiembre (dejando también en suspenso la investigación del caso Sogecable) y convirtió, en definitiva, una recusación fraudulenta en una causa general o un acta de acusación contra su enemigo Javier Gómez de Liaño.

»El odio es siempre mal consejero. Sobre todo, cuando es producto de una vanidad patológica que se considera herida. Y, singularmente, cuando esa vanidad y ese odio se proyectan en el campo judicial. Sólo así es posible explicar la reacción garzoniana. Puede sintetizarse de este modo. Después de practicar las "pruebas", agotado hasta la exasperación el zumo del procedimiento, la recusación no se tiene en pie. Se impone su desestimación. Pero no puede ser. Se oponen razones extraprocesales y antijurídicas: el "conocimiento" que el juez tenía, antes de la recusación, de hechos o realidades que le impiden ("en conciencia") la desestimación y esa enemistad corrosiva que nubla su entendimiento y hace imposible la imparcialidad y la justicia.

»¿Cómo no desestimar y no estimar tampoco? Inventándose que las informaciones extraprocesales proceden de los dos únicos testigos imparciales (el que esto escribe y Neira), que han sido llamados al procedimiento por el recusante y los letrados de éste, con la colaboración impagable de Jaime García Añoveros, aun a sabiendas de que su testimonio iba a ser adverso, por la simple razón de ser objetivo y veraz. El referido don Jaime (al que mucho he querido y respetado) había ya pactado con sus "señores" atribuir a tales testigos inventados el origen de toda su sapiencia sobre el caso Sogecable. Falsedad y doblez a un tiempo.

»El episodio ha sido escandaloso o, como diría el Marlowe de Chandler, bastardamente bastardo. Si dos testigos sin interés alguno en la causa desmienten categóricamente a un tercero —que tiene fuertes intereses profesionales y patrimoniales en las sociedades de Polanco y Cebrián, que es íntimo amigo de ambos y que se ha movido en el caso Sogecable, desde su nacimiento, con el fervor y la pasión del Nathanael de Gide—, hay que otorgar credibilidad a este último. Como ello no se tiene en pie, hay que fabular: aquellos dos testigos desinteresados e imparciales, amigos tanto de Garzón como de Gómez de Liaño, han mentido.

»El juez del incidente, antes de que éste existiese, tenía por ellos "y por otros" conocimiento de la trama y de la undimbre de una conspiración criminal contra Prisa y Sogecable. Urdida, entre otros, por Javier Gómez de Liaño, Antonio García-Trevijano, Jaime Campmany, Jesús Cacho, Ignacio Gordillo, María Dolores Márquez de Prado, etc. No dice por qué, si esto era cierto, no lo puso en conocimiento del Ministerio Fiscal o de la autoridad judicial competente, cumpliendo con su deber como ciudadano y como juez; por qué no exigió a sus ex amigos que denunciasen los hechos; y por qué, pese a todo, no se abstuvo, desde el principio, desde el comienzo de la recusación. ¿Se hubiese también abstenido si las "pruebas" hubiesen respaldado la recusación?

»Cuando le es imposible estimarla, hace algo muchísimo más grave contra el derecho, la justicia y la decencia: su auto de abstención acusa frontalmente de prevaricación y conspiración a Javier Gómez de Liaño; nos acusa a Neira y a mí de falso testimonio y de encubrimiento y complicidad en la conspiración; y acusa a las personas citadas, todas ellas de singular relieve profesional, intelectual y ético, excelentes amigos de Jesús Neira, míos y, hasta fechas muy recientes, del propio Garzón, de ser unos viles conspiradores. Reconoce paladinamente que su acusación no tiene fundamentos, pero la hace, convirtiendo una resolución judicial en una declaración testifical del juez actuante en la que, sin contradicción alguna ni posible recurso, denuncia a dos jueces, dos fiscales, dos periodistas, un abogado ex notario y un profesor universitario por la comisión de gravísimos delitos. Junto a la prevaricación, la calumnia y la mentira. Junto al feroz linchamiento del juez instructor —un magistrado intachable—, la difamación fecal de sus amigos. ¿Qué sostiene o espera Garzón?

»No cabe otra calificación. Es una resolución cainita, mendaz, cínica y prevaricadora. Ojalá sólo haya sido —sin que ello rebaje un ápice su extraordinaria gravedad— producto de un trastorno ético y mental transitorio; un arrebato causado por una intensa celotipia o una obcecación pasajera. Y que Garzón vuelva a ser el gran juez que ha sido. Allá él con su conciencia. Allá con su conciencia Jaime García Añoveros. Ha servido muy bien a sus señores y a sus intereses, a costa de la verdad y la decencia. Supongo que serán compensadas tantas y tan bellacas hazañas perpetradas entre protestas de veracidad y temblores de justicia. Enhorabuena. Como decía Ihering, "todo hombre tiene el deber de pisotear, cuando llega la ocasión, la cabeza de esa víbora que es la arbitrariedad y la ilegalidad". Cumplo aquí con ese deber, sin que la tristeza que me invade elimine mi indignación y mi repugnancia ante esta farsa en la que la falsedad, la maldad, la calumnia y la prevaricación se disputan un difícil protagonismo.»

AUGER Y LOS SUYOS BENDICEN EL GARZONAZO

Al día siguiente, 10 de septiembre, ocurrieron dos hechos que ratificaron la existencia de ese difícil protagonismo. Se reunió la Sala de Gobierno de la Audiencia Nacional para debatir y resolver si aceptaba o rechazaba la abstención de Garzón. Días antes, a bombo y platillo, se había informado de que el presidente Auger no asistiría a la reunión. Algunos pudieron entender que era razonable, dada su muy estrecha amistad con Cebrián y con Polanco y su decidida animosidad contra Javier Gómez de Liaño. No en vano era Clemente Auger editorialista de *El País* y hermano del alma de Javier Pradera. Pero en Celtiberia lo razonable no tiene mucho que ver con el gobierno de la justicia. Don Clemente presidió la sala. Sabía por qué no debía y por qué tenía que hacerlo. De los siete asistentes, tres votaron a favor de que se rechazase la abstención garzoniana, pidiendo incluso la incoación de un expediente disciplinario por falta grave, dada la ilegalidad cometida por Garzón, pero cuatro votaron defendiéndola, entre ellos, cómo no, el viejo «Clementov».

Los argumentos eran conmovedores por su absoluta falta de juridicidad, por su invención de la analogía para ampliar el elenco de causas legales de abstención-recusación, por el respaldo que daban a una pirueta procesal ayuna de cualquier racionalidad y merecedora de investigación penal. Por haber, hubo hasta un «voto particular concurrente» de Siro García, presidente de la Sala Penal de la Audiencia Nacional y hermano dioscuro de Auger y de Garzón. A Siro le parecían poco condundentes los fundamentos del acuerdo de la mayoría, así que afiló la pluma y la conciencia para situarse y situarnos en los albores del Universo: los hechos habían producido en Garzón un «estallido de la conciencia» (un *big bang*) al observar cómo su conocimiento extraprocesal sobrevenido era desmentido por lo que las pruebas proyectaban y, en especial, por lo que dos de los testigos decían. Ni Jung llegaría a tanto. Desde luego, en nigún caso Adler. Como diría Sócrates, el «demonio» garzoniano le había sido revelado, por vía de la mayéutica, a don Siro García.

El segundo hecho, de infinito menor calado, era por demás previsible: la Comisión Permanente del Consejo, nada más leer mi artículo (lo leyó con gran diligencia), decidió remitirlo al fiscal general del Estado. El texto que me llegó, a través de una joven agente del Consejo que se personó en mi despacho oficial, fue el siguiente (tal cual):

> «La Comisión Permanente del Consejo General del Poder Judicial, en su reunión del día 10 de septiembre de 1997, adoptó el acuerdo que a continuación se transcribe:
>
> »A la vista del artículo publicado en el diario *El Mundo* el 9 de septiembre de 1997, con el título "Cainismo y prevaricación", bajo la firma "Joaquín Navarro Estevan es magistrado de la Audiencia Provincial de Madrid", dada la transcendencia que revisten tanto la publicación del citado artículo como los hechos en él relatados, procede remitirlo al fiscal general del Estado por si los hechos contenidos en el mismo pudieran ser constitutivos de infracción penal, sin que

proceda, por ahora, iniciar actuaciones disciplinarias por este Consejo.»

El fiscal general devolvió el artículo al Consejo por entender (como el Consejo ya sabía) que no existía la más leve sombra de delito perseguible de oficio, teniendo a su disposición las personas que se sintiesen afectadas en su honor las correspondientes acciones penales o civiles. Dado que el acuerdo apuntaba derechamente a que yo había invocado mi condición de magistrado a la hora de publicar el artículo, el periódico hizo constar (lo que también sabía el Consejo) que la colaboración sólo llevaba por firma mi nombre y apellidos y que era la Redacción la que, como en todos los casos, destacaba al pie de la colaboración la condición más conocida del autor.

Ninguna noticia oficial tuve sobre la decisión del fiscal general o sobre la reacción del Consejo ante ésta. Como nada recibí, pensé que el Consejo se aquietó ante la resolución del fiscal general, que conocí por los medios de comunicación. Es el procedimiento habitual del Consejo. Pero el hábito cojuelesco de este organismo no tiene límites: el anuncio de apertura de diligencias por dos artículos de prensa y dos entrevistas radiofónicas me llegó más tarde, en enero del 98, de una forma desfalleciente, como si surgiera de las tinieblas. A este episodio le dedicaré más adelante una reflexión aparte, porque la merece.

Pero ¿qué hace el juez afectado si considera, como es el caso, que se ha producido una ilegítima intromisión en su libertad de expresión, con la más que posible intención de amedrentarlo advirtiéndole de las consecuencias de expresarse como un ciudadano libre? ¿En qué responsabilidad incurren los miembros del órgano conciliar de que se trate? ¿Acaso son irresponsables o inmunes? Parece que sí.

Según el Tribunal Constitucional, el Consejo y sus vocales «no son poder judicial», pero a muchos vocales les encanta comportarse como «jefes» de ese poder y como superiores jerárquicos de jueces y tribunales. Así, los llamados a defender la independencia del poder judicial se comportan como enemigos de esa independencia. O como cerrojos de la dependencia. Conmovedor.

FIN DE LA RECUSACIÓN

La gesta de don Baltasar y sus secuelas no deben ocultar la suerte que siguió la más larga y extraordinaria recusación que en el mundo ha sido. Después de que la Sala de Gobierno de la Audiencia Nacional bendijera la abstención garzoniana, en una resolución digna de ella, el incidente pasaba a Manuel García Castellón. Éste no podía resolverlo porque había interpuesto una querella, por presunta calumnia, contra Jesús Cacho. Jesús, que, sin ánimo alguno de ofender la honorabilidad de nadie, se hizo eco en *El Mundo* de una información según la cual el instructor del caso Banesto, cuando era juez en Valladolid e intervino como tal en la investigación de la violación y asesinato de Olga Sangrador, había interrogado al presunto autor de los hechos acompañado de un guardia civil que apoyaba una pistola en la sien del detenido. Según esa información, no confirmada, García Castellón, una vez obtenida la confesión del detenido, salió de su despacho haciendo la señal de la victoria.

Tenía que abstenerse. No lo hizo con especial celeridad, pero en los días en que tuvo el asunto en su poder acertó a rectificar la consciente pifia procesal de Garzón de tramitar la recusación de Liaño a espaldas del Ministerio Fiscal. Pidió el preceptivo informe a Fungairiño, quien, por vez primera, tuvo noticia oficial del incidente y conoció las pruebas practicadas, cuyo resultado era descorazonador para el recusante. Fungairiño confirmó punto por punto el informe anterior de Gordillo (que lo había aportado sin que el instructor se lo pidiese) y fulminó con la mayor dureza la mala fe y la temeridad de Cebrián, solicitando la inmediata desestimación de la recusación.

Recibido el informe, se abstuvo García Castellón y el incidente pasó al tercer juez, Ismael Moreno. Este «tercer hombre» había sido inspector de policía antes que juez. Su preparadora para el examen de ingreso en la carrera judicial fue María Dolores Márquez de Prado, que le ayudó cuanto pudo no sólo a superar la oposición sino también a que la denuncia que pesaba sobre él por presuntas graves torturas a un detenido fuese archivada en 1989, después de siete años de tramitación. Era también amigo de José Manuel Díaz Arias (titular de un bufete jurídico-fiscal con sede en la plaza de las Cortes), a través de quien había adquirido, junto con algunos otros jueces y políticos, un apartamento en la urbanización de Miami «Four Ambassadors». Díaz Arias tenía estrecha vinculación, por vía de asesoramiento, con Rafael Vera, y su *Gaceta Fiscal* contaba con múltiples colaboraciones de magistrados de la Audiencia Nacional, entre ellas la de su ex presidente y juez ahora del Tribunal Constitucional Rafael Mendizábal, que llegó a dirigir la revista.

Era Ismael Moreno un juez poco conocido, de muy escasa notoriedad y nada propenso a las bambalinas. Tenía, como sus compañeros Bueren, Divar y Moreiras, la cruz del Mérito Policial, que también se le concedió a Clemente Auger a finales de noviembre de 1997 (nunca entenderé esta promiscuidad compadrera entre quienes tienen que controlar habitualmente las actuaciones policiales y los propios policías). La necesidad de resolver la recusación no le apetecía nada. Absolutamente nada. Tenía fundamentos bastantes para temer los furores inquisitoriales del polanquismo y no le petaba en forma alguna desagradar a Clemente Auger, a Siro García y a Carlos Divar.

Demoró la resolución del incidente cuanto pudo. Primero consultó al instructor de nuestra «causa especial» si debería aguardar a que ésta finalizase. Cuando Joaquín Delgado le respondió negativamente, le pidió, a instancias de Cebrián, que le remitiese la declaración de Garzón en dicha causa (sólo la de Garzón, sorprendentemente). Aunque no pudo admitir la práctica de más pruebas en el incidente (solicitadas insaciablemente por los abogados de Cebrián para evitar, cómo no, la indefensión a que se veía sometido su cliente), reiteró, una vez más a instancias de éste, la petición del testimonio de Garzón.

Ismael Moreno pudo contar con el citado testimonio de Garzón, si bien de forma extraprocesal, para finalmente perpetrar —el 24 de octubre— una de las resoluciones judiciales más sórdidas de nuestra historia. En su inicio, el auto de Moreno pareció apuntar lógicamente a la desestimación de la recusación cebrianesca. No se había acreditado la existencia de las dos causas en que se fundaba aquélla: la «enemistad manifiesta» de Liaño a Cebrián y el «interés indirecto» de aquél en el caso. El hecho de que don Mariano Gómez de Liaño (padre de Javier) hubiera intervenido como magistrado en la condena de Cebrián por el Tribunal Supremo hacía diecisiete años no era motivo para estimar la enemistad manifiesta que se invocaba por el recusante. No se había probado ninguna razón en que pudiese fundarse esa enemistad. Que Cebrián no podía ver ni en pintura a «su» juez era evidente (pero esto es muy común en todo acusado), como demostrada estaba la aversión del recusante a ser investigado, él nada menos, por la justicia. Mas no se trataba de la enemistad de Cebrián hacia Liaño, sino de la presuntamente profesada por éste hacia Cebrián. Y eso no se había acreditado.

Tampoco se había probado el «interés indirecto» de Liaño en el caso Sogecable, que, según el recusante, derivaba de la amistad del juez con las partes acusadoras o algunas de ellas. De las pruebas practicadas no se desprende la existencia de esa causa de recusación. En particular, la prueba testifical «no aporta elementos de juicio categóricos y homogéneos» sobre la existencia de una confabulación de Gómez de Liaño y otros para mantener vivo el caso Sogecable.

Por consiguiente —razonaba Moreno—, «no ha llegado a probarse de modo inequívoco la existencia de enemistad manifiesta ni tampoco de interés indirecto». Cualquiera que leyese hasta este punto la resolución pensaría razonablemente así: si el fundamento de la recusación es sólo ése y no se ha acreditado su existencia, es preciso desestimarla. Ni enemistad manifiesta ni interés indirecto, luego no cabe admitir la recusación. Además, podía recordarse que Ismael Moreno tuvo que resolver la recusación formulada, año y medio antes, por Juan de Justo contra Javier Gómez de Liaño para que éste no decidiese la recusación de Juan de Justo contra Baltasar Garzón. El recusante aducía la amistad íntima existente entre Gómez de Liaño y Garzón. Con buen acuerdo, Ismael Moreno entendió que la amistad entre ambos jueces no figuraba entre las causas legales de recusación, que en todo caso tenían que interpretarse de forma restrictiva. Se esperaba, por consiguiente, que Moreno fuese fiel a sí mismo y al derecho.

Cuenta García-Trevijano[4], citando a Plutarco, cómo duraba en los pueblos asiáticos la tiranía de un solo hombre porque no sabían pronunciar la palabra «no». La racionalidad y la lógica no podían prosperar. Decir «no» a gente tan poderosa exige un coraje civil y unos impulsos éticos que no son frecuentes entre nosotros. Dice Flores d'Arcais que «el hombre es el animal capaz de decir no», ese «no» creador con el que inventa incesantemente su propia naturaleza. Añade la necesidad del hombre de decidir ante un dilema: «A un lado la decisión por los derechos civiles, el riesgo de la opción, la legalidad; al otro, la seguridad de la obediencia, el *ethos* de las raíces, la verdad del grupo.» O de la tribu.

Ismael Moreno había optado ya por la servidumbre voluntaria y por la obediencia. No existía ninguna de las causas de recusación alegadas por Cebrián ni cualquier otra de las previstas en la ley. Pero el juez argumentó al margen de ésta y su primer razonamiento lo siguiente: el periódico que Cebrián dirigía (*El País*) había publicado editoriales muy críticos contra Gómez de Liaño, que éste había replicado. De esto no podía desprenderse la existencia de enemistad manifiesta, pero sí la inexistencia de «recíproco agrado» (es decir, el juez y el recusante deben agradarse recíprocamente o, en palabras de la inefable Carmen Ro-

[4] *El discurso de la República*, Temas de Hoy, Madrid, 1994, pág. 180.

mero de González, «satisfacerse mutuamente»). Nada mejor para un acusado que montar una campaña difamatoria contra el juez si éste no le gusta. Lo recusable no es la campaña; es el juez.

El segundo razonamiento es que Gómez de Liaño había dictado repetidas resoluciones que, recurridas por Cebrián, habían sido reiteradamente revocadas por la sala, utilizando expresiones contra el instructor como «falta de fundamento legal y material», «arbitrariedad de la medida adoptada», «irrazonable», etc. Muchos jueces se estremecerán ante la doctrina morenista. Si una sala estima varios recusos revocando las resoluciones del juez de que se trate, éste es recusable. Dos pasiones —la recusante y la revocante— son premiadas con la eliminación del juez natural.

El tercer razonamiento lo podía firmar el mismísimo Salomón: «No cabe afirmar ni tampoco negar la existencia de cualquier tipo de comunicación, comida o reunión entre Gómez de Liaño y otras personas con objeto de perfilar determinadas líneas de actuación.» En la duda, el juez es culpable. No se ha probado en forma alguna su falta de imparcialidad, pero la duda corroe a Moreno. Todo juez es parcial y prevaricador mientras no demuestre que no lo es. Una presunción universal de ignominia y trapisonda acompaña a todo juez que no sepa demostrar que es objetivo, sereno e imparcial. Siempre puede haber andado en cabildeos y conjuras. No es el recusante quien tiene que demostrar que existen. Es el recusado el que debe acreditar su inexistencia. Una exhibición de epifanía jurídica.

El cuarto y último razonamiento es conmovedoramente fáustico: el Tribunal Supremo había tramitado una causa en la que Liaño anduvo implicado por supuestas conductas delictivas con motivo del caso Sogecable. Que la causa fuese archivada tras comprobar el instructor y el fiscal lo que desde antes de iniciarse ya se sabía, es decir, que no había ni el más leve indicio, ni la más ligera sombra de conspiración contra Polanco o Cebrián ni de actitud ilegal de cualquier tipo del instructor, no le importaba a Moreno. Éste coronaba sus razonamientos asegurando solemnemente que todo lo dicho y lo hecho contra su compañero Javier no ponía en cuestión «en modo alguno, la moralidad, prestigio, probidad o aptitud» del recusado. El puñal con gracia. O sacar miel de las malas hierbas.

MORENO SE ALFOMBRA ANTE LOS INTOCABLES

La resolución concluía magistralmente: «Es imprescindible que el juzgador ofrezca garantías suficientes para excluir cualquier duda legítima sobre la imparcialidad de su actuación», pero las circunstancias expuestas «llevan a la conclusión de que se halla justificada la sospecha de parcialidad por el recusante, pues la ley no excluye al juez porque sea parcial sino porque pueda temerse que lo sea».

Con esta resolución en la mano, cualquier acusado poderoso puede rechazar a los jueces que no le agraden y elegir, a través de recusaciones sin cuento, a su juez favorito. Que se abstengan de este proceder los acusados del montón. Ellos sufrirían con toda inclemencia las consecuencias de su temeridad, mala fe y deslealtad procesal. Con ellos no vale la justicia exquisita y reverente que complace al príncipe. Para ellos, esa justicia se torna represiva, agria e implacable.

La resolución de Moreno, alabada hasta el paroxismo por el imperio mediático del polanco-felipismo, no clausuró, sin embargo, el rencor y el afán de venganza contra Javier Gómez de Liaño. Inmediatamente se interpusieron contra él varias querellas por presunta prevaricación (una de Polanco, otra del «independiente» Javier Pérez Royo, otra de los «galindos») y varias recusaciones en el caso Lasa-Zabala que no tuvieron la fortuna de llegar a manos de Garzón o de Ismael Moreno. Todas ellas se fundaban en la alta filosofía jurídica elaborada por ambos, el uno del otro en pos. Como en el pasaje cervantino, «no rebuznaron en balde / ni el uno ni el otro alcalde».

Decía Gabriel Albiac, en una de esas columnas suyas afiladas como un bisturí en manos de un poeta («chorro que a las estrellas casi alcanza», del bellísimo soneto de Gerardo Diego al ciprés de Silos), que «cuando un poderoso iletrado se compra un sillón de la Academia es que ha perdido el último sentido del ridículo»[5]. Gabriel añade lo que es «norma del *uomo d'onore*: todo, absolutamente todo, puede ser comprado». O alquilado. O regalado.

Sin embargo, algo debo reprocharle a Gabriel: ¿cómo califica de iletrado al inmortal autor de *La rusa*, novela que causó tal conmoción en la patria de Tolstoi, Dostoyevski o Chejov que ingentes muchedumbres de rusos abjuraron de tan ínclitos maestros para adorar a Cebrián? Además, él no tuvo culpa alguna de su ascensión a la Academia de la Lengua. Para compensar el proyecto de hacer inmortal a Luis María Anson, algunos académicos eficientes hablaron con Polanco para que les diese un nombre adecuado de entre los colaboradores de *El País*. Polanco dijo inmediatamente: Juan Luis Cebrián. Como los académicos sugiriesen la conveniencia de otros nombres, Polanco puso pies en pared: «Cebrián, por cojones.» Y se hizo la luz.

Este y otros acontecimientos de nuestra penúltima realidad judicial me llevaron a las siguientes reflexiones, publicadas bajo el título «Panorama desde el puente»:

> « [...] No es sólo González el que, para huir de la justicia, arremete contra ella y pone al país patas arriba. Ha creado escuela. Que se lo digan si no a Polanco y a Cebrián. Que le pregunten a Javier Gómez de Liaño cuáles son las consecuencias de actuar como si tan elevados personajes fuesen iguales al común de los ciudadanos. Querellas y más querellas, difamación tras difamación, expedientes sin término, cacerías salvajes y ensañamiento sin límites. "Abridas todas las venas / y rompidas las entrañas", su recusación cebrianesca se ha prolongado durante cerca de cuatro meses. Debe

[5] «Señor Polanco, señor Cebrián», *El Mundo*, 24 de noviembre de 1997.

estar ya en el *Guinness de los récords.* Dos meses necesitó Garzón para "freírle los huevos" al recusado y abstenerse después en una orgía de mendacidad y filibusterismo judicial. Después de más de un mes sin que Ismael Moreno —a la sombra bienhechora de Auger y de Siro García— acertara a saber qué hacer con empresa tan ardua como la búsqueda de la fuente de la eterna juventud (que don Antonio Machado ubicaba en "la soñada Florida", donde el juez Moreno suspira por una convivencia lujuriosa con la gusanera), una resolución inicua e infame que ha pasado por derecho propio a la peor historia de la prevaricación celtibérica. Con el permiso de González, y sin desmerecerlo, no hay más dios que Polanco y Cebrián es su profeta. Mientras tanto, el caso Sogecable está, como los viejos cuchillos, tiritando bajo el polvo, aguardando la mano amiga que termine archivándolo en un nuevo orgasmo de la justicia complaciente. Mientras tanto, los galindos y sus cómplices esperan la buena nueva de que otro juez instructor más benévolo y comprensivo se haga cargo del caso Lasa-Zabala.

»No en vano, la resolución perpetrada por Moreno permite que los grandes delincuentes organizados puedan recusar con éxito a su juez natural, sobre todo si es tan intolerablemente ponderado e imparcial como Javier Gómez de Liaño. Por si algo faltase, el viejo padre Peyton echa su cuarto a espadas (no en vano preside la Sala de lo Militar) y alienta, incluso más allá de lo disciplinario, el fervor de la jauría. Todo es bueno contra el bueno de Javier. Así aprenderá dónde sigue el redil y en qué consiste la justicia del príncipe.

»Ante tan conmovedores episodios judiciales, bueno es recordar la reflexión de Renaud van Ruymbeke: "Al romper el vínculo social y conculcar la confianza del ciudadano, el político corrupto destruye la democracia. El magistrado no hace más que defenderla al atacar a aquellos que la traicionan. Querer ocultar la traición a los ojos de los ciudadanos es traicionar por segunda vez a la democracia." Aquí lo hacemos con reiteración, desfachatez y desenvoltura.

»Mientras tanto, muchos de los encargados de garantizar la independencia de la justicia actúan como servidores de su dependencia. Dijo Saint-Just que, en un pueblo libre, "las instituciones son la garantía del Gobierno contra la corrupción de las costumbres y la garantía del pueblo y del ciudadano contra la corrupción del Gobierno". La justicia debe estar a la cabeza de esas instituciones. Pero no sirve la justicia que complace al príncipe, sino precisamente la contraria: la justicia democrática propia de un sistema fundado en la libertad política. Hasta que no exista, el "panorama desde el puente" seguirá siendo el mismo. Aunque lo damasquinen los pontífices.»

CAPÍTULO NUEVE

LA JUSTICIA DEL PRÍNCIPE LLEGA AL ORGASMO. LA CAUSA ESPECIAL ANTE EL TRIBUNAL SUPREMO

«Los jueces obedecen dócil y ciegamente a los gobernantes de cuya voluntad depende el sueldo, la consideración y el rango... Si alguien osa acusar a un poderoso, el coro de jueces-avispas canta siempre la misma cantinela: nunca hubiese tenido tal osadía ese hombre si no estuviese metido en alguna conspiración.»

Aristófanes, *Las avispas.*

Javier Gómez de Liaño reaccionó con gran celeridad ante el «garzonazo». El día 5 de septiembre se dirigió al Consejo negando los hechos que se hacían constar en aquel engendro judicial, solicitando la urgente intervención conciliar para «una completa investigación» de esos hechos y pidiendo, asimismo, «la actuación inmediata del Ministerio Fiscal para el ejercicio de las acciones penales y/o disciplinarias pertinentes».

La decisión de Javier no podía ser más «institucional» ni, por tanto, más ingenua. El Consejo acordó, «visto el escrito presentado» por Gómez de Liaño, así como el texto del auto dictado por Garzón (los dos escritos puestos al mismo nivel), y «dada la extraordinaria gravedad de los hechos que en aquéllos se relatan —en el escrito de Javier no se relataba ningún hecho— dar traslado de los mismos al fiscal general del Estado (Jesús Cardenal) para que, en virtud de sus funciones, ejercite las acciones penales correspondientes». «En tanto no se decida la cuestión en el ámbito penal», no resultaba viable «una actuación de la inspección de este Consejo».

El acuerdo era de 5 de septiembre de 1997, la misma fecha en que Gómez de Liaño impetró la intervención del Consejo. Harto expeditiva fue. Más veloz que Mercurio o Aquiles el de los pies alados. Ni tan siquiera se pedía que el fiscal ejercitase «en su caso» (es decir, si lo creía adecuado) las acciones penales correspondientes. Tenía que ejercitarlas en todo caso. El Consejo había decidido, por ante sí, que era necesario el ejercicio de acciones penales. Y actuaba como denunciante. No lo habían hecho ni el presidente de la Sala Penal de la Audiencia Nacional, ni el fiscal jefe de la misma, ni el fiscal general del Estado. Sí el Consejo, excitado su celo punitivo por la iniciativa de Javier Gómez de Liaño, que, con toda evidencia, había pensado, como el que esto escribe, que el auto garzonita era abiertamente delictivo.

Su primera víctima era Javier. Después veníamos los demás, tan gratuita y falsariamente agredidos como él por el «garzonazo». Al fondo quedaba, feliz, sonriente e impune, el académico Cebrián. Tanto él como Polanco habían hecho imposible la investigación de Sogecable y difamado sistemáticamente al juez instructor. Y presentado una recusación fraudulenta, que no debió ser admitida a trámite o, en su caso, debió ser rechazada de forma inmediata, al tener el recusante (Juan Luis Cebrián) conocimiento de la causa en que se fundaba con evidente antelación a la fecha en que la recusación se presentó (artículo 223 de la Ley Orgánica del Poder Judicial).

Ni «el muy prepotente don Juan el II» llegó a tal límite de fuerza, a tan impresionante exhibición de poder ante la justicia del príncipe. Por no querer sentarse a declarar ante su juez natural, Cebrián había conmocionado, con plenitud de éxito, a la Audiencia Nacional, al Consejo del Poder Judicial, a la Fiscalía General del Estado y a la Sala de lo Penal del Tribunal Supremo. Casi como el divino González en sus mejores tiempos. No en vano seguíamos disfrutando del sistema coronado del que era piedra angular. En su *Canto general*, Neruda no se refería a nuestro González, pero nos era aplicable su exclamación: «¡Oh pobre país gonzalizado!»

Jesús Cardenal lo tenía crudo. Si se querellaba sólo contra Garzón, el escándalo de Prisa, de sus coaligados y del felipismo llegaría hasta Saturno. Si se querellaba contra Garzón y contra Gómez de Liaño, se mojaba mucho. Era demasiado poner a verdugo y víctima al mismo nivel. Y suponía, además, una decisión excesivamente comprometida. Igual ocurriría si llegaba a la conclusión de que no había que actuar penalmente y decretaba el archivo de las actuaciones.

Tenía a su alrededor a varios fiscales ávidos de sangre, dispuestos a alancear a todos los bastardos antigarzonistas y antipolanquistas. Y no podía olvidar la triste suerte de su predecesor Ortiz Úrculo, de fúnebre recuerdo por el suicidio institucional que supuso su incapacidad para resolver el conflicto de los fiscales de la Audiencia Nacional y el nombramiento del nuevo fiscal jefe. ¿Por qué no abrir unas diligencias de investigación dentro de la propia Fiscalía y después actuar en consecuencia?

Parecía que aquellas diligencias «preliminares» de investigación eran un buen camino. El único camino justo para esclarecer mínimamente los hechos y evitar que, sin más fundamento que las brumosas y vagas insinuaciones garzonianas, se pudiesen cometer desmanes y tropelías contra, precisamente, los calumniados por Garzón. Pero ese camino no le agradaba a Jesús Cardenal. Era mantener en sus manos la «patata caliente» que el Consejo le había enviado y, en definitiva, demorar la solución, decepcionar al «respetable» y animar el creciente hervor de los medios. Mejor hacer como el Consejo: mandar el toro entero, sin picar ni afeitar, a la Sala II del Tribunal Supremo, órgano judicial competente dado el aforamiento ante el mismo de los dos jueces en liza (al ser ambos jueces centrales de instrucción de la Audiencia Nacional). Bastaba para ello una «denuncia de hechos posiblemente constitutivos de diversos delitos»: prevaricación, acusación falsa y omisión del deber de denunciar o impedir hechos delictivos. Que la Sala II los investigue y actúe en consecuencia.

La denuncia del fiscal general se remitió el 12 de septiembre. El 16 se reunió el tribunal al que correspondía, por turno de reparto, su conocimiento (José Augusto de Vega, Enrique Bacigalupo y José Manuel Martínez Pereda), recayendo la instrucción en Joaquín Delgado. En la resolución de la sala se hacía constar que la denuncia formulada por la Fiscalía General era «en relación a los ilustrísimos señores don Baltasar Garzón y don Francisco Javier Gómez de Liaño [...] por presunto delito de prevaricación y otros». Ya estaban los dos al mismo nivel de presunta responsabilidad penal, como si la conducta de ambos fuese equiparable. Gómez de Liaño se había limitado, como juez recusado, a negar las encubiertas y veladas insinuaciones (que no acusaciones) del juez que, debiendo resolver la recusación después de dos meses de tramitación, no la resuelve, perpetrando una resolución de abstención que estremece a cualquier jurista serio. Pues los dos igual. Gómez de Liaño era recusado fraudulentamente, encausado por el juez de la recusación, difamado por tirios y troyanos y, encima, posible delincuente. Exactamente igual que su verdugo. Manes de la justicia del príncipe.

El día 18 de septiembre el instructor dictó su primera resolución, en la que decidió incoar diligencias previas por los delitos ya referidos en la denuncia del fiscal general del Estado, citar como imputados a Garzón y Gómez de Liaño y citar como testigos, aparte de a mí mismo, a García Añoveros, Jesús Neira, María Dolores Márquez de Prado, Ignacio Gordillo, Antonio García-Trevijano, Jaime Campmany y Manuel Murillo. En dicha resolución, Joaquín Delgado razonaba que eran «esenciales las declaraciones de los dos magistrados protagonistas de los hechos y, como ellos se atribuyen conductas que pueden ser delictivas [...] no hay otra posibilidad que recibirles sus respectivas declaraciones en calidad de imputados, en consideración a las garantías que de tal condición se derivan».

Ambos fueron citados para el día 23 de septiembre, siendo citados los testigos para el día 24 (Añoveros, Neira y yo) y el 26 (los restantes). Sin embargo, en su comparecencia ante el instructor, Garzón y Gómez de Liaño habían anunciado que los días 23 y 24 tenían que asistir en París a una comisión rogatoria, por lo que se dejaban sin efecto las citaciones acordadas (providencia de 22 de septiembre). En esta misma resolución, el instructor acordaba no declarar el secreto de las actuaciones, que había solicitado el fiscal, a cuya petición se había opuesto radicalmente Gómez de Liaño por entender que el secreto implicaba «un sacrificio desmesurado del principio de contradicción», absolutamente necesario cuando, como era el caso, las declaraciones de unos y de otros eran la base de la investigación.

Así estaban las cosas cuando, el mismo día 22, el fiscal Luzón, que ya había intervenido en las comparecencias del día 19 de Garzón y de Liaño y que no había recurrido el auto del día 18, se descolgó con un escrito en el que se decía lo siguiente: que del auto de Joaquín Delgado, del auto de abstención de Garzón y de la denuncia del fiscal general resultaba que también deberíamos ser llamados a declarar como imputados el que esto escribe, los fiscales Márquez de Prado y Gordillo y el abogado Antonio García-Trevijano. Mi conducta podría implicar un delito de omisión del deber de denunciar e impedir hechos delictivos, y la de María Dolores, Ignacio y Antonio un delito de conspiración para la comisión de dos posibles delitos de prevaricación por Javier Gómez de Liaño: dictar conscientemente resoluciones injustas y retardar maliciosamente la acción de la justicia.

Sabedor de la orfandad jurídica de tal planteamiento, Luzón decía, sin más, que era «congruente» con el auto de Joaquín Delgado (en realidad, era absolutamente contradictorio con el mismo, que no recurrió) y con el contenido del escrito de denuncia del fiscal general. Como esto último era, con plena evidencia, falso, y en todo caso contrario a lo que la propia sala presidida por De Vega había estimado (que la denuncia era en relación a los Ilmos. señores don

Baltasar Garzón y don Javier Gómez de Liaño... por presunto delito de prevaricación y otros), Luzón echó mano de un argumento bizarro: en el escrito del fiscal general se aludía a la condición de aforados no sólo de Garzón y de Liaño sino también de «otro magistrado y de un fiscal».

Era una alusión, sin más, casi un *flatus vocis*. Además, el «otro» era yo, que no estoy aforado ante el Tribunal Supremo, y, a lo que parece, el fiscal era Ignacio Gordillo. En ningún caso cabía, entonces, citar como imputada a María Dolores Márquez de Prado y, según el propio acuerdo de la sala, tampoco a Gordillo ni a mí. Además, para mayor inri, Luzón había sido el instructor de los expedientes disciplinarios incoados, por el «motín» de los fiscales incómodos de la Audiencia Nacional, a Gordillo y a Pedro Rubira, para los que solicitó, nada menos, la suspensión en sus funciones. ¿No debiera haberse abstenido?

No olvidemos tampoco que el fiscal Luzón fue el mentor, ante el Pleno de la Sala II del Tribunal Supremo, de que no se llamase como imputado en el caso Segundo Marey a Felipe González, no ya sólo por falta de «pruebas suficientes», sino también porque llamarlo en tal sazón podía «estigmatizarlo». En nuestro caso, igual que en el de Gómez de Liaño, no existía más «indicio» que las veladas insinuaciones (que no acusaciones, según él mismo ha repetido hasta la saciedad) del inefable Garzón. Ni uno solo más. En el caso de González estaban las reiteradas y frontales acusaciones de Ricardo García Damborenea (que se autodenunciaba y no se beneficiaba de ello en forma alguna), las referenciales de Sancristóbal y Amedo y, sobre todo, la implacable lógica de los hechos y la propia conducta del ex presidente, exculpando sistemáticamente a los que fundaron, financiaron y coordinaron el GAL, pese a que nada le dijeron (porque, como siempre, se enteró por el periódico) y esgrimiendo de forma contumaz las eximentes de estado de necesidad y legítima defensa para disculpar las hazañas «gálicas».

Pues nada de eso sirve para llamar como imputado a González. Según nueve de los quince miembros de la Junta de Fiscales de Sala que se reunieron al efecto y seis de los diez magistrados de la Sala II del Tribunal Supremo que se pronunciaron sobre la cuestión, el divino González no debía ser llamado como imputado por tales futesas. En cambio, para llamarnos a todos nosotros sólo hacen falta las alusiones garzonianas vertidas, de forma confusa, inane e incoherente, en una resolución impresentable. Todo ello de conformidad con la justicia propia de un Estado democrático de derecho.

No obstante, el instructor dictó al día siguiente (23 de septiembre) una resolución en la que se plegaba a la petición del fiscal «por las razones expresadas en su escrito» y porque, «de ser verdad lo que se dice en el auto de 3 de septiembre [el de Garzón], podrían existir las responsabilidades que se señalan en dicho escrito».

Majestuosa argumentación y formidable respeto a los derechos de igualdad ante la ley, tutela judicial efectiva y seguridad jurídica. Del 18 de septiembre (fecha de la anterior resolución del instructor) al 23 del mismo mes no se ha practicado diligencia alguna. Nada nuevo se ha aportado al procedimiento, pero cuatro de los siete testigos originarios se convierten, por arte de magia o de birlibirloque, como si el Paráclito hubiese soplado en el alma de Luzón y Delgado a un tiempo, vivificándola con una revelación vertical, en imputados. El instructor modifica su resolución sin más base que el escrito del fiscal, contradiciendo, sin motivación ni recurso previo, su anterior resolución y la propia resolución de la sala de la que depende.

UN BUEN SECRETO PARA GARZÓN

Pero no fue ésa la única rectificación del instructor. El fiscal había solicitado que se acordase el secreto de las actuaciones desde la primera comparecencia de Garzón y de Gómez de Liaño (el 19 de septiembre). Mientras el primero dijo que se sometería a lo que resolviese sobre ese punto Joaquín Delgado, Liaño se opuso radicalmente por entender que el secreto supondría un sacrificio desmesurado al principio de contradicción, lesionando gravemente su derecho de defensa. No podría participar en la declaración del otro imputado (Garzón) ni en la de los testigos en un caso en que dichas declaraciones eran decisivas y en el que, dados los más que probables testimonios contrarios, sería necesario proceder a la práctica de algunos careos.

Mediante resolución del día 22 de septiembre, el instructor dijo: «No ha lugar, por ahora, a declarar secretas las presentes diligencias previas, pues no hay razón alguna que pudiese justificar lo que tal medida supondría en la restricción de los derechos de defensa de las partes.»

Parecía zanjada la cuestión: no se acordaría el secreto. Sin embargo, sólo hubieron de pasar cuatro días, sin que se hubiese practicado ninguna otra diligencia, sin que hubiese aparecido hecho nuevo de ningún tipo, para que Joaquín Delgado decidiese lo contrario. Fue el día 16, en una «vistilla» previa a la declaración de Baltasar Garzón, en la que Luzón volvió a pedir el secreto. En su escrito, el fiscal alegaba la necesidad de garantizar la defensa, con igualdad de armas, de todas las partes de la causa. De no evitarse que los imputados posteriores conociesen las declaraciones de los anteriores, existiría una situación de ventaja para los últimos declarantes, al existir entre algunos de los imputados intereses contrapuestos.

Sólo eran contrapuestos los intereses de Garzón frente a los demás. Por eso Garzón apoyó fervorosamente el secreto. Tanto Gómez de Liaño como Antonio García-Trevijano (que ya era abogado mío) arremetieron con razones muy contundentes contra tal medida. Supondría, de acordarse, aparte de una violación de los derechos constitucionales de contradicción y defensa, un beneficio exclusivo para Garzón. El resto de los imputados formaba un bloque compacto, unido por la amistad, la verdad y la lealtad. Nada tenían que ocultarse. Era Garzón el único interesado en declarar a solas, sin perturbación ni contradicción procedente de la intervención de los demás. Si se declaraba el secreto, el que había «denunciado» a sus compañeros y amigos en su auto de abstención de 3 de septiembre (base única de la «causa especial») podía zafarse de las molestias derivadas de la presencia de aquéllos en sus declaraciones. Además, era una «causa» en la que estabámos implicados jueces y fiscales y parecería, fatalmente, que la justicia se defendía a sí misma liberándose de la publicidad (en lo posible, que era muy escaso).

Ninguna razón sirvió. Con el infortunado argumento de que los últimos en declarar tendrían ventaja sobre los primeros, al conocer las declaraciones de éstos, Joaquín Delgado se plegó al fiscal y a Garzón declarando el secreto de las diligencias. Justificó la decisión en su «cambio de criterio», pese a que los hechos y las circunstancias eran exactamente los mismos. Olvidó las reflexiones de Kant sobre el tema: «Sin publicidad no habría justicia ni habría tampoco derecho, que sólo se otorga desde la justicia... Son injustas todas las acciones que se refieren al derecho de otras personas cuyos principios no soportan ser publicados.» Además, el secreto sólo garantizaba que Garzón difundiese sobre su comparecencia aquello que le beneficiase, previamente seleccionado por él mismo.

Así lo denunció Gómez de Liaño en su declaración del día 29. Después de citar una selección de lo publicado por diversos diarios sobre el contenido de la muy secreta declaración garzoniana, recordó al fiscal y al instructor la Instrucción de la Fiscalía General del Estado 3/93, de 16 de marzo, en la que se insistía en la importante restricción que para el derecho de defensa supone el secreto sumarial. Los fiscales debían ponderar rigurosamente la concurrencia de los presupuestos y circunstancias que pudieran hacer indispensable el secreto. La solicitud de éste nunca podía estar inspirada en la precipitación ni tener su origen «en la búsqueda irreflexiva de una verdad que nacería viciada al conseguirse con quiebra del derecho de defensa». Pero ya se había perpetrado el secreto en la declaración del único beneficiario del mismo. Sólo cabían la denuncia y el lamento. Posiblemente recordando la reflexión de Voltaire: «Si algo puede detener en los hombres la rabia del fanatismo es la publicidad.» También la rabia de la mentira y la calumnia.

EL CONSEJO SIGUE AFILANDO EL CUERNO DISCIPLINARIO

Días después de la imputación y del secreto de las diligencias, Luis Herrero me entrevistó, sobre las once de la noche, en el programa *La linterna*, donde expresé la sorpresa, la alarma y la indignación que me produjeron aquellas resoluciones. Nos conducían, ineluctablemente, hacia un proceso inquisitorial, de naturaleza política, originado en la prepotencia herida del polanco-felipismo, facilitado por la complicidad o la pasividad institucional del «sistema», impulsado por togas especialmente negras y ejecutado, con un sorprendente fatalismo y una singular inanidad, por un magistrado perplejo y sorprendido y un fiscal que nunca debió serlo en este procedimiento (que nunca debió existir). La transcripción de esa entrevista mereció la atención de la Comisión Permanente del Consejo, que decidió pasarla a la Comisión Disciplinaria.

Mucha mayor publicidad tuvo la decisión del Pleno del Consejo (es decir, de sus veinte vocales) de contemplar el vídeo de la actuación de Javier Gómez de Liaño ante la COPE, en el programa *La mañana* de Antonio Herrero. Fue pocos días después de la mía, el 30 de septiembre. Javier había declarado el día anterior en la «causa especial» y se mostró tranquilo, sobrio y persuasivo. Explicó cuál era, a su parecer, la función de un juez imparcial cuando se encontraba ante un proceso con implicación de gente poderosa, cuáles eran las exigencias de la igualdad y la tutela judicial efectiva en tales casos y cuál era, por desgracia, la realidad de una justicia arrogante con los débiles y benévola con los fuertes. Describió en tal sentido lo ocurrido con Marino Barbero en el caso Filesa y cómo éste le confesó, cuando decidió marcharse del Tribunal Supremo, que «se estaba muriendo a chorros». Describió también la penosa imagen de un magistrado aguardando en la puerta principal del Palacio de Justicia la llegada de González como testigo en el juicio de Filesa, mientras el resto de los ciudadanos —incluidos él y sus compañeros de la «causa especial»— entraban por una puerta lateral y, por supuesto, sin mayordomo expectante. Concluyó que era normal que, ante estas y otras realidades similares, el ciudadano medio pudiera llegar a creer que «la justicia es genuflexa, lacaya y servil». La frase se publicó como una rotunda afirmación de Liaño y el Consejo afiló su cuerno disciplinario.

Por ello la expectación del Pleno convocado, con carácter extraordinario, el día 2 de octubre para contemplar el vídeo. Para algunos vocales (ocho al menos) parecía llegada la hora de cornear mortalmente a tan exasperante enemigo. Terminada la sesión videográfica, la frustración de aquellos vocales fue manifiesta. El mejor colofón lo puso mi antiguo amigo Benigno Varela: «Menudo ridículo hemos hecho; este tío es muy listo.» Se decidió por unanimidad que no había lugar a nada. Había sido una nada redonda y sin aristas que tradujo la obsesión inquisitorial de casi la mitad del Consejo contra un juez sistemática e implacablemente alanceado —de forma procesal, extraprocesal y antiprocesal— por las más aguerridas tropas del polanco-felipismo.

EL PREMIO LEÓN FELIPE, PARA JAVIER

Ese mismo día (2 de octubre) le entregaban a Javier, en el Ateneo de Madrid, el premio León Felipe por la Justicia. Allí estábamos todos los imputados (menos el imputante Garzón, que había sido excluido del premio que, en principio, iba a compartir), acompañados de muchos amigos (Jesús Santaella, Marcelino Camacho, Gabriel Albiac y su compañera Carmen Grimau, José Luis Martín Prieto y Cristina, Manuel Murillo, José Luis Morales, Pepe Díaz Herrera e Isabel Durán, Manuel Revuelta y Paz Serrano, el gran economista Andrés Vázquez, Matías Antolín, etc.).

Ninguna persona del Gobierno o sus aledaños. Ningún juez o fiscal aparte de los encausados. Alejandro Finisterre (presidente de la Fundación León Felipe, cuya propia existencia negó Garzón porque él había dejado de existir como premiado) estaba inquieto ante la posibilidad de alguna perturbación del acto por gente indeseable. No la hubo. La dirigente de una asociación gallega contra la droga, Carmen Avendaño, que también había sido premiada, arremetió en su discurso contra Gómez de Liaño por haber puesto en libertad a dos presos preventivos que eran presuntos *capos* del narcotráfico gallego. Había sido una decisión judicial perfectamente motivada y legítima, pero Garzón, siempre presta la navaja en la liga, aprovechó la ocasión para «instruir» el fervor de aquella señora. Javier le respondió con cortesía y firmeza.

Leyó un precioso discurso de agradecimiento, glosando la figura de Alejandro Finisterre y el sentido de la poesía de León Felipe. Como yo había recibido ese mismo premio en 1996, me dedicó frases de elogio que me emocionaron, por sí mismas y por el aplauso de los presentes, entre los que estaba, junto a Gabriel Albiac y Carmen Grimau, mi compañera Pura Mañas. Antonio García-Trevijano había encargado (previa conspiración con los demás conspiradores) un gran ramo de rosas para entregárserlo públicamente a María Dolores Márquez de Prado como pequeño gesto de desagravio y amistad, pero, de acuerdo con Antonio y conmigo, ella decidió sobre la marcha entregarle el ramo a la buena señora gallega (Carmen Avendaño), que antes había recriminado la conducta de Gómez de Liaño en aquel asunto de la libertad de dos presuntos narcotraficantes.

Antes de iniciarse el acto, Javier recibió la comunicación de que el Consejo había decidido, por unanimidad, no hacer nada en lo de su entrevista con Antonio Herrero. Después del acto, Pepe Díaz Herrera e Isabel Durán nos relataron algunas interioridades de la sesión del Consejo del día anterior, 1 de octubre. Aunque el instructor Joaquín Delgado nada había comunicado al Consejo sobre la «causa especial», ya que no había dirigido específicamente el procedimiento contra nosotros, ocho vocales pretendían la suspensión de Javier y la mía, o, al menos, que se recabara de Joaquín Delgado la pertinente información para proceder contra ambos y contra Garzón.

Según la valiosa información recibida por Pepe e Isabel, el debate fue enconado y no precisamente huérfano en descalificaciones personales. Como era de esperar, la vanguardia justiciera la formaron nuestros eternos «amigos», exquisitamente objetivos con Javier y conmigo, Javier Moscoso y Bruno Otero, que nadie sabe por qué misterio ético y jurídico se creían legitimados para intervenir «imparcialmente» en los asuntos que nos afectaban. Una exhibición de juridicidad y lucha por el derecho.

LA COMPARECENCIA DE GARZÓN

La primera comparecencia fue la de Baltasar Garzón, el día 26 de septiembre, asistido del abogado Manuel Medina, amigo suyo de Jaén. Es difícil que alguien pueda superar la capacidad de fabulación y mendacidad exhibida por Baltasar Garzón en aquella comparecencia. Tenía que «hacer bueno» lo que había dicho en su celebérrimo auto de abstención del día 3. Es decir: que los conocimientos extraprocesales que tenía sobre la conducta de Gómez de Liaño y otros durante la instrucción del caso Sogecable se los habíamos transmitido Neira y yo, que no los había puesto en conocimiento de la autoridad judicial competente o del fiscal en el tiempo en que recibió la *notitia criminis* (es decir, la prevaricación de Gómez de Liaño y la conspiración para inducirla de los demás imputados) porque no le constaba la veracidad de lo que poníamos en su conocimiento y que sólo cuando la «explosión de la conciencia» (el *big bang*) decidió abstenerse (no antes de hacerse cargo de la recusación). La conciencia le explotó cuando presenció que las indecencias de García Añoveros no eran confirmadas ni por Neira ni por mí.

Para conseguir tales objetivos, recurrió a todo lujo de chismes e invenciones sobre reuniones, comidas o conversaciones telefónicas que, de haber existido, no tuvieron en ningún caso el contenido que Garzón les atribuía graciosamente en su comadreo malicioso y difamatorio ante el instructor y el fiscal. No conozco a ningún juez más obsesionado por las relaciones públicas, más acostumbrado a comidas, cenas y encuentros de toda índole (singularmente con periodistas) para hablar (él sobre todo) de cuestiones y problemas judiciales, muchos de ellos pendientes de su conocimiento profesional. Él, más que nadie, se había reunido con el resto de los imputados y con los testigos. Nadie había mostrado una más intensa curiosidad por el caso Sogecable y sus incidencias procesales. Nadie había exhibido mayor incontinencia verbal ni actitud de intriga sobre esa investigación. Pero lo proyectaba todo sobre los hombros, precisamente, de quienes en mayor medida habíamos padecido esa conducta chismorrera. Sobre los que, amigos suyos y de Gómez de Liaño, habíamos intentado tascar el freno al rosario de disparates y estupideces «confidenciales» elaborado impacientemente por Garzón contra su compañero de la Audiencia Nacional que, mientras tanto, mostraba una gran reserva sobre todo lo concerniente al caso Sogecable u otro cualquiera bajo su jurisdicción.

Recuerdo lo que Concha, la mujer de Jaime Campmany nos comentó a Pura Mañas y a mí. El día que estuvieron cenando en su casa Garzón y su mujer, Javier Gómez de Liaño y María Dolores Márquez de Prado, le llamó mucho la atención que Baltasar hablase continuamente de cosas y casos de su juzgado mientras Javier sólo hablaba de cuestiones culturales o familiares. Y lo que más le sorprendió fue que lo hiciera precisamente en la casa de un periodista, como lo era Jaime, su marido.

Muchas veces tuve que llamarle la atención para evitar que hablase de problemas y personas que conocía profesionalmente, que exhibiese ante periodistas datos y circunstancias de carácter reservado y conversaciones institucionales (incluida alguna audiencia con el Rey) harto comprometidas. Y ahora era él quien acusaba de todo eso a sus ex amigos. Citó en su declaración, entre protestas de inocencia y reprobación, multitud de cenas, comidas y reuniones a las que nadie había asistido o de las que no se tenía más noticia que la suya; conversaciones telefónicas sin cuento en las que (nadie sabe por qué) le transmitía yo «novedades» y confidencias sobre cosas que ignoraba; andanzas, venturas y desventuras propias de un Aviraneta de vía y mente estrecha. Todas las fabulaciones, bajo secreto. Sin contradicción alguna. Cuando supimos de su existencia, la causa era ya archivable.

Tardé mucho tiempo en leer su declaración. Me la contó Pura Mañas, riéndose de mi repugnancia, pues —me dijo— era una cadena de necedades y chismes. Cuando la leí, casi un mes después de tenerla, me dio asco y pena. Asco por las mentiras y maldades que contenía. Pena porque no podía entender que un juez al que había querido, respetado y admirado cayera tan bajo, a tan ínfimos niveles de miseria moral e intelectual.

Yo lo había defendido pública y privadamente de los ataques de tirios y troyanos; había elogiado su valor en la investigación de los GAL; ostento la responsabilidad de haberle allegado la simpatía y la defensa de personas que no lo querían ver ni en pintura, de gentes que lo miraban con desconfianza, sobre todo después de su pirueta felipista del 93; y lo había ensalzado, más allá de lo razonable, en mi libro *Manos sucias*[1], para el que le pedí un prólogo. Me encontraba ahora ante un Garzón mezquino y pequeño, de una ruindad pasmosa. Y ante la necesidad de pedir perdón públicamente a cuantos induje a confiar en él.

No quise atender las advertencias de mi hermana Pilar sobre su catadura moral, pues lo conoció cuando él estuvo destinado en Almería; induje a José Luis Morales (entrañable amigo) a que superara sus graves reticencias frente a Garzón (que nunca superó, pero, según nos confesaba a

[1] Temas de Hoy, Madrid, 1995.

Pura y a mí mientras tomábamos unas copas a la salida del acto en el que se le entregó el premio León Felipe a Javier, lo defendió siempre porque yo se lo había pedido); me sorprendió la actitud de Javier Ortiz de rechazar a Garzón como miembro de nuestras cenas amicales con Gabriel Albiac, Carmen Grimau, Javier Ortiz, Juan Francisco Martín Seco, Javier Gómez de Liaño, María Dolores Márquez de Prado, Pura Mañas y yo; me sorprendió también la mala imagen que de Baltasar tenían personas amigas y respetables. Pero lo defendí siempre, imputando a su falta de sedimento cultural y a su falta de finura convivencial el rechazo de mis amigos. Antonio García-Trevijano no podía entender fácilmente mi confianza en un sujeto de esas características. Lo achacó siempre a mi afán por atribuir a las personas que quiero virtudes inexistentes.

Me he equivocado muchas veces en mi vida, pero no siendo tan mayor, tan cercano a la segunda inocencia que, según don Antonio Machado, da en «no creer en nada». Sigo creyendo en demasiadas cosas y personas. Soy por ello muy vulnerable al desengaño, a la traición y a la melancolía.

LA DECLARACIÓN DE JAVIER GÓMEZ DE LIAÑO

Javier Gómez de Liaño declaró el día 29 de septiembre. Antes del interrogatorio del fiscal hizo tres precisiones: las perversas consecuencias del secreto (que lo había sido a voces en cuanto a la declaración de Garzón, difundida selectivamente en los medios «amigos»); la necesidad de que se alzase para permitir una tutela judicial efectiva de todos los imputados, y la reprobación de la «querella anunciada» contra su persona por los ínclitos Polanco y Cebrián, querella en que le imputaban la comisión de infinitos delitos de prevaricación y que podía tener la finalidad de volver a recusarlo en el supuesto de que la recusación pendiente fuese desestimada.

La «causa especial» estaba tramitándose, la recusación de Gómez de Liaño (en manos ya de Moreno) también. La ocasión la pintan calva: ahora, para redondear, una querella por prevaricación. Los indefensos y atropellados Polanco y Cebrián tenían que defenderse de su verdugo. Todo les iba saliendo bien. Además, impunemente. Cosas del poder y la gloria. Pero aún les esperaba lo mejor.

Nuevamente las reuniones, las cenas y los almuerzos. De nuevo los chismes, las fabulaciones y el comadreo garzonita. Javier puso de manifiesto que su amistad con Garzón procedía de la defensa que tanto él como José Luis Manzanares hicieron de Baltasar, desde el Consejo General del Poder Judicial, frente a los linchadores de turno. Contó, a instancias del fiscal, que en ninguna de las reuniones con sus amigos (a la mayor parte asistió Garzón) se habló de Sogecable. Sólo se comentaban los asuntos judiciales que Garzón se empeñaba en sacar a la luz.

Javier había mamado el oficio judicial (como yo mismo) y había aprendido una regla de oro: la discreción sobre los temas pendientes de su juzgado. También la educación precisa para no monopolizar o protagonizar conversaciones amicales con las «proezas» del oficio de cada uno. Hizo una exposición sencilla y rigurosa de la falsía con que se dictó el auto garzoniano de abstención y de la mendacidad de las imputaciones de su ex amigo, al que, sin embargo, respetaba. Dijo que sólo asistió dos veces a la tertulia (la que comenzó en Lhardy, siguió en Casa Domingo y murió en El Pazo de Monterrey) porque le asustó la locuacidad «judicial» de Garzón y le desagradó la insistencia de cierto periodista asistente en hacerle una entrevista. Aseguró que jamás había comentado con nadie la instrucción de Sogecable (a mí me constaba la veracidad de esa afirmación) y que García Añoveros le pidió una entrevista sobre el caso alrededor de cinco veces (me consta también la realidad de tal extremo, pues Jaime García solicitó también mi ayuda para obtener su objetivo). Añoveros era, a lo que se ve, un buen «conseguidor», pero esta vez no consiguió hablar con Liaño en defensa de sus entrañables querellados. Defendió su amistad con el resto de los imputados y terminó diciendo que la injusticia siempre le producía tristeza y que, cuando era pequeño, le hacía llorar. Ahora no iba a hacerlo, pero su tristeza como titular del poder judicial de este país «había subido un peldaño más».

MI DECLARACIÓN

Esa misma mañana declaré yo. A diferencia de mis amigos, designé abogado. Abogados, mejor dicho. Fueron Antonio García-Trevijano y Jesús Santaella. La designación de Antonio, aparte de ser gran amigo y gran jurista, era necesaria. No en vano las inmundicias acumuladas por Garzón y por Añoveros buscaban nuestro enfrentamiento, confiaban en nuestra ruptura. A partir de ahí, todo les sería más fácil. No contaron, sin embargo, con el profundo sentido de lealtad existente entre nosotros. La designación de Jesús Santaella obedeció exclusivamente a mi alta valoración de su capacidad profesional y de su inteligencia práctica. Desde que me lo presentaron Lorenzo Contreras y el magistrado Antonio Pedreira, decidí que si alguna vez necesitaba un abogado ése sería Jesús. Las letanías difamatorias sobre su persona potenciaban aún más mi valoración. Tanto y tan falsario esfuerzo por denigrar a alguien era buena prueba de su calidad. Sabía que la designación de ambos abogados era, para muchos, una provocación. Eso nunca me ha arredrado. Las personas libres somos naturalmente provocadoras. La provocación es tan subversiva como la libertad política y la justicia propias de una sociedad democrática.

Cuando aquella mañana del 29 de septiembre de 1997, hacia las once horas, acompañado por Antonio y por Jesús, llegué a la puerta del Palacio de Justicia (a la puerta del común, no la de González Márquez), una nube de periodistas y cámaras nos esperaba. Pronto empezaríamos nuestro mensaje: los verdaderos conspiradores eran nuestros detractores (el polanco-felipismo, con Añoveros y Garzón a la cabeza); aquél era un proceso político contra los que habíamos salido al paso del linchamiento polanco-felipista de

Javier Gómez de Liaño; una farsa demencial y estúpida exigida por Polanco y Cebrián, con el concurso de sectores muy concretos de la Audiencia Nacional, el Consejo General del Poder Judicial, la Fiscalía General del Estado y el Tribunal Supremo, para culminar la eliminación de Liaño, juntamente con sus compañeros y amigos más próximos, con base en la fábula prevaricadora de Baltasar Garzón.

Al poco de llegar nosotros al amplio corredor de la segunda planta salió Gómez de Liaño de la sala en la que había declarado. Hablamos un par de minutos sobre unos versos de León Felipe que Javier pensaba citar al recibir el premio por la justicia en el Ateneo. Salía tranquilo y entero. Nos llamaron de inmediato. Joaquín Delgado nos saludó correctamente y me limité a saludar con una leve inclinación de cabeza a Luzón. El instructor me rogó que, en lugar de sentarme en la silla de los acusados, me sentara con mis abogados en el banco correspondiente a la defensa con el fin de que se grabasen mejor las declaraciones. Así lo hicimos. Santaella quedó en el centro, Antonio García-Trevijano a su derecha y yo a su izquierda, en el lugar más cercano al micrófono de grabación.

Antes de iniciarse el acto, Joaquín Delgado me pidió que, dado el secreto de las diligencias, accediera a que se retirase de la sala Antonio García-Trevijano. Me opuse. Cuando lo designé como letrado, nadie me advirtió que mi derecho a la defensa iba a ser amputado por tal causa. Además, me parecía esencial la asistencia letrada de Antonio y no estaba dispuesto a prescindir de ella. Era tan consciente como el instructor de la inconsecuencia que suponía que el secreto se hubiese acordado —según se dijo— para evitar que los imputados que declarasen después de otros estuviesen al tanto de lo dicho por éstos y, sin embargo, estuviese presente en la sala, como abogado mío, un imputado que iba a declarar al día siguiente. Pero no era sino una consecuencia negativa —si bien pintoresca— de un secreto absolutamente infundado.

Había redactado Jesús Santaella, después de una reunión con Antonio y conmigo, una declaración previa a mi interrogatorio para leerla yo delante del instructor y del fiscal e incorporarla a las diligencias. Constaba de tres puntos. En el primero exponía mi sorpresa y mi alarma por el cambio en cinco días (del 18 al 23) de mi condición de testigo a la de imputado. No se había producido en el entretanto hecho o diligencia alguna que justificase ese cambio procesal que, nadie sabe ni sabrá por qué causa, no afectó al señor García Añoveros (el único que, con Garzón, reconoció que supo de la existencia de hechos delictivos que no puso en conocimiento de la autoridad pertinente) ni al señor Neira. No parece que brillase con esplendor el principio de igualdad o no discriminación entre iguales. A no ser que se entendiera que esto de ser magistrado constituyese una agravante genérica.

Denuncié, además, la esquizofrenia del Ministerio Fiscal, cuya actitud era distinta según fuese representado por el fiscal jefe de la Audiencia Nacional, que, como Luzón, era fiscal de Sala del Tribunal Supremo, o por el propio Luzón. Si Fungairiño dijo en su informe final sobre la recusación y sobre el auto de abstención garzonita que no existía el más mínimo indicio de prevaricación de Liaño, ni el más leve asomo de conspiración, Luzón entendía exactamente lo contrario. Por si algo faltase para redondear el absurdo, Jesús Cardenal respaldaba a Fungairiño y formulaba, no obstante, aquella «denuncia de hechos». ¿Dónde estaban los principios de unidad y dependencia jerárquica? ¿Cómo se respetaban los principios de legalidad, seguridad jurídica y tutela judicial efectiva? Manifestaba, por todo ello, mi intranquilidad ante tales incumplimientos constitucionales y ante la posibilidad de que no se cumpliese mi derecho a tener un juez imparcial.

El segundo punto de mi declaración estaba dedicado al secreto de las actuaciones, acordado asimismo, con radical cambio de criterio y sin fundamento objetivo alguno, por el instructor, sin otra base que la petición del fiscal. Recordé que se trataba de una medida excepcionalísima, de estricta motivación, «de suerte que cuando tal motivación es estereotipada, vaga e ineficaz, equivale a la ausencia de motivación». El derecho a un juicio justo, con las garantías de audiencia, contradicción y publicidad, se convertía, con el secreto, en una realidad imposible. Sólo beneficiaba a Garzón, «perjudicando arbitrariamente a los demás imputados y, desde luego, a la justicia, con grave riesgo de convertir esta causa en un episodio judicial escandaloso, con claros ribetes políticos».

El tercer punto era para poner de manifiesto que mi súbita condición de imputado no me impedía mi condición de testigo, puesto que colaboraría con el instructor «como un compañero al servicio de la justicia», me comprometía a decir en todo la verdad, contestaría a todas las preguntas que se me formulasen y participaría voluntariamente en cuantos careos pudiesen acordarse. Fue, en definitiva, la declaración de principios de una persona que se encontraba incursa en un proceso kafkiano y esperpéntico, producto de la prepotencia herida de Polanco y de Cebrián, de la felonía de los ex amigos y de la exhibición de incapacidad y cobardía de diversas instituciones.

A Luzón no le cayó muy bien mi declaración previa. La contestó con algunas nimiedades: llamarme como imputado era una mayor garantía de mis derechos ante la imputación que hacía Garzón en su auto (dijo en él, y repitió después, que no realizaba denuncia alguna contra nadie); no implicaba que se me realizase «imputación alguna en este momento» (es decir, imputado genéricamente no lo estaba aún específicamente, lo que era muy de agradecer), y el secreto de las diligencias no afectaba al derecho de defensa (en contra de la doctrina del Tribunal Constitucional y de la Fiscalía General del Estado). Es preciso repetir que Luzón fue el fiscal que abanderó ante la Sala de lo Penal del Tribunal Supremo la actitud de no llamar a González Márquez como imputado a «su proceso» *gálico* para no estigmatizarlo. Cierto es también que Joaquín Delgado fue uno de los cuatro magistrados del Tribunal Supremo que votó a favor de la imputación de González.

Y comenzó el interrogatorio. El del fiscal consistió en recoger como preguntas el comadreo mendaz y malicioso de Garzón: la comida del Lur-Maitea del 26 de febrero; otra del 11 de febrero a la que no asistí y de la que no tenía conocimiento alguno; la reunión de Pozuelo entre García-Trevijano, Neira y yo (del 28 de marzo), que aparecía como conjura contra Polanco con ingestión de palomitas y cacahuetes; la comida con Campmany, Gómez de Liaño y María Dolores Márquez de Prado, a la que fue invitado Garzón, por sugerencia mía, para intentar nuevamente apaciguar su hostilidad contra Gómez de Liaño y María Dolores; los almuerzos de la tertulia de 21 de mayo y de 18 de junio; reuniones con García Añoveros; conversaciones telefónicas inexistentes (algunas cuando me encontraba en Almería); una cena en la casa de Garzón con amigos de éste, sin la asistencia de Gómez de Liaño, en la que el tema monográfico, por insistencia suya, fueron Sogecable, las resoluciones de Liaño y las de la sala (estas últimas, ya sabidas y anunciadas, curiosamente, por Garzón antes de que se hubiesen hecho públicas), y mi última entrevista con Baltasar, el 8 de julio, en la que estallaron definitivamente los anuncios de la tormenta prevaricadora que se nos venía encima.

Todo precioso. Una charca de agua podrida tenía más elevación y mayor dignidad. Como el asco que sentía iba en aumento y creí advertir en Luzón un punto de ironía, interrumpí una de sus preguntas para reprocharle: «¡No le tolero al señor fiscal ni la más mínima ironía!» Tanto Luzón como Delgado me aseguraron que nada había de ello, insistiéndome en que el fiscal cumplía con su deber con todo respeto. Que lo comprendiese. Dije que ellos debían comprender mi indignación ante un proceso enloquecido y escandaloso, sin más fundamento que la voluntad polanco-felipista de utilizar al Tribunal Supremo al servicio de su prepotencia. Jesús Santaella me hacía señales de moderación. Cuando concluyó el acto, después de unas preguntas normales y dignas de García-Trevijano, los saludos fueron correctos y hasta cordiales. Antonio le explicó a Delgado (que se desplazó hasta nosotros para saludarnos) que yo estaba «muy dolido» por aquella situación.

A la salida de la sala y del edificio esperaba un tropel de periodistas, cámaras de televisión y fotógrafos. Insistimos, especialmente Antonio, en los mensajes que habíamos lanzado a la entrada y los tres nos fuimos a tomar una copa en Riofrío. Les dije allí a Jesús y a Antonio que me había sentido muy orgulloso de su compañía y su asistencia, como orgulloso estaba de encontrarme en la misma trinchera, codo con codo, con Javier, María Dolores, Ignacio Gordillo y Antonio. En aquel episodio grotesco representábamos, de veras, la lucha por el derecho, es decir, la lucha por la seguridad jurídica, la justicia y la libertad política. Pisoteando, como quería Ihering, la cabeza de esa víbora que es la ilegalidad y la arbitrariedad. La del polanco-felipismo en armas para conseguir su impunidad, eliminando toda resistencia y todo obstáculo. Contaban, entre muchos otros, con Garzón y García Añoveros. Pero no habían contado con nuestra cohesión, nuestra firmeza y nuestra credibilidad. Éramos pequeños, pero pesábamos más de lo que creían.

LA DECLARACIÓN DE GARCÍA-TREVIJANO

El día siguiente declaraba Antonio. No pude acompañarlo porque tenía juicios y era ponente de los mismos. Nada más entrar en la sala, Antonio se comportó con la dignidad propia de un tribuno de la democracia. Pese a que Joaquín Delgado lo invitó a sentarse en el banco de la defensa, para que así se pudiera realizar más fácilmente la grabación de sus declaraciones, Antonio exigió sentarse en la silla de los acusados. No quería el más mínimo privilegio, la más leve distinción, el menor asomo de un trato preferente. Puesto que había sido llamado como imputado, deseaba declarar en esa calidad. Mantuvo la misma dignidad ética que cuando presidió la Junta Democrática frente a la dictadura y los mil consensos repetidos que corrompieron y traicionaron la llamada transición.

Comenzó con una declaración impresionante de fuerza y de coraje democrático:

«Primero: el sistema judicial español hace depender la justicia, en los asuntos que afecten a los grupos de poder, de la conveniencia y los intereses de los dirigentes de los partidos políticos.

»Segundo: esta falta de independencia de la justicia proviene de una Constitución que somete el poder judicial a los jefes de los partidos.

»Tercero: el proceso en el que comparezco como imputado ha sido abierto por exclusivas razones políticas, por la deferencia del Consejo del Poder Judicial a la pretensión de los responsables de Sogecable de no ser investigados por el juez a quien correspondió el asunto por turno de reparto, por la huida poncio-pilatesca del fiscal general del Estado ante el grave atentado cometido por Garzón y García Añoveros contra la independencia y la dignidad del juez Gómez de Liaño y por los estigmas políticos del presidente y la mayoría de los miembros de la Sala II del Tribunal Supremo.»

Así sintetizó Antonio García-Trevijano la aplicación de su filosofía política a nuestra «causa especial». La comparto plenamente. Como comparto su asco ante los chismes y comadreos de Garzón y García Añoveros, su sensación de humillación por haber sido tan vilmente implicado y su enérgico rechazo de la mentira y la trapisonda que estaban en la base de aquel procedimiento. Concluyó manifestando su honor «por estar acompañado por personas tan nobles, tan honradas y tan íntegras en su profesión como Javier Gómez de Liaño, Joaquín Navarro, Ignacio Gordillo y María Dolores Márquez de Prado».

DECLARA MARÍA DOLORES MÁRQUEZ DE PRADO

María Dolores Márquez de Prado declaró el día 1 de octubre. De forma clara e incisiva, protestó por haber sido llamada, sin fundamento jurídico alguno, en calidad de imputada; por el secreto de las diligencias, que impedía la mínima contradicción necesaria y había permitido a Garzón mentir cuanto le plugo y filtrar a los medios «amigos» lo que creyó más conveniente a su causa, y porque no se le había hecho el ofrecimiento de acciones como perjudicada «que lo soy en este procedimiento, como se está demostrando, y quedará acreditado, pues todo es una acusación falsa y una calumnia y yo soy una víctima».

Destacó las escenas en las que Garzón, lamentó no ser el instructor del caso Sogecable. La primera, a los pocos días de iniciarse la investigación, asegurando que él ya habría metido en la cárcel a Polanco y a Cebrián. En la segunda, había requerido a Gómez de Liaño para que «enfermase» y le dejase tomar declaración a los dos querellados exquisitos, afirmando que el presidente de la Audiencia Nacional —Clemente Auger— tenía mucho interés en ello.

Salió al paso de las insidias de Garzón ante la reiteración por el fiscal de la ensalada de almuerzos, cenas, chismes y conspiraciones que protagonizaban aquella charca procesal. María Dolores actuó con el valor, la decisión y la cortesía que le caracterizan, sin vacilaciones ni emplastos. Es de suponer que ni Delgado ni Luzón pensaran en la posibilidad institucional de proceder contra ella por acritud o insumisión, como lo hicieran, con pleno éxito, los Martínez Zatos y Úrculos de turno, convertidos para la ocasión en un Pedrosa plural acechando con puñales y garrotes cómo Marianita Pineda bordaba la bandera de la libertad.

LA DECLARACIÓN DE IGNACIO GORDILLO

La de Ignacio Gordillo fue la declaración más breve. Comenzó exponiendo que aquel mismo día (1 de octubre de 1997) había sido relevado como fiscal del caso Sogecable, por decisión del jefe Fungairiño fundada en su calidad de imputado en esta «causa especial» (según Delgado y Luzón ser llamado como imputado no tenía la menor importancia e implicaba mayores garantías). Aseguró que toda su actuación en el caso Sogecable había sido previamente consultada con el fiscal general y respaldada por éste y no podía entender su llamamiento como imputado. Nada había comentado con nadie sobre el caso Sogecable, nada tenía que ver con la recusación formulada contra su compañero Gómez de Liaño, y había asistido, porque le plugo, a dos de los almuerzos-estrella de la farsa: el de Lur-Maitea del 26 de febrero y otro del 11 de marzo con García-Trevijano, Javier y María Dolores. En ninguno de ellos se habló del caso Sogecable (sólo alguna alusión de pasada).

El caso se llevó, por el juez y por la Fiscalía, sin demora alguna. Las que se produjeron tuvieron por causa la actitud de permanente obstrucción procesal de los querellados (multiplicando diligencias y recursos) y la recusación por ellos del juez Gómez de Liaño, tramitada con desesperante lentitud por Garzón. Ni Gómez de Liaño ni el propio Gordillo tomaron vacaciones. Sí lo hizo, con paralización de la recusación y del caso Sogecable, Garzón.

AÑOVEROS, CON SUS SEÑORES

Las declaraciones testificales comenzaron con la de Jaime García Añoveros. Hizo una exhibición de cinismo y mendacidaz. Fue para él una sorpresa que los abogados de Polanco y Cebrián lo propusiesen como testigo, pues él jamás había hablado con ellos ni con sus clientes de nada relativo a la recusación. Todo lo que sabía (que con nadie había comentado) lo sabía por mí, aunque reconocía que era inverosímil e ilógico que yo le hubiese hecho aquellas presuntas confidencias. Añoveros dijo que si tenía memoria precisa de los hechos era porque, desde 1980, llevaba un diario. Pese a ello, se contradijo flagrantemente en fechas, citas y reuniones y exhibió una notable ignorancia sobre cuestiones que debía conocer. El «diario» de Jaime García dio poco de sí. Era tan vacío como una nada redonda. Un fantasma de cacharrería.

No era cierto (ocurrió delante de testigos muy solventes) que llevase en la cartera el pliego de las preguntas que se le formularon en el incidente de recusación. No podía entender por qué los abogados acertaron a hacerle preguntas tan concretas y precisas sobre la materia, ya que él nada les había dicho. A lo largo de la recusación no se comportó nunca como abogado ni como miembro del Consejo de Administración de Prisa ni como amigo de sus amigos. Por eso nada comentó con nadie. Sus íntimos amigos Polanco, Cebrián y Matías Cortés nada supieron por él. Sólo intuyeron, al parecer, lo que él decía saber. O fueron informados de toda aquella chismorrería por Mercurio. O por el Paráclito consolador. Falso, incongruente, inconsistente y felón, Jaime García hizo aún más profunda y negra aquella cloaca. Para coronar su hazaña, preguntó si podía negarse a mantener un careo conmigo; tan seguro estaba de lo que decía. A la salida de la sala, le insistió a Jesús Santaella en su decisión de no carearse.

Su intervención terminó gloriosamente cuando, a preguntas de Ignacio Gordillo, reconoció que solicitó entrevistarse con él para pedirle —y se lo pidió— que no se imputase a Antonio Navalón en el caso Argentia Trust. Gordillo accedió a recibirlo por la insistencia de Baltasar Garzón. Cuando Ignacio le preguntó a Añoveros si también había hablado con el fiscal general (a la sazón Carlos Granados) con la misma finalidad, el instructor ordenó que no se respondiese a esa pregunta y que no constase en acta. Lo cierto es que sí había hablado con Carlos Granados en ese sentido. Tan cierto como que Baltasar Garzón había intercedido también por Navalón ante el juez José Emilio Coronado, a quien correspondió el conocimiento de las diligencias abiertas por la denuncia de la mujer de Mario Conde (Lourdes Arroyo) contra Navalón y Diego Selva por presunto falso testimonio en el caso Argentia Trust.

Así de amigo de sus amigos y leal con la amistad era Jaime García, intrigante y conseguidor. No puedo sino preguntarme, con intensa melancolía, las consecuencias que hubiese tenido para Javier Gómez de Liaño o para mí que se conociesen presiones nuestras a unos u otros jueces y fiscales para conseguir decisiones o actitudes favorables a nuestros intereses o a nuestros amigos. En cambio, la actitud de García Añoveros y Garzón no tuvo para ellos ninguna consecuencia. Ni tan siquiera fue objeto de la más leve investigación. Eran otras las «conspiraciones» y las «prevaricaciones» que merecían la pena y el proceso. Las que no existían. De las existentes, ni sombra.

LA DECLARACIÓN DEL FISCAL JEFE DE LA AUDIENCIA NACIONAL

Fungairiño —tan excelente profesional como persona— solicitó que se le llamase como imputado, porque la actuación de Gómez de Liaño y de los fiscales en el caso Sogecable fue siempre apoyada y compartida por él, porque había sido mencionado, al igual que ellos, en el auto de Garzón y porque había asistido, igual que los demás imputados, al almuerzo del 26 de febrero en el restaurante Lur-Maitea.

Su comparecencia como testigo (a propuesta de Javier Gómez de Liaño) fue una muestra de dignidad y consecuencia poco habituales en Celtiberia. Puso de manifiesto que Garzón había tramitado la recusación «a espaldas del Ministerio Fiscal», que se había informado de los trámites del incidente a través de los medios de comunicación y que ni tan siquiera le fue remitido «acuse de recibo» del informe formulado (sin que lo pidiese Garzón) por Ignacio Gordillo. Éste inició su informe con la fórmula «habiendo tenido conocimiento de que se ha instruido un incidente de recusación...», y no con la típica de «despachando el traslado conferido...», ya que nada se le había trasladado.

Fungairiño añadió que no pidió la nulidad de lo actuado a espaldas del Ministerio Fiscal para no demorar aún más el incidente y que jamás había conocido otro caso de recusación en el que se hubiese prescindido del fiscal. Se informó del auto de Garzón de 15 de julio de 1997 (por el que se rechazaba la personación de las acusaciones particulares en la recusación y se omitía cualquier relación al

Ministerio Fiscal) cuando, ya decidida la abstención por don Baltasar, el juez García Castellón (que también se abstuvo después, aunque por causas legales) le solicitó que informase sobre la recusación después de practicadas las pruebas solicitadas por el recusante (que el fiscal no conocía).

Añadió Eduardo Fungairiño que Garzón había actuado en ese incidente de forma «absolutamente distinta» a como lo había hecho en otros incidentes de recusación, en los que contó siempre con el Ministerio Fiscal y que resolvió en muy escaso tiempo. De hecho, la mayor parte de las recusaciones se resolvían en veinticuatro o cuarenta y ocho horas, o, en el peor de los casos, en cinco días. Fungairiño destacó la capacidad profesional, la probidad y la dignidad humana de Gordillo, de María Dolores Márquez de Prado y de Javier Gómez de Liaño. Resaltó, asimismo, que la instrucción del caso Sogecable habría estado terminada desde, al menos, el mes de junio si los querellados no hubiesen obstruido sistemáticamente la investigación y no se hubiese presentado la recusación, que siempre le pareció «perfectamente rechazable e improcedente». Terminó insistiendo en la desigualdad que suponía que él hubiese sido llamado en calidad de testigo y no de imputado, como sus compañeros y amigos.

JAIME CAMPMANY, INGENIOSO Y AMIGO DE SUS AMIGOS

Jaime Campmany estuvo ingenioso, amigo y brillante. Había redactado personalmente su denuncia contra los de Sogecable porque su asesor jurídico (el inteligente y fino Luis Regalado Aznar, con quien tanto queremos Jaime y yo) estaba enfermo. Había tenido múltiples comidas y cenas con sus amigos los imputados y, muy especialmente, con María Dolores y con Javier. También con Garzón. En ninguno de esos encuentros se habló especialmente de Sogecable.

Tenía un evidente interés personal en la causa: que Juan Luis Cebrián no sufriera daño alguno, porque lo conocía desde niño y era íntimo amigo de su padre, Vicente

Cebrián, desde hacía más de cuarenta años. Había sido testigo de todas las bodas de los hijos de Vicente y éste de la de todos los hijos de Jaime. Ambos habían dirigido el diario *Arriba* durante varios años, pero era absolutamente falso que él hubiese pedido la sangre de Semprún ni de nadie. Tan falso como las acciones que bellacamente le atribuían los abogados de Polanco y de Cebrián, a los que les escribió desmintiendo lo que de él decían y exigiéndoles la rectificación que nunca habían hecho. También eran falsas las relaciones que García Añoveros afirmaba que había tenido con García-Trevijano, con quien sólo había cenado en una ocasión, allá por el año 1973, en la casa de José Mario Armero.

EL FISCAL RUBIRA

El fiscal Pedro Rubira dijo que hacía cuatro años que venía actuando en el Juzgado de Garzón y que había intervenido en tres recusaciones formuladas contra éste: la de Barrionuevo, la de Vera y la de Juan de Justo. En las tres intervino desde el comienzo del incidente, participando en todos sus trámites. En todas ellas se rechazó la solicitud de prueba de los recusantes. Ignacio Gordillo le hizo estas preguntas para poner de manifiesto que Garzón había prescindido del fiscal en la recusación de Gómez de Liaño de forma consciente e intencionada, acordando la práctica de todas las pruebas propuestas por los abogados de Polanco y de Cebrián.

Añadió Rubira que jamás le habían manifestado Gordillo o María Dolores cosa alguna en relación con Sogecable o antipatía o enemistad contra Cebrián o Polanco. Dijo que era para él una gran suerte estar unido «a dos grandes fiscales, que lo son María Dolores e Ignacio Gordillo». Y terminó afirmando que no podía entender el trato discriminatorio, a su favor, que había significado declarar como testigo y no como imputado «cuando el auto del juez Garzón en el que acuerda su abstención alude a todos por igual».

DECLARA MANUEL MURILLO

La declaración del abogado Manuel Murillo puso de manifiesto que no había tenido relación alguna extraprocesal con Javier Gómez de Liaño, Ignacio Gordillo y María Dolores Márquez de Prado, que había elaborado y presentado una de las querellas del caso Sogecable a petición de diversos clientes, sin comunicación de ningún tipo con Antonio García-Trevijano, que jamás se había reunido con los imputados, que no conocía a Jaime Campmany personalmente y que en los veintiocho años de ejercicio de la abogacía había conocido pocos asuntos llevados con la celeridad, el rigor y la precisión del caso Sogecable, cuya paralización se debió exclusivamente a la recusación contra Gómez de Liaño.

DECLARA ENRIQUE GIMBERNAT

También declaró como testigo Enrique Gimbernat, posiblemente nuestro mejor penalista, ejemplo de jurista comprometido en la lucha por el derecho y uno de los escasos profesores universitarios que cabe considerar como verdadero maestro, en toda la dimensión del concepto. La razón de ser de su testimonio fue su asistencia a la «gran conspiración» que supuso, según García Añoveros, nuestro almuerzo de Lur-Maitea del 26 de febrero. Describió minuciosamente las *dramatis personae*, dónde estábamos ubicados, la ausencia de cualquier conversación generalizada o colectiva sobre Sogecable, la opinión personal que formuló sobre la posible existencia en el caso de un delito de apropiación indebida (opinión que manifestó a uno de los comensales, no recordaba cuál, sin que provocase respuesta alguna) y su absoluta ignorancia de cualquier reunión o comida de los imputados o con los imputados en que se tratase de Sogecable. A quien más conocía de los implicados era a Garzón, porque era profesor asociado de Derecho Penal en su Departamento. Como se ve, siempre era Garzón el más conocido, el que más había almorzado y cenado con unos y otros, el más interesado en Sogecable y sus adentros, el más «presente» de los presentes.

EL ARCHIVO DE LA «CAUSA ESPECIAL»

> «El hombre que piensa con su propia cabeza es un hombre libre y no va a mendigar su libertad a los otros. La libertad hay que tomarla.»
>
> Ignazio Silone.

Nada importante había ocurrido. Como Joaquín Delgado diría en su auto de archivo —de 21 de octubre de 1997—, llamar a una persona como imputado no puede tener «alcance jurídico alguno contra la persona en tal concepto interrogada, por más que la sociedad pueda valorarlo de forma peyorativa para su buen nombre». Pues qué bien. Aparte de que esto no se explicó en el auto de imputación, aun a sabiendas de que ello iba a producir gravísimos ataques mediáticos contra las personas imputadas de forma tan inane e inconsistente, un juez de la experiencia y el prestigio de Joaquín Delgado no tiene derecho a ignorar olímpicamente las repercusiones sociales (incluso institucionales) de sus decisiones. Ni tenerlas tan en cuenta como para no imputar a persona tan decidida y claramente imputable (aunque, según parece, irresponsable) como González Márquez; ni despreciarlas hasta el punto de imputar sin fundamento a personas tan «estigmatizables» como dos jueces en ejercicio, dos fiscales y un abogado (notario excedente, fundador y presidente de la Junta Democrática y uno de nuestros más competentes pensadores políticos) a los que los medios prisistas y sus aliados (como era previsible y ya anunciado) trataron como a auténticos delincuentes, casi con el *wanted* junto a sus fotografías.

El instructor entendía, como queda dicho, que llamarlos como imputados «no puede tener alcance jurídico alguno». No lo entendieron así muchos vocales del Consejo (ocho en concreto) que exigieron la suspensión de Gómez de Liaño y de Garzón al haber sido imputados por presuntos delitos cometidos en el ejercicio de sus funciones judiciales. Al parecer, la polémica conciliar fue desabrida. Versó asimismo sobre la conveniencia de suspenderme a mí también (quizá fuese la inercia), aunque mis «delitos» fuesen cometidos al margen de mi quehacer judicial. Algunos vocales llegaron a consultar a sus «jefes políticos» para saber a qué atenerse. Así actuaron los dos vocales de CiU, que recibieron la instrucción pujolista de nuestra decapitación. Según informes oficiosos, la propuesta de suspenderme contó con mayores apoyos que la de Liaño y Garzón. Gozo de grandes simpatías en el Consejo, sobre todo de los vocales que me odian como sólo se odia a un hermano separado o de los que, como Bruno Otero y Javier Moscoso, me distinguen sistemáticamente con su celo exterminador.

La actitud de Javier Delgado, que insistió en que ni tan siquiera se había recibido comunicación alguna de Joaquín Delgado a los efectos pertinentes, y la decidida oposición al Santo Oficio de Emilio Olabarría, Ramón Sáez, Manuela Carmena y los vocales que lo eran a propuesta del PP, nos salvaron de la quema. Es muy difícil y amargo para mí constatar la hostilidad de Jacobo López Barja y Ángeles Huet. A lo que se ve, el cainismo campa por sus respetos hasta en las personas más imprevisibles.

Los medios de comunicación airearon (algunos con un inocultable sentimiento de frustración) los debates del Consejo. No faltaron las voces de los que entendieron que no se había aplicado la ley con todas sus consecuencias, lo que hubiese conducido a nuestro ostracismo judicial. Sin embargo, Joaquín Delgado entendía que lo del Consejo no era nada y que los ocho vocales que pedían a gritos nuestra cabeza formaban parte de la sociedad que podía valorar «de forma peyorativa» el hecho de que fuésemos llamados en calidad de imputados.

Tampoco tenía importancia que, como consecuencia de ser imputado, Ignacio Gordillo fuese cesado como fiscal del caso Sogecable, posición que se negó a recuperar una vez «rehabilitado» de la nadería que, según Joaquín Delgado, significaba jurídicamente la imputación.

Además, ¿cómo explicarse que unos testigos fueran convertidos en imputados y no otros? El falsario García Añoveros fue el único que reconoció haber tenido desde hacía meses conocimiento de hechos delictivos sin denunciarlos ni intentar impedirlos. Su conducta podría encajarse perfectamente, desde un principio, en el artículo 450 del Código Penal. Su condición de ex ministro, catedrático de Hacienda Pública y abogado en ejercicio le hacían especialmente exigible esa actitud de denuncia. ¿Por qué no se le llama como imputado? ¿Cuál es la línea divisoria entre testigos e imputados? Si es la que en su auto de archivo explica el instructor, tenía el deber de llamar a Añoveros como imputado. ¿Por qué no lo hizo? ¿Por qué no lo mentó el «oráculo» Garzón en su indecente auto de abstención?

Si el mismo Añoveros reconoce paladinamente que conoció hechos tan graves y no los denunció, ¿qué causa de inmunidad lo hace «inimputable»? «Ítem más», como dirían los clásicos, si Garzón, que es la base de todo el engendro (casi la palanca que añoraba Arquímedes), dice que supo por Neira «y por otras personas» los datos extrajudiciales que le produjeron el estallido de la conciencia, ¿por qué ni tan siquiera preguntarle quiénes son esas otras personas para llamarlas, asimismo, como imputadas? Han quedado en la noche del anonimato o, según se mire, «en los senderos de Marte / donde vomitan muerte los borrachos». Además, si Garzón declara que fue comunicando esos «datos» a Siro García y a Javier Zaragoza, ¿por qué no se les imputa nada?

EL FISCAL LUZÓN DESAUTORIZA AL MINISTERIO FISCAL

Eduardo Fungairiño —tan fiscal de Sala del Tribunal Supremo como José María Luzón— había afirmado con toda rotundidad, en el informe que remitió a Manuel García Castellón sobre la recusación, que de lo actuado en la misma no se desprendía ni el más leve indicio de prevaricación en la conducta de Gómez de Liaño, ni la más ligera sombra de conspiración en el resto de los imputados, ni la menor credibilidad en el testimonio de García Añoveros, «testigo de inquietante parcialidad», dados sus intereses societarios y patrimoniales en el Grupo Prisa. Sus declaraciones no podían, en forma alguna, prevalecer sobre las de Neira y las mías.

Si esto había dicho antes de iniciarse la «causa especial» y, desde luego, con mucha anterioridad al informe del fiscal —de 22 de septiembre—, ¿cómo éste prescinde por completo del informe demoledor de Fungairiño y contradice flagrantemente su calificación de los mismos hechos? Fungairiño había combatido con decisión, implacablemente, el auto de abstención de Garzón y, sin embargo, Luzón lo toma por fundamento (casi como «Tabla de la Ley») de su escrito solicitando nuestro llamamiento como imputados. ¿Cómo fue posible tan palmaria e inexplicable contradicción entre dos fiscales de Sala del Tribunal Supremo? ¿Acaso pretendía Luzón dejar en entredicho a Fungairiño y, con él, al propio fiscal general del Estado, que había apoyado sistemáticamente a aquél y a Ignacio Gordillo en toda la tramitación de Sogecable y en sus dos informes sobre la recusación? ¿Acaso había que montar fatal y necesariamente el *show*-farsa de la «causa especial», como recordatorio institucional de dónde seguía el redil y de los límites infranqueables del «sistema coronado» que padecemos, llamándolo, contra toda lógica, sistema democrático? ¿Acaso había que tratarnos como víctimas propiciatorias para estimular el acuerdo de las dos plataformas digitales mediante el sacrificio de Gómez de Liaño y de los que más habíamos destacado en su defensa como juez honesto e imparcial tanto del caso Sogecable como del caso Lasa-Zabala? ¿Es cierto que Polanco había exigido la cabeza de su juez natural como condición para el gran pacto televisivo y que ello determinó la abstención de Garzón, el linchamiento de Gómez de Liaño, la «causa especial», la estimación de la recusación por Ismael Moreno y el archivo de Sogecable?

Ni puedo ni debo afirmar que Joaquín Delgado y José María Luzón actuaron conscientemente como instrumentos de designios políticos y oligárquicos, pero es evidente que su actuación no se atuvo a mínimos parámetros de prudencia y de equidad y que no reaccionaron con la rapidez y con la contundencia que exigía la patente antijuridicidad de la operación intentada contra todos nosotros. Creo que, como el mismo fiscal general del Estado, no supieron sustraerse al clima de linchamiento suscitado por importantes sectores institucionales de la Audiencia Nacional, del Consejo General del Poder Judicial, del Tribunal Supremo y del propio Tribunal Constitucional, jaleados y enaltecidos por el poder mediático del polanco-felipismo y no frenados ni atemperados por el Gobierno ni los partidos políticos de mayor implantación parlamentaria. Sólo Izquierda Unida, singularmente su coordinador general Julio Anguita, salió al paso de esta opereta fundada en la mendacidaz de Garzón y de Añoveros.

Lo que razona Joaquín Delgado en su resolución de archivo confirma plenamente que la «causa especial» careció, desde el principio, de cualquier apoyo jurídico. No existía el menor indicio de confabulación o conspiración, pues las declaraciones de Garzón y de Añoveros (que ya existían en el incidente de recusación y en el auto de abstención) estaban contradichas por Neira y por mí (ya lo estaban en el incidente de recusación). Delgado añade que en el auto de Garzón (base exclusiva de la causa especial) no se formulaba, en realidad, «imputación de delito contra Gómez de Liaño y sus posibles copartícipes». Tampoco había indicio alguno de los delitos de omisión del deber de denunciar o impedir hechos delictivos, pues la confabulación no existió y Garzón, en su auto, dijo y repitió expresamente no tener constancia ni de la realidad de la misma ni de la comisión de hecho delictivo alguno.

Si todo esto era así, y así era, ¿por qué el precipitado e infundado acuerdo del Consejo General del Poder Judicial, la inexplicable reacción del fiscal general del Estado, la instantánea y gratuita decisión de la Sala de lo Penal del Tribunal Supremo incoando, sin más, la «causa especial» y las actuaciones inanes de Luzón y Joaquín Delgado?

Para colmo, el instructor dice en el auto de archivo que «no puede enjuiciar ni el fondo ni la forma» del auto garzonita (quicio exclusivo de tan desquiciado asunto), ya que «al respecto ya se pronunció la Sala de Gobierno de la Audiencia Nacional [...] cuando acordó estimar justificada la abstención en su sesión del día 10 de septiembre, aunque fuese por cuatro votos a favor y tres en contra». ¿La prevaricación deja de serlo si es «bendecida» por un órgano gubernativo, en ningún caso jurisdiccional? ¿Puede aquél sacralizar ante la justicia esa resolución cainita, mendaz, cínica y prevaricadora que dejó a Javier Gómez de Liaño y a sus compañeros y amigos a los pies de los caballos y entre los cuernos del toro celtibérico del odio, la envidia, la difamación y el linchamiento? En todo caso, para ese «viaje» (el de la «causa especial» y sus aledaños) no hacían falta más alforjas que la irracionalidad y la iniquidad.

LA CONSPIRACIÓN Y LA OLA DE LA FORTUNA

Como dijo con su habitual contundencia Pablo Sebastián, «el episodio de la conspiración ha servido para identificar un poco más la trama polanco-felipista que inunda y pudre el poder judicial y que ha unido en santa trilogía a Sogecable, Filesa y los GAL. Los que han intentado sentar en el banquillo del Supremo a los jueces, fiscales y abogados que denuncian el crimen de Estado y la corrupción, mientras los presuntos criminales recusan a sus jueces y se mofan de la ley». [2]

Días antes del archivo de la «causa especial», cuando ya estaba cantado, escribí estas reflexiones:

[2] «El Supremo archivó la conspiración», *El Mundo*, 23 de octubre de 1997.

«La bufonada de la conspiración antipolanquista ha terminado. La fabulación no da más de sí. Han sido descubiertas la urdimbre y la trama de la farsa. Los que fueron imputados como conspiradores han demostrado que los únicos conjurados eran sus acusadores y que Javier Gómez de Liaño sigue siendo, después del linchamiento y la difamación fecal del polancofelipismo, el juez íntegro, imparcial e independiente que siempre ha sido. Pese a la trompetería, el fasto y el navajeo de los acusadores, que han utilizado los cuchillos cachicuernos de las grandes solemnidades, la verdad ha podido sobrevivir. La payasada garzonesca —digna de un bufón real— ha pasado a engrosar, en sus capítulos más festivos, la *Historia universal de la infamia* de Jorge Luis Borges. Justo al lado de la gonzalizada. Pero la conjura y la intriga continúan. Son como una peste endémica en estos pagos de Celtiberia.

»Para Quevedo la conjura reúne todos los ingredientes de la voluntad de poder político y económico. El impulso de ser más en su dimensión más propia: la lucha por el poder. Quevedo piensa en Bruto, un hombre vacilante en la acción y perplejo en el pensar, consumido por pasiones contrapuestas. Don Francisco lo define así: "Quien piensa tran profunda y continuadamente que se consume a sí mismo ¿qué hará al que aborreciese?" Marco Antonio es otra cosa. Espera la fortuna de Bruto para subirse a la cresta. Shakespeare fue con él más realista que nuestro Quevedo con Bruto: "Hay una ola en los negocios del hombre / que si se coge a tiempo lleva a la fortuna." Hay que cogerla a tiempo. Aunque sea preciso para ello —con la ayuda de acólitos y sayones— acusar, deshonrar o estrangular a los que, en nombre del derecho, se ponen frente a esa ola de la fortuna, contra sus voces henchidas de violencia, robo y sangre asesinada.

»Nada tienen que ver con las verdaderas conspiraciones las que Tierno Galván calificaba como "conspiraciones ingrávidas". Responden a exigencias sociales y económicas que merman de radicalismo a la actitud del conspirador. Son situaciones en que el entusiasmo y los convencimientos no acaban de convertirse en acciones hostiles contra el sistema. Se trata de conspiradores de buena fe, poseídos de entusiasmo moral, que si en algún caso derivan hacia lo cómico es por el prejuicio occidental de que sólo las conductas radicales son realmente valiosas. Al poder le caen bien los conspiradores ingrávidos. Suelen ser un buen pretexto para cantar las excelencias de la libertad y la tolerancia del sistema y para encubrir su impotencia frente a los conspiradores reales.»

LOS VERDADEROS CONSPIRADORES

Somos cada vez más los que pensamos que en España siguen vivas cuatro grandes conspiraciones. En todas ellas se llegaron a ejecutar los crímenes que pretendían los conjurados. La primera fue el intento de golpe de Estado del 23-F, cuyos inspiradores siguen sin salir a la luz ocupando —algunos de ellos— puestos de alta responsabilidad en la trama institucional del sistema. Ni tan siquiera se arañó la superficie de aquella conjura. No podía ser. Afectaba a los cimientos del régimen, a sus costuras y a su púrpura. Además, el intento golpista había prosperado al multiplicar temores y cobardías en la clase política de la transición que, junto al «pacto del capó», otorgó graciosa y consensuadamente el auto-golpe de la corrupción.

La segunda fue para robar fondos públicos y perpetrar cohechos y prevaricaciones de toda laya en beneficio de las más poderosas oligarquías partidarias y, muy a su cabeza, la del felipismo gobernante durante catorce años. Nadie podrá llegar a remover las grandes piedras para que se vean los gusanos más ilustres y se proceda en consecuencia. Se procederá en inconsecuencia. Serán incriminados y condenados —como siempre— los sargentos Vázquez de la farsa. Contemplar el juicio-*show* de Filesa, tan denso de soldados y sargentos como ayuno de jefes y generales, convierte el proceso en una infamia. Ver cómo llegan a la sede del Tribunal Supremo, en calidad de testigos de lujo (sin las garantías, pobrecillos, de cualquier imputado por la conspiración antipolanquista de Gómez de Liaño y sus iguales), los González, Serra y Galeote, es un espectáculo conmovedor. Sin que haya faltado la recepción orgiástica de González, en la puerta principal del viejo Palacio de Justicia, por un magistrado reverente, que también salió a despedirlo. Casi como Alonso Quijano: «Princesas cuidaban dél / doncellas de su rocino.»

La tercera conspiración fue para secuestrar, asesinar y torturar. Se decidió en la cúpula del primer Gobierno felipista al abrigo de un promisorio y garantido horizonte de impunidad. Algunos conspiradores máximos siguen a la sombra de esa X gigantesca que continúa indespejable e indescifrable para una justicia que no está hecha para investigar, juzgar y condenar a los grandes delincuentes de Estado. Como los que conspiraron para robar, y robaron, los que lo hicieron para asesinar, y asesinaron siguen confiando en que el subpoder judicial que impusieron les garantice el derecho a la impunidad.

Estamos en la cuarta conspiración. Precisamente la que se realiza contra la justicia por los que exigen el derecho a delinquir impunemente. No paran en barras. Ni en togas. Los que no estén dispuestos a mirar hacia otro lado, a simular ceguera o amnesia o a rendir homenaje de servidumbre al poder serán marginados o eliminados, con la colaboración impagable de algunos sectores institucionales y judiciales especialmente apostólicos con el poder de los conspiradores. Para todos ellos, la reflexión de Denis Robert es calumniosa: «¿Por qué continuamos creyendo en la mentira de Estado que consiste en repetir hasta la saciedad que la justicia es independiente, igual para todos, serena e imparcial?» Que respondan los protagonistas de esas cuatro conspiraciones. Ellos y sus cómplices togados. Otros ya hemos respondido, y nuestras escasísimas esperanzas en la justicia se nos están muriendo a chorros. A «contravida».

Pero no fue a contravida lo que me sucedió al día siguiente del archivo. Cuando llegué a mi casa, cargado de papeles y de indignación, Pura me enseñó un gran centro de plantas ornamentales que nos había enviado, desde Valencia, nuestra amiga María Luisa Benech dándome la enhorabuena. La habíamos conocido en el Foro de Opinión, que dos años antes, a través de su presidenta Amparo Caballer, me invitó a pronunciar una conferencia. Queremos muchas cosas con María Luisa. Entre ellas, la libertad, la decencia y la dignidad civil. Su centro de plantas estaba cargado de la solidaridad, la gentileza y la sensibilidad que la caracterizan.

Tampoco fue a contravida la actitud de permanente apoyo de Antonio Herrero. Cuando muy pocos periodistas (Pablo Sebastián, Lorenzo Contreras, Gabriel Albiac, Javier Ortiz, Pepe Cavero, Andrés Aberasturi, Jaime Campmany, Federico Jiménez Losantos, José Luis Balbín, Raúl del Pozo, Matías Antolín y muy pocos más) se atrevieron a enfrentarse al imperio mediático del polanco-felipismo, la voz madrugadora y valiente de Antonio Herrero era como un bálsamo de dignidad y de coraje en medio del fragor de la jauría.

Mucho después del archivo, he sabido que Joaquín Delgado atrajo sobre sí la cólera de algunos de sus compañeros (Enrique Bacigalupo a la cabeza) que entendían que el instructor se había excedido al decretar el archivo sin contar con su concurso. Según parece, la decisión de Joaquín Delgado les pareció precipitada y blanda. Había desaprovechado conscientemente, por esa difícil integridad de las personas que, a la postre, sólo saben ser justas, una gran ocasión para desjarretar de un golpe a los enemigos del polanco-felipismo tan cómodamente rampante en algunos sectores de nuestro más alto tribunal de justicia. También algunos sectores (casi todos de la cúpula) del Ministerio Fiscal se sintieron defraudados e indignados por la decisión del fiscal general del Estado de enviar la causa al Tribunal Supremo y no dejarla en sus manos para el despedazamiento de todos los que estábamos en ella.

No tengo duda alguna de representar a los que fuimos gratuitamente imputados en la «causa especial» al desear salud y bienestar a Joaquín Delgado. Estoy convencido de que es un hombre digno que quiso ser justo y creyó que lo era. A muchos jueces íntegros de este país les convendría reflexionar sobre las palabras de Shakespeare en *El rey Lear*: «Los vicios pequeños se ven a través de los andrajos, pero la púrpura y el armiño lo ocultan todo.»

Pese a todos los pesares, han existido y existen jueces en este país cuya defensa de los derechos humanos, de la libertad y de la dignidad de su pueblo ha estado muy por encima de cualquier cálculo personal de prudencia o promoción. Recuerdo por todos ellos la figura entrañable de Julián Serrano Puértolas. Fue juez de San Sebastián en el tardofranquismo, cuando los estados de excepción eran casi norma en las «provincias traidoras». Dos ejemplos bastan para presentarlo. El primero fue su encausamiento del gobernador de Guipúzcoa Valencia Remón, a quien el general Franco tuvo que nombrar apresuradamente consejero nacional del Movimiento para librarlo de la justicia independiente de Julián Serrano. El segundo fue la exhibición de integridad y lealtad a su oficio con Javier Ortiz. Detenido en Burgos, con la singular acusación de haber proyectado la destrucción de la catedral, fue trasladado con sus compañeros a San Sebastián porque allí sería más fácil torturarlos y someterlos a una justicia excepcional. Y lo fue en el sentido que los policías no esperaban. Julián decretó la libertad inmediata de todos los detenidos y ordenó abrir diligencias para la investigación de las torturas. Su toga no fue jamás pisada por la bota del poder. Era una toga limpia, que nada tuvo nunca que ver con la justicia que complace al príncipe.

CAPÍTULO DIEZ

UN DERECHO DE EMERGENCIA, UNA JUSTICIA DE EXCEPCIÓN

> «La razón jurídica del Estado de Derecho no conoce enemigos y amigos, sino sólo culpables o inocentes. No admite excepción a las reglas dado que las reglas —si se las toma en serio— no pueden ser doblegadas cada vez que conviene. En la jurisdicción, el fin no justifica los medios, es decir, las reglas y las formas son garantías de verdad y de libertad y, como tales, tienen valor para los momentos difíciles más que para los fáciles. Y el fin no es el éxito a toda costa sobre el enemigo, sino la verdad procesal.»
>
> Luigi Ferrajoli, *Derecho y razón.*

PRESOS ESPECIALES

Quienes estábamos contra la «soberanía» del Ejecutivo en el campo penitenciario y reclamábamos un mayor protagonismo del poder judicial, pues la ejecución de lo juzgado forma parte de su quehacer constitucional, fuimos de pronto asaltados, a traición y sobre seguro, por el decreto del Gobierno Aznar, de 7 de mayo de 1996, por el que Instituciones Penitenciarias se incorporaba al Ministerio del Interior. Nada que ver con el de Justicia. El Gobierno del PP aprovechó la fusión de ambos ministerios en la égida Belloch para, al separarlos de nuevo, atribuir a Interior las desmedidas competencias gubernamentales sobre la realidad penitenciaria. Esas competencias se mantienen y, encima, en manos del ministerio policial por excelencia. Se impone la lógica represiva juntamente con el pretorianismo. Cosas de la seguridad «política» al margen de la seguridad jurídica.

Claro que, con ello, todo seguía igual. Estuvieron muy bien las voces que se alzaron contra una decisión, probablemente inconstitucional (que en todo caso parecía exigir una ley orgánica) y escasamente acorde con la finalidad resocializadora de las penas privativas de libertad. Y tenía toda la razón del mundo la Federación de Servicios Públicos de UGT al reclamar que «los centros penitenciarios no deben convertirse en una herramienta policial más». Pero esto era ya una realidad antes del «decretillo» de 7 de mayo de 1996. La decisión del Gobierno del PP no hacía más que bautizar formalmente esa realidad: la política penitenciaria es política del Gobierno, sometida, como tal, a criterios de oportunidad y conveniencia. La intervención del poder judicial es fatalmente necesaria, pero hay que limitarla de manera adecuada. Ni los jueces de vigilancia penitenciaria ni los tribunales en su conjunto son de fiar. No participan de la «lógica de Interior». Son otra cosa.

A nadie medianamente avisado le cabía duda sobre el sentido de la medida. Un régimen especial de seguridad y tratamiento de los presos de ETA (más de quinientos) y una adecuada política de control y análisis de la información que sobre ETA se genera en las cárceles «bien valían aquella misa». Un funcionario de prisiones que quiso conservar su anonimato preguntó ingenuamente: «¿Qué culpa tienen los cuarenta mil internos que no tienen nada que ver con el terrorismo?» La seguridad del Estado no admite ese tipo de preguntas. Además, el simple hecho de formularla implica, necesariamente, la aceptación de que los presos etarras son diferentes. Pero, como no cabe que ellos dependan de Interior y el resto de Justicia, todos a Interior. Todo supeditado a las exigencias políticas, policiales y penitenciarias de la «lucha contraterrorista», a la que sólo cabe aplicar un derecho de excepción o de emergencia.

Pero no debe ser así. No puede ser así. La lealtad política a los derechos humanos de los más vulnerables y desprotegidos —sea cual fuese su «causa»— es el «test» fundamental de un Estado democrático de derecho. Igual que un derecho penal de excepción no es derecho, tampoco lo es un derecho penitenciario de excepción o emergencia.

REAGRUPAMIENTO, APROXIMACIÓN Y DISPERSIÓN

La dispersión de presos etarras fue uno de los grandes inventos políticos de la política penitenciaria del felipismo. Pero nadie disimuló sobre sus causas y finalidades. Se trataba, sin aspavientos juridicistas de ningún tipo, de una decisión estrictamente política al servicio de la lucha antiterrorista. Nadie habló de que la dispersión se inscribiese en principios de individualización penitenciaria. Era una política sancionatoria de los reclusos de ETA para evitar su concentración, premiar a los «buenos» y castigar a los «malos». Nada tenía que ver con las exigencias particulares o generales de resocialización.

El Gobierno Aznar quiso maquillar el sistema con lo de la individualización y la resocialización. Jaime Mayor Oreja ha sido el mejor vocero de esa política: «La política penitenciaria defendida por el Gobierno al inicio de la legislatura exige, respecto al colectivo de internos terroristas de ETA, *cierta especificidad que armonice, de una parte, un escrupuloso respeto a la legalidad y, de otra, un planteamiento eficiente de lucha contra esa forma de criminalidad.*» El tratamiento individualizado exige una distribución de los internos etarras en la que «se pretende tutelar el derecho preferente de aquellos internos que opten por abandonar la disciplina de la banda terrorista, reinsertándose socialmente. [...] Asimismo, se privilegia el derecho de los internos, que voluntariamente lo quieran, a seguir libremente un proceso de rehabilitación sin presiones». Al lado de estas exigencias de «tratamiento individualizado», la evitación del desarraigo social y familiar de los presos no pasa de ser un criterio orientador para que la Administración Penitenciaria distribuya territorialmente los centros a fin de que se atiendan adecuadamente las necesidades penitenciarias de todos los territorios del país. «El acercamiento debe vincularse a la reinserción social, lo cual no puede comprobarse a través de medidas colectivas y generalizadoras hechas desde instancias que desconocen la evolución personal del interno y que impiden analizar individualizadamente las conductas de quienes mejor evolucionan, beneficiando a los más inmovilistas.»

Los rodeos y ambigüedades del discurso no ocultan una realidad incuestionable: los presos etarras son instrumento de la política antiterrorista del Gobierno. Éste tiene el dominio de la recompensa y del castigo, y la llamada «individualización» responde prioritariamente a un objetivo: distinguir a los «amigos» de los «enemigos» para retribuir la conducta de aquéllos y reprimir la de éstos, de forma que el tratamiento de los «amigos» induzca a los otros a rectificar su actitud.

No existen verdaderamente «derechos», sino «concesiones». Éstas serán administradas con mayor o menor generosidad según la coyuntura de la lucha antiterrorista. Si los etarras secuestran o matan, se restringen las concesiones. Si no lo hacen, se amplían. Es un rasgo típico del derecho de excepción: sirve de instrumento, nunca de límite o control, de las decisiones políticas. Mientras el resto de los reclusos, mal que bien, tienen acceso normalizado a los distintos regímenes de progresión de grado, permisos de salida, libertad condicional, excarcelación por enfermedad grave, etc., los presos etarras quedan por completo sometidos a la conveniencia u oportunidad política de la lucha antiterrorista.

LA APROXIMACIÓN COMO DERECHO

Pese a los notables esfuerzos de Jaime Mayor (a quien hay que agradecer, al menos, su templanza en la expresión y en la actitud, tan lejana de viejos usos pretorianos y energuménicos), lo cierto es que no tiene razón alguna. Desde luego, en ningún caso la razón jurídica propia de un Estado democrático de derecho. Porque no es sólo el contenido del artículo 12 de la Ley Penitenciaria (que ordena evitar el desarraigo social de los penados mediante su acercamiento a su núcleo territorial de residencia). El artículo 63 establece que la clasificación de los reclusos deberá hacerse tomando en cuenta su personalidad e historia individual, social y familiar. El Reglamento Penitenciario (de 9 de febrero de 1996) dice en su exposición de motivos que uno de los objetivos esenciales del régimen penitenciario es «fortalecer vínculos entre los delincuentes y sus familiares y la comunidad, en línea con las condiciones de Naciones Unidas en su reunión de Tokio de diciembre de 1990». El artículo 3 del Reglamento señala que la vida en prisión debe tener como referencia la vida en libertad, reduciendo al máximo los efectos nocivos del internamiento y favoreciendo los vínculos sociales. Y el artículo 81 establece que el tratamiento individualizado ha de tomar en consideración las posibilidades de vinculación familiar del interno.

Todo ello no es sino consecuencia del mandato constitucional que establece como objetivo de las penas privativas de libertad la reeducación y la reinserción social de los condenados (que se facilita, obviamente, al preparar su retorno al ámbito social y familiar del que proceden) y del principio proclamado en el artículo 3 de la Ley Penitenciaria: el régimen penitenciario respetará en todo caso la personalidad humana de los reclusos. Mal se aviene con estos postulados un sistema penitenciario que, en la práctica, somete el derecho al interés político y «castiga» a los familiares y amigos de los reclusos con el plus de penalidad de alejarlos del medio social y familiar al que pertenecen. Mal se aviene, asimismo, con el propósito (reiterado en las esferas oficiales) de que el preso etarra «conozca la realidad existente en el pueblo vasco en cuanto a la reprobación y condena del terrorismo». De otro lado, el discurso oficial que se opone a la aproximación de los reclusos mediante su identificación con el «reagrupamiento» carece de cualquier fundamentación mínimamente rigurosa. Como el de acusar a los que defendemos el derecho al acercamiento de coincidir con los etarras o con HB. Es una estupidez y una irresponsabilidad. El Parlamento vasco, el PNV, EA, IU, gran parte de la cúpula del PSOE, los obispos vascos, multitud de ONG y muy amplios sectores de la sociedad no pueden ser tildados, sin más, de pro-etarras o pro-HB.

Estar administrando homeopática y políticamente los derechos penitenciarios de ciertos reclusos, subordinando su ejercicio —incluso su existencia— a los vaivenes de la lucha antiterrorista y de la brutalidad asesina de los etarras es convertir a esos reclusos en «rehenes» del Estado. Se dice que el tratamiento individualizado tiene entre sus objetivos evitar o romper la relación de los presos etarras con la organización terrorista, es decir, que ésta los utilice como «rehenes». Pero tampoco pueden serlo del Estado. Rehenes de nadie. Si son «presos políticos», que así se diga y así se cumpla. Lo que no vale es negarles tal condición y comportarse con ellos como si la tuvieran.

UNA EXHIBICIÓN EJEMPLAR: LA PRISIÓN DE PEPE REY

Podían ponerse otros ejemplos, pero el más cercano para mí por la relación de afecto que nos une (también el más significativo por sus implicaciones en el derecho a la información y a la libertad de prensa) es el de Pepe Rey. Los hechos fueron así. El 1 de diciembre de 1993 la policía ocupó materialmente las oficinas y las instalaciones del diario *Egin*, en Hernani. Era un registro «autorizado» por resolución de Carlos Bueren, titular entonces del Juzgado Central de Instrucción nº 1 de la Audiencia Nacional. La finalidad teórica del registro era localizar documentos que relacionasen orgánicamente al diario o a cualquiera de sus colaboradores con ETA. La resolución judicial no limitaba el registro a determinados despachos, mesas o dependencias, sino que lo extendía a toda la sede del diario, sin condicionamiento alguno. La policía requisó miles de documentos que nada tenían que ver con el presunto fin del registro y sí con determinadas actividades económicas y societarias de diversos partidos políticos y entidades oficiales de Euskadi. Documentos cuyo paradero actual se sigue desconociendo.

La operación fue espectacular y suscitó múltiples y encendidos elogios de los medios felipistas y sus aledaños. La libertad de información —se decía— nada tiene que ver con el terrorismo. A la guerra, como en la guerra. A estos efectos, las oficinas de un periódico eran como una tienda de ultramarinos. Y Carlos Bueren era un príncipe del antiterrorismo judicial. Que lo imitasen sus compañeros, muchas veces pasivos o «blandos» ante la horda etarra y sus cómplices políticos y periodísticos. Los que reprobamos aquella autorización judicial ilimitada e incondicionada, sin fundamentos aparentes ni objetivos concretos, fuimos rápidamente fulminados por los «bien pensantes», por la «gente bien» del sistema. Los superiores designios de la lucha antiterrorista debieron exigirnos mayor prudencia.

Nada ocurrió tras la operación de Hernani hasta que, el 24 de agosto de 1994, se ordenó la detención y prisión de Pepe Rey, redactor-jefe de *Egin* y director del equipo de investigación del diario. Fue quirúrgicamente intervenido de una delicada enfermedad del corazón en noviembre de 1993 y hasta finales de marzo de 1994 no se reintegró al trabajo. Por todo ello (por estar convencido de su absoluta desvinculación con cualquier actividad terrorista y por su delicado estado de salud) me sorprendió y alarmó su encarcelamiento. Sobre todo cuando muy pronto fue patente su falta de justificación. Se le acusaba, porque sí, de haber hecho llegar a ETA documentos relativos a empresas y personas para que los terroristas pudiesen chantajearlas, propiciando la recaudación del «impuesto revolucionario». Era, por tanto, culpable de colaboración con banda armada. Fue puesto en libertad, bajo fianza de 2 millones de pesetas, el 26 de noviembre de 1994, tres meses después de su ingreso en prisión.

El juicio duró ocho días, como si los hechos tuviesen grave complejidad. Todo quedó en nada. Carlos Bueren se había marchado de la judicatura para ejercer la abogacía en un macro-bufete. Nadie declaró contra Pepe Rey. Ningún documento lo incriminaba. La inconsistencia de la acusación era tan manifiesta que, durante la celebración del juicio, se retiró como parte acusadora la Asociación de Víctimas del Terrorismo, cuyo celo punitivo nadie puede cuestionar. Sin embargo, el fiscal mantuvo su acusación hasta el final, aunque fuese lánguidamente y sin convicción alguna.

La sentencia fue absolutoria. Pero el tribunal se vio en el deber de decir que la acusación no era infundada, que no había existido ataque alguno a la libertad de expresión o de información y que el acusado no había sido víctima de un intento de criminalizar al diario *Egin*. Había sido víctima del compañero que hubiese entregado a ETA unos informes que sólo debían utilizarse en la legítima investigación periodística. Pepe Rey no era nada: ni delincuente ni víctima. Pudo muy bien repetir, con Pepe Bergamín: «Yo soy yo, mi sombra y mi esqueleto / tres personas distintas / en un solo fantasma verdadero.» Al fin y a la postre, fantasmáticos fueron su prisión, su juicio y su absolución. Y los fantasmas no tienen derecho a ser resarcidos. Sólo a pasear sus cadenas.

EL TRIBUNAL SUPREMO ARREMETE CONTRA LOS ENEMIGOS: LA CONDENA DE HB

El espíritu de Ermua, la apertura del juicio oral en el caso de Segundo Marey y la sentencia de Filesa enmarcaban el juicio contra la Mesa Nacional de HB. Todas las fuerzas del sistema, con muy contadas excepciones, venían desde hacía tiempo exigiendo una sentencia condenatoria como única forma de terminar con la «impunidad» de los dirigentes abertzales. Desde el campo de éstos se respondía con bravatas y advertencias de diversa índole. La guerra estaba servida. Aznar «instaba» al Tribunal Supremo a que aplicase «todo el peso de la ley» sobre los acusados, como si un presidente del Gobierno pudiese «instar» a algo a un tribunal. Desde la coalición hachebera se daba por dictada la condena desde mucho antes del juicio. Las cosas llegaron hasta el punto de que una revista tan poco sospechosa de proclividades abertzales como *El Siglo* destacaba la celebración de reuniones de Mayor Oreja con De Vega y terminaba asegurando la existencia «de una escalada de presiones por parte del Gobierno sobre los magistrados».

Ante la sorpresa de muchos, la defensa de los acusados fue «jurídica» y tuvo alto nivel técnico. En la otra orilla, las acusaciones particulares y la acusación pública, que quizá daban por hecha una actitud política y mitinera de los acusados, anduvieron malamente, con una extraña pasividad. Desde el principio, las cábalas se multiplicaron. Desde quienes pensaban que todo estaba pactado entre el Tribunal Supremo y el Gobierno (que no eran pocos) hasta los que entendían que no existía fundamento jurídico para una sentencia condenatoria y que, por tanto, la absolución estaba cantada, pasando por los que calculaban sobre la actitud y la biografía de los miembros del tribunal. Si nadie cuestionaba la posición condenatoria de José Augusto de Vega, algunos especulaban sobre Ramón Montero, víctima reciente de la «injuria» del Consejo de haber pactado a sus espaldas, por consenso, la designación de Jiménez Villarejo como presidente de la Sala II de lo Penal del Tribunal Supremo, cargo al que aspiraba también Montero. En cuanto a Roberto García Calvo (ponente), era, sin duda, el más técnico de los tres y, pese a su biografía (fue gobernador civil con el «primer» Fraga, destacando por su fundamentalismo integrista), podía pensarse en una actitud más científica que otra cosa. De hecho, se barajó hasta el final su proclividad a la absolución o, en su caso, a formular un voto particular contra la sentencia condenatoria de la mayoría.

Una semana antes de firmarse la sentencia ya los medios difundieron la noticia de la condena. Se conocía la resolución hasta en sus menores detalles. Por eso, cuando el 1 de diciembre se hizo pública la sentencia, a nadie extrañó. Era una condena anunciada. Pero fue más dura de lo que se preveía. Se dijo que el presunto pacto era condenar a los acusados a penas de cinco a seis años. Se afirmó que el tribunal podría estimar la frustración del delito. Incluso se manejó la hipótesis de que algunos de los veintitrés acusados serían absueltos.

La sentencia fue saludada con júbilo por todos los medios del sistema. Fuimos muy pocos los que, sin profesar simpatía alguna a la causa de HB, criticamos la resolución desde el derecho, la objetividad y la racionalidad democrática. Pero esto no sirvió para impedir insinuaciones, más o menos veladas, de «dar alas a los violentos» o simpatizar con ellos. No estaban los tiempos para sutilezas liberales. La sentencia era, en definitiva, un instrumento eficaz en la lucha contra el terrorismo, una demostración de que se había acabado la impunidad de los cabecillas de HB y una prueba de que el tribunal no había tenido miedo.

Hay que reconocer, porque es cierto, que la resolución está muy elaborada. Que estudia todas las espinas del problema e intenta persuadir de lo que dice. No era una estocada pescuecera ni una exhibición de estilo pretoriano. Pero no puede convencer desde un punto de vista estrictamente jurídico. Enrique Gimbernat hizo, en mi parecer, el mejor y más claro análisis de la resolución: «Tergiversa la letra y el espíritu del precepto legal que define el delito de colaboración con banda armada; rompe con lo que hasta ahora había sido una interpretación unánime del Tribunal Supremo del referido delito; y resucita la apología del terrorismo, reprimiéndola ahora, con una pena mucho más severa, como una sedicente colaboración con banda armada. Por todo ello, no sólo se trata de una resolución profundamente equivocada, sino, además, de una amenaza para el futuro de la libertad de expresión en este país.» [1]

La sentencia dedica mucho espacio a explicar *lo que no es*. No es una causa penal contra HB, no tiene connotaciones políticas. No criminaliza la libertad de expresión. El tribunal asegura que el objeto del proceso no ha sido «el análisis global de la actividad y finalidad de una formación

---

[1] «La sentencia de HB», *El Mundo*, 6 de diciembre de 1997.

política legalizada como es HB». La sentencia no ha pretendido tampoco sustituir el estudio de las decisiones que, para afrontar «el problema vasco», deben propiciarse desde las instituciones pertinentes y por los cauces democráticos. «Las sedes judiciales —dice la sentencia— no pueden transformarse en foros donde resolver seculares contiendas políticas, y este tribunal no aspira a ello.» Los magistrados rechazan la existencia de apología del terrorismo en los comunicados de ETA sobre los asesinatos de Francisco Tomás y Valiente y Fernando Múgica, pues carecen de «contenido incriminatorio», aunque «son ilustrativos de toda una línea de comportamiento que emana de la actitud de HB en torno a las acciones terroristas de ETA». La reivindicación del derecho de autodeterminación y la defensa de la «alternativa democrática» presentada por los etarras en los vídeos electorales como propuesta para la solución del problema vasco son perfectamente legítimas.

Parece el preámbulo de una sentencia absolutoria, pero no es así. No es el contenido de la «alternativa democrática» en sí mismo el que genera la responsabilidad penal, sino su difusión a través de los vídeos, a partir de la decisión de ceder un espacio electoral gratuito a una organización terrorista. Es dicha cesión, en conjunción con las imágenes de los vídeos, «la estructura fáctica que conforma la acción de colaboración con una organización terrorista y la que, por su intencionalidad, consciencia y finalidad promocional de ETA merecen el reproche penal». La propuesta de diálogo de los vídeos se formula desde una «ostensible posición coercitiva en la que la presencia de las armas deja bien clara cuál es la alternativa a la alternativa». El tribunal entiende que existe colaboración con banda armada porque, si bien en los vídeos «una parte —la textual— por sí misma no merecería reproche a pesar de su radical contenido político [...] otra —la visual—, ante la presencia de las armas y del mensaje de la imagen que de las mismas reporta, difunde a todo el texto un mensaje amenazador».

Como se ve, la sentencia hace ímprobos esfuerzos para convencer de lo que no puede convencer. Las conductas que se imputan a los acusados no han consistido en la vigilancia de personas, ni en la construcción de alojamientos, ni en la información sobre posibles víctimas, que son conductas que, de ser acompañadas de secuestro, chantaje o asesinato, serían de pertenencia a banda armada y que, de no ser seguidas de tales delitos, constituirían colaboración con banda armada. Los acusados incurrieron en «otra forma equivalente de cooperación» con la banda terrorista. No ha existido el «delito de peligro» que, según unánime interpretación del Tribunal Supremo hasta la sentencia de HB, caracteriza a la colaboración con banda armada. Lo que en realidad se hace en la sentencia es describir unas propagandas ilegales o una apología del terrorismo. La sentencia es lo que dice que no es.

Además, la sentencia tiene tres agujeros negros. El primero es el rechazo por el tribunal de la pretensión de los acusados de plantear la constitucionalidad del artículo 576 del Código Penal, que era considerado por Íñigo Iruín más beneficioso que el artículo 174 bis a) del antiguo Código Penal (que fue el aplicado por el tribunal). Los magistrados dicen que consideran más beneficioso aplicar el antiguo Código (porque admite la redención de penas por el trabajo) y por eso no plantea cuestión de constitucionalidad.

El segundo agujero negro es condenar a los veintitrés acusados como autores del delito. El tribunal dice algo sorprendente: «HB no está estructurada como otros partidos políticos convencionales; [...] no cuenta con un secretario o coordinador general sino que actúa como asociación política coyuntural en cuya estructura directiva se encuentra la Mesa Nacional.» Por ello, como las declaraciones de todos han sido uniformes a lo largo del proceso, se les da a los veintitrés un tratamiento unitario. Se da por probado (no lo estaba en forma alguna) que los veintitrés habían decidido asumir el contenido de los vídeos, proceder a su difusión y ceder a ETA sus propios espacios electorales. Se presume, pues, la autoría de todos los acusados. «Todos ellos concurren con su participación a la formación de la voluntad de órgano colegiado» (la Mesa Nacional).

Pero este «efecto irradiante» no alcanza a toda la formación política, «pues no está acreditado que la Asamblea Nacional de HB hubiese otorgado un mandato o representación expresa a la Mesa Nacional» para que procediese como procedió.

Si dentro de la Mesa Nacional se adopta una decisión delictiva, todos y cada uno de sus miembros cometen el delito. Esto no es admisible penalmente. A lo que se ve, el tribunal aplicó el poema de Alberti: «Cuando el trigal se mueve / se mueve todo el trigo.» Pero un tribunal de justicia no puede aplicar poemas. Ni utilizar la aplicación del derecho para practicar exorcismos.

Días antes del comienzo del juicio publiqué estas reflexiones:

> «El derecho penal de excepción o de emergencia no es derecho. Prescinde de las garantías constitucionales y procesales mínimas, atenta contra la seguridad jurídica y vulnera el principio de legalidad mediante el establecimiento de tipos delictivos tan abiertos e imprecisos que permiten la arbitrariedad y la persecución indiscriminada de conductas que nada tienen que ver con lo que se dice perseguir o preservar. En estas condiciones, la dialéctica que se produce no es la de inocente-culpable, sino la de amigo-enemigo, con lo que la realidad jurídico-penal queda sustituida por la persecución política. Así, los jueces se convierten en policías, los policías en jueces y los políticos en jueces y policías a un tiempo. La vieja reflexión de Tomás Moro cobra todo su vigor: "En beneficio de la seguridad jurídica, otorgamos al diablo la protección de la ley." Sin esa seguridad, que es presupuesto y objetivo de la lucha por el derecho, no puede existir la justicia. Si acaso, sólo su fantasma.
>
> »En el proceso contra la cúpula de HB bailan muchos fantasmas. El primero es la indefinición del delito de colaboración con banda armada o grupo terrorista. Después de enunciarse en el artículo 576 del Código Penal diversos actos de colaboración, se

termina orgiásticamente: "... y, en general, cualquier otra forma equivalente de cooperación, ayuda o mediación, económica o de otro género, con las actividades de las citadas bandas armadas, organizaciones o grupos terroristas". ¿Qué es una "forma equivalente"? ¿De igual significación o entidad? ¿Bastará la analogía, absolutamente prohibida en el derecho penal de cualquier sociedad civilizada? Encima, la "cooperación, ayuda o mediación" puede ser "económica o de otro género". ¿Lingüística, lúdica, artística o literaria?

»El precepto no es propio de un Código Penal mínimamente democrático o, si se prefiere, "jurídico". Supone una aberrante reserva de discrecionalidad y arbitrariedad que permite entrar, con todas sus consecuencias, en la dialéctica amigo-enemigo, que es ilegal e injusta.

»Aplicando el mismo precepto, un juez puede archivar, sin investigación alguna, una denuncia por colaboración terrorista y un tribunal condenar, por igual conducta, a diez años de cárcel.

»¿Qué haría nuestro Tribunal Supremo ante el equivalente vasco de un Gerry Adams asistiendo a las negociaciones institucionales sobre el Ulster? ¿Cabe considerar a los dirigentes del Sinn Fein reos de colaboración con grupo terrorista? ¿Se descubre ahora que HB es brazo político de ETA? ¿Qué hizo la justicia española ante las conversaciones de Argel entre el Gobierno y ETA?

»Son preguntas elementales cuya respuesta pone en evidencia el juicio de estos días. Se pretende, en el fondo, que los jueces se conviertan en "brazo armado" del poder político o, por subrogación, en protagonistas de éste para sustituir la acción política por la judicial. Y se pide una sentencia ejemplar, "instando" a los jueces a aplicar "todo el peso de la ley". Pero un juicio político-penal poco tiene que ver con las leyes y mucho con un reprobable travestismo institucional. Hay que confiar en que la realidad no sea así.»

Como dijo Arnold Toynbee, «mientras que los actos libres son variables hasta el infinito e imposibles de predecir, los procesos automáticos llevan consigo la uniformidad y la regularidad». En este caso, el automatismo se llevó hasta la condena moral e institucional de los que, por unas u otras razones y en legítimo ejercicio de nuestra libertad de expresión y de crítica, rechazamos la sentencia. Lo que ocurrió con Dario Fo fue singularmente grotesco. Por censurar con rotundidad aquella resolución, Vicente Molina Foix condenó a Fo por su «estúpida y criminosa ignorancia» sobre el terrorismo etarra, aludiendo a la manipulación tendenciosa de que había sido objeto, con toda probabilidad, por sus editores y traductores. Esto escribió Molina Foix en *El País* del 3 de febrero de 1998. Carla Matteini, la traductora de Fo, remitió el mismo día al periódico una carta de rectificación. No fue publicada. Como Carla recordaba en su carta ciertas actitudes «macarthystas» de Molina, mezclando «teatro e infundio», la dirección del periódico entendió que aquello —no lo de Molina— era difamatorio. Al fin y al cabo, Dario Fo es un juglar de los que «difaman e irritan». Tanto a él como a sus colaboradores se les puede atacar impunemente. Ya lo dijo el propio Fo en su discurso ante la Academia sueca: «La ignorancia de los hechos y de las cosas es el mayor soporte de la injusticia; hay mujeres y hombres que prefieren hundirse en el abismo antes de aceptar la verdad.»

CAPÍTULO ONCE

LA JUSTICIA MILITAR SIGUE ERECTA

«Toda dignidad, todo orgullo reside en la independencia. Estar manipulado es estar esclavizado.»

J. J. Rousseau.

Dijo Jorge Luis Borges que el Infierno del Dante era «una institución penitenciaria en forma de pirámide invertida, poblada de italianos y de bellísimos endecasílabos». La jurisdicción castrense no es así. Sus instituciones penitenciarias en nada se parecen a un infierno y, desde luego (no faltaba más), no están pobladas por italianos ni por endecasílabos, sino escasamente habitadas por algunos militares «inadaptados» y, por supuesto, son ajenas a cualquier endecasílabo que no cante la inmarcesible independencia de los jueces y tribunales castrenses, absolutamente impermeabilizados ante superiores jerárquicos y políticos. No es cierto aquello de que la justicia militar sea a la justicia lo que la música militar es a la música. La música militar es música. Mala o buena, pero música. La justicia militar es un ente de razón.

Ya lo expuse en mi libro *Manos sucias* [1]. La Constitución permite que la jurisdicción militar sólo exista en estado de

[1] Ob. cit., págs. 262 y ss.

sitio. En situación de normalidad, su existencia podría reducirse al campo estrictamente disciplinario. En definitiva, nada hay que se oponga a que en nuestro país se pudiese aprobar —a la usanza francesa— una ley con un solo artículo: «Queda abolida la jurisdicción militar en tiempo de guerra.» Al menos, el mandato constitucional exigía una regulación meticulosamente restrictiva de tal jurisdicción, limitada al «ámbito estrictamente castrense», y acorde con los principios constitucionales (unidad jurisdiccional, igualdad ante la ley, independencia de jueces y tribunales y exclusividad del poder judicial).

Pero no se hizo así. Sin que ninguna fuerza política de mínima relevancia opusiera resistencia alguna, dentro de un clima de consenso y connivencia sin fractura de ningún tipo, se fueron aprobando los diversos «hitos» de nuestra muy particular y excepcional jurisdicción castrense, regulándola como un *corpus iuris* pleno y cerrado. Se fueron desgranando la Ley Orgánica 13/1985, del Código Penal Militar; la Ley Orgánica 4/1987, de 15 de julio, sobre competencia y organización de la Jurisdicción Militar; la Ley Orgánica 2/1989, de 3 de abril, Procesal Militar; la Ley 9/1988, de 21 de abril, de Planta y Organización Territorial de la Jurisdicción Militar; etc. Todo este despliegue normativo para una jurisdicción sometida, casi por completo, al Ministerio de Defensa y, por lo tanto, políticamente controlable. Como ha dicho el administrativista Ramón Parada Vázquez, «la justicia militar es, básicamente, una justicia penal utilizada en el seno de una administración pública, una justicia dependiente del Ministerio de Defensa... Resulta sorprendente que se establezca un sistema de justicia militar que no respeta los principios constitucionales de la jurisdicción ordinaria».

Y no los respeta. La «carrera» de los miembros del cuerpo jurídico de la defensa no depende, de forma alguna, del Consejo General del Poder Judicial, sino del Ministerio de Defensa. Asimismo, la carrera de los jueces militares es la de los profesionales de la milicia, sometiéndose por ello al sistema de ascensos y a los cambios de destino que esos ascensos suponen. La promoción de los miembros del cuerpo jurídico de la defensa depende íntegramente del ministerio del ramo y, más en concreto, de unas juntas de evaluación (que valoran las capacidades jurídicas de aquéllos) en cuya composición es puramente simbólica la presencia de jueces. Ni los magistrados militares de la Sala V del Tribunal Supremo se libran de esa dependencia político-administrativa. Los cuatro vocales castrenses de dicha sala han de tener la condición de generales (a la que sólo se puede ascender por decisión del Ministerio) y son nombrados por el Consejo General del Poder Judicial de una terna propuesta por el Ministerio de Defensa. Sin embargo, una vez nombrados, son ya inamovibles.

No ocurre lo mismo con el resto de los jueces militares. Como ha escrito el entonces presidente de la Sala de lo Militar del Tribunal Supremo, José Jiménez Villarejo (presidente ahora de la Sala II del mismo tribunal), «al no constituir los miembros del cuerpo jurídico de la defensa un cuerpo llamado únicamente al desempeño de funciones jurisdiccionales y estar articulado en los mismos grados en que se divide la escala de los demás cuerpos militares, los ascensos pueden llevar consigo el cese forzoso en el cargo judicial que se ocupaba e, incluso, el cambio de la función jurisdiccional por otra distinta» [2]. Así opinaba el «mejor embajador del Ejército en el campo de la justicia», como definiera a Jiménez Villarejo el teniente general Faura. Y así se desprende, efectivamente, de la Ley Orgánica 4/87, de 17 de julio, sobre competencia y organización de la jurisdicción militar.

La realidad descrita apunta inexorablemente a la falta de independencia y de inamovilidad de los jueces militares, integrados en una jurisdicción especial (lo que supone un atentado al principio de unidad jurisdiccional) y no dedicados excusivamente a su función judicial (lo que atenta con-

---

[2] *Potestad disciplinaria militar y control jurisdiccional*, Colex, Madrid, 1991, pág. 60.

tra el principio de exclusividad). Con tanta razón como mesura, el magistrado Ramírez Sineiro ha dicho, después de analizar rigurosamente esa realidad, que «la constitucionalidad de la vigente estructura orgánica de la jurisdicción militar resulta harto dudosa al estar absolutamente administrativizada y materialmente domeñada por el Ejecutivo, pese a haberse acuñado en el frontispicio de la legislación que la articula que sus titulares son independientes, inamovibles, responsables y sometidos únicamente al imperio de la ley» [3].

En un ensayo periodístico de singular lucidez, Bonifacio de la Cuadra reflexionaba sobre las limitaciones institucionales que padecía la jurisdicción castrense, hasta el punto de poder ser calificada, objetivamente, como jurisdicción especial, al margen de los principios y exigencias constitucionales que en todo caso debiera haber respetado. Las cosas así —concluía De la Cuadra—, resulta extraordinariamente difícil creer en la independencia y en la imparcialidad de la jurisdicción militar, mucho más cercana a la justicia ministerial del Gobierno que a una justicia democráticamente homologable. [4]

Los criterios establecidos por la jurisdicción de Derechos Humanos de Estrasburgo (concretamente por la Comisión) en su informe de 15 de marzo de 1990 (caso Derricoli) para valorar si un órgano judicial cumple las exigencias del Convenio Europeo son éstos: modo de designación, duración de su mandato, garantías contra presiones externas y apariencia de independencia. Aplicándolos al caso español, el análisis es el siguiente:

a) *Modo de designación.* Los puestos de jueces en los tribunales militares centrales y en los juzgados togados son de libre designación del Ministerio de Defensa, ya que la

---

[3] «Consideraciones acerca de la constitucionalidad de la estructura orgánica de la jurisdicción militar», *Revista General del Derecho,* nº 574-575, Valencia, julio-agosto de 1992.

[4] *El País,* 25 de junio de 1995.

propuesta de la Sala de Gobierno del Tribunal Militar Central no es vinculante. Por tanto, el Ministerio de Defensa —que es parte acusadora— tiene el derecho de elegir a los jueces.

b) *Duración del mandato.* El destino judicial puede ser dejado sin efecto por ascenso o por sanción disciplinaria. El ascenso no es reglado, sino en gran parte discrecional a propuesta del Ministerio de Defensa, como ocurrió en el caso del auditor Martín Carmona, miembro del Tribunal Militar Central I, con sede en Madrid, que formuló un voto particular contra la sentencia de ese tribunal en el caso de los llamados «desertores de la Guerra del Golfo» Manuel Blázquez y José Antonio Escalada. Dicho comandante auditor puso en duda —en un voto particular— la independencia, la legalidad y la imparcialidad de la justicia militar, dada su especial estructura orgánica. El voto particular se produjo en diciembre de 1991. Siete meses después, el comandante Martín Carmona (miembro muy cualificado del cuerpo jurídico de la defensa) era ascendido discrecionalmente a teniente coronel y destinado al servicio militar de construcciones.

c) *Garantías contra presiones exteriores.* No existen. La carrera profesional de los funcionarios del Ministerio de Defensa que ejercen funciones judiciales está en manos de éste. Es el ministerio quien vigila la cualificación y quien decide la promoción de todos ellos. Si el destino judicial de los jueces militares «profesionales» puede ser dejado sin efecto por ascenso o por sanción disciplinaria, la situación es aún más precaria en el caso de los jueces que no son auditores, que dependen total y absolutamente de sus mandos.

d) *Falta de imparcialidad.* No es sino consecuencia necesaria de lo anterior. Aunque siempre es preciso respetar la imparcialidad subjetiva y la honorabilidad de cualquier juez, sean cuales sean sus condicionamientos, no se puede creer en la imparcialidad objetiva de unos jueces integrados en una estructura orgánica caracterizada por la unidad de mando y el principio de jerarquía militar, que se imponen sobre cualquier sentido de la independencia judicial.

LA JUSTICIA MILITAR SE DEFIENDE COMO PUEDE

Pese a todo lo expuesto, la jurisdicción castrense va superando a trancas y barrancas las cuestiones de inconstitucionalidad que se plantean por diversos tribunales, ninguno de ellos militar. Las cuatro cuestiones formuladas por la Sala de lo Contencioso Administrativo del Tribunal Superior de Justicia de Sevilla en las que se cuestionaba que los jueces y tribunales militares tuvieran el grado mínimo de independencia frente al Ejecutivo fueron rechazadas por el Tribunal Constitucional en julio de 1995. Sin embargo, hubo dos magistrados discrepantes, Gimeno Sendra y Tomás Vives, para los que el estatuto de los jueces militares no reviste la garantía de independencia e inamovilidad que tienen los jueces y tribunales de la jurisdicción ordinaria.

A la Sala de lo Militar del Tribunal Supremo no le sienta bien que se cuestione la independencia de la justicia castrense. Las dudas suscitadas por su naturaleza, funcionamiento y estructura orgánica no tienen fundamento alguno: «Son peculiaridades inherentes a las Fuerzas Armadas.» Y poner en cuestión la independencia e imparcialidad de los jueces militares «es minusvalorar hasta límites inconcebibles la probidad y el sentido de responsabilidad de aquéllos» (sentencia de 1 de octubre de 1993). Pero no es ése el planteamiento. Como adujo el magnífico abogado de la parte recurrente, Luis Regalado Aznar, coronel en excedencia del cuerpo jurídico de la Armada y buen amigo, «por muy heroica que sea la defensa que de su independencia procuren los miembros de la jurisdicción castrense, lo cierto es que su selección, promoción e inamovilidad están fuertemente influidas por la organización administrativa y por el mando del Ministerio de Defensa».

Nuestra justicia militar sigue, pese a todo, superando pruebas de fuego (que son las propias de lo castrense). Así, el Tribunal Europeo de los Derechos Humanos desestimó la demanda presentada por el abogado de los «desertores del Golfo», José Luis Costa Mazón, por el cúmulo de irregularidades cometidas durante el proceso contra aquellos dos jóvenes. Entendía Mazón que los jueces militares del caso habían sido dependientes, parciales y no predeterminados por la ley. El tribunal no lo entendió así. Sin embargo, en el caso Piersack (sentencia de 1 de octubre de 1982) había sentado una doctrina que parecía fomentar otra actitud: «Es suficiente constatar que la imparcialidad del tribunal al que incumbe decidir sobre el fondo de la cuestión pueda estar sometida a duda», ya que «los tribunales deben inspirar a los ciudadanos la confianza que es indispensable en una sociedad democrática y esa confianza puede ser eliminada por la propia estructura orgánica de aquellos tribunales».

LA INCREÍBLE Y TRISTE HISTORIA DEL CORONEL PEROTE

> «Cuando se esconde la verdad bajo la tierra, ésta toma cuerpo y adquiere tal fuerza explosiva que el día que estalla hace que todo salte con ella.»
>
> Émile Zola, «Yo acuso».

En mi libro *Manos sucias* tuve ocasión de iniciar el análisis del caso Perote. Había cesado en su cargo de jefe de la Agrupación Operativa del Cesid el 26 de noviembre de 1991. En enero de 1992 se descubrió en el Centro la ausencia de alguna documentación o de algunas microfichas. El coronel aseguró que se las llevó inadvertidamente el día del relevo y las devolvió una vez requerido amistosamente para ello. La Subsecretaría del Ministerio del Interior recomendó calurosamente a Perote para la jefatura de seguridad de Repsol-Butano, puesto que ocupó ininterrumpidamente hasta el día de su detención (18 de junio de 1995) y que volvió a desempeñar durante el tiempo que estuvo en situación de prisión atenuada (desde el 15 de julio de 1995 hasta el 29 de septiembre del mismo año).

Cuando el 18 de junio de 1995, de madrugada, un contingente de militares y guardias civiles —acompañados por dos periodistas del Grupo Prisa— entró en su chalé de «Los Arroyos», cercano a El Escorial, el coronel Perote no entendía casi nada. Menos lo entendía Pilar, su mujer, que veía asaltado su domicilio como si se tratase de la morada de un terrorista. La orden de detención la había dictado el titular del Juzgado Togado Militar de Madrid nº 1 (el coronel Palomino), y no el titular del Juzgado nº 2, que era el que, estando de guardia el día 17 de junio, recibió la denuncia y acordó la práctica de ciertas diligencias comportándose como «juez competente» en el caso. La denuncia había sido interpuesta por el teniente general Alonso Manglano, director del Cesid, a las 13 horas de aquel 17 de junio. El juez togado militar central nº 2 decidió recibir declaración al denunciante y a dos testigos. Sin embargo, tras haber practicado estas diligencias como juez competente, acordó remitir todo lo actuado al Juzgado Togado nº 1 «a los efectos del reparto que corresponda».

El reparto le correspondió al titular de ese juzgado, el coronel Palomino, como juez decano. Pues bien, realizó el reparto (no consta cómo), se atribuyó asimismo la competencia y acordó sobre la marcha, sin ni siquiera recibir declaración al denunciado, la detención de éste. ¿Cómo se explica todo esto? El titular del Juzgado Togado Militar Central nº 2, que estaba de guardia, recibió la denuncia y, de acuerdo con el artículo 139 de la Ley Procesal Militar, considerándose juez togado competente, acordó lo que entendía preciso. ¿Por qué se cambió al juez? Tendrá que contestar esta pregunta la Sala V del Tribunal Supremo al resolver el recurso de casación contra la sentencia condenatoria (siete años de prisión) del coronel Perote.

UNA JUSTICIA INCOMPETENTE

También tendrá que aclarar una cuestión más difícil. ¿Por qué intervino la jurisdicción militar? Como dijo José María Mena (fiscal del Tribunal Superior de Justicia de Cataluña), los miembros del Cesid que tengan la condición de militares sólo la conservan administrativamente, pero no están en el centro en cuanto militares. Ni el centro es militar ni el destino es militar. Que una documentación se encuentre en el Cesid no implica, sin más, que afecte a la defensa nacional. Hay que acreditarlo. No se acreditó entonces y ahora lo acreditado es que los papeles del Cesid no afectaban a la defensa nacional.

José María Mena hablaba con especial fundamento. Había intervenido en la investigación de las escuchas en *La Vanguardia* y el caso fue, desde el principio hasta el final, tramitado por la jurisdicción ordinaria. En dicho caso, el coronel del Cesid Fernando Rodríguez González reconoció que, involuntariamente, se llevó los documentos ocupados y que, una vez en Barcelona, los clasificó en sobres con la finalidad de devolverlos al centro. Fueron hallados en la caja fuerte del despacho que el coronel ocupaba en *La Vanguardia*, con motivo de un registro judicial. Según justificación del director del Cesid, dichos documentos pertenecían al centro y algunos de ellos estaban clasificados como secretos, reservados y confidenciales.

La Sección VI de la Audiencia Provincial de Barcelona, en sentencia de 12 de enero de 1995, condenó al coronel, como autor de un delito de infidelidad en la custodia de documentos, del artículo 364-2 del antiguo Código Penal, a las penas de seis meses y un día de prisión, multa de 100.000 pesetas e inhabilitación especial por seis años y un día. El Tribunal Supremo ha confirmado íntegramente dicha resolución en su sentencia del 10 de septiembre de 1997. Ninguna de las dos sentencias se plantea el problema de si la competencia hubiera podido corresponder a la jurisdicción castrense. Dan por sentada, sin más, la competencia de la jurisdicción ordinaria.

Como inteligentemente señala Jesús Santaella (abogado del coronel Perote y autor del recurso ante la Sala V del Tribunal Supremo), los dos acusados tienen la misma condición: ambos son militares, en situación de reserva y con el empleo de coronel. Los dos son ex miembros del Cesid. A diferencia de lo ocurrido con Perote, al coronel Rodríguez se le incautan documentos clasificados como secretos. Fue, sin duda, la convicción de que ningún bien castrense se encontraba en juego lo que justificó el conocimiento del asunto del coronel Rodríguez por la jusrisdicción ordinaria, sin que conste discrepancia alguna de la Fiscalía General del Estado, de la Fiscalía Militar o del Cesid. Se trataba, igual que en el caso del coronel Perote, de hechos realizados por un militar con ocasión de un destino civil.

¿Por qué el coronel Perote ante la justicia militar y el coronel Rodríguez ante la ordinaria? ¿Por qué Perote condenado a siete años de cárcel y Rodríguez a seis meses y un día? La Sala V del Tribunal Supremo va a tener muy difícil respaldar la posición del ya general Palomino y del Tribunal Militar Central. El Tribunal Constitucional ha reiterado la doctrina, pacífica por demás, de que son «delitos ajenos al ámbito estrictamente castrense los que no se puedan poner en conexión con los objetivos, fines y medios propios de las Fuerzas Armadas» (sentencia 60/1991, de 14 de marzo, entre otras del mismo signo). Y no puede ser argumento en favor de la competencia militar la circunstancia de que las escuchas ilegales del Cesid (cuyo descubrimiento dio lugar al caso Perote) afecten al teniente general Alonso Manglano y determinasen, al ser descubiertas, la dimisión de Narcís Serra y de García Vargas. ¿O es que la afectación de «intocables» hace que los molinos se conviertan en gigantes? ¿Acaso puede usarse la justicia militar como arma arrojadiza contra jefes molestos, atípicos y atrabiliarios? No debe ser, pero, como diría don Antonio Machado, hay gente tan poderosa que nos puede hacer creer «cosas que no son verdad». ¿También al Tribunal Supremo y al Tribunal Constitucional?

Al fondo, la sombra pretoriana de González sigue clamando venganza contra el coronel Perote. ¿Pero éste qué es, rehén o acusado? ¿Tendrá que pagar hasta el reato por colaborar en el descubrimiento de crímenes de Estado negándose a la *omertà*, a la complicidad y a la reverencia?

LA DETENCIÓN ILEGAL DEL CORONEL PEROTE

Por lo pronto, una duda muy cruel puede asaltarnos ante los increíbles sucesos ocurridos con motivo de la prisión del coronel Perote. Detenido que fue el 18 de junio de 1995, ingresó en prisión preventiva el 21 de junio. El 15 de julio pasó a la situación de prisión atenuada, en la que se mantuvo hasta el día 29 de septiembre de 1995, fecha en que de nuevo fue decretada su prisión preventiva. El 17 de junio de 1996, el fiscal solicitó la prórroga de tal situación, que la sala acordó por resolución de 24 de junio. Pero ya había transcurrido el plazo máximo de un año. La sala debió poner en libertad al coronel el 16 de junio. Lo retuvo indebidamente en prisión.

Pese a la claridad y contundencia de los argumentos utilizados por Jesús Santaella, que llegó a advertir al tribunal que podía estar cometiendo un delito de detención ilegal, el coronel Perote continuó en prisión. El tribunal se descolgó con una nueva resolución, de 9 de julio, insistiendo en que la prisión atenuada no debía ser computada como prisión preventiva o provisional. Por imperio de la ley, tiene que ser computada en el cumplimiento de la condena (que es lo más), pero el tribunal entiende que la prisión atenuada no debe ser tenida en cuenta para determinar el límite máximo de la prisión provisional (que es lo menos). Es decir: que no es prisión, lo que resulta extraordinariamente estremecedor.

Para fundamentar tal embrollo, el tribunal llega hasta el punto de decir que, de haberlo querido así, el legislador habría equiparado expresamente la prisión atenuada a la prisión preventiva a la hora de computar el tiempo máximo de ésta. Así procede cuando se trata del cumplimiento de la pena. ¿Por qué no para el cómputo del tiempo máximo de prisión preventiva? La pregunta produce melancolía.

Pero el tribunal contaba con una baza que creía decisiva. Como por arte de birlibirloque, la Sala V del Tribunal Supremo acababa de dictar un auto (el 27 de junio) en el que, de forma incidental y aparentemente casual, rechazaba que «deban ser computados los plazos de permanencia en prisión preventiva y en prisión atenuada [...] a los efectos de computar el término de un año que se fija en la Ley Procesal Militar como tiempo máximo de prisión preventiva». El tribunal destacaba gozoso un hallazgo jurisprudencial: el Tribunal Constitucional, en su sentencia 14/96, de 29 de enero, considera la prisión atenuada como una situación intermedia entre la libertad y la prisión preventiva. Pero omitía que la sentencia en cuestión nada tenía que ver con el cómputo o no de la prisión atenuada como prisión provisional.

EL TRIBUNAL CONSTITUCIONAL NO ESTÁ A LAS ÓRDENES

Tan bizarra polémica terminó en el Tribunal Constitucional, que, por sentencia 56/1997, de 17 de marzo, declaró nulos los autos del Tribunal Central Militar de 24 de junio y 9 de julio de 1996, es decir, las dos resoluciones por las que, respectivamente, se prorrogó la prisión preventiva y se desestimó el recurso interpuesto por Jesús Santaella. Nueve meses más de prisión preventiva para el coronel Perote fue la consecuencia práctica de la actitud del Tribunal Militar y de la «diligencia» del Tribunal Constitucional. Éste asegura en su sentencia que «la prisión preventiva atenuada no es una situación de restricción de libertad, sino una situación de privación de libertad. [...] Sostener que la persona se encuentra en libertad desde el momento que puede ser autorizada a acudir a su trabajo o a cumplir sus obligaciones religiosas es algo que no se compadece con los presupuestos de un orden político que se comprende a sí mismo como un régimen de libertad».

Éste fue el parecer de la mayoría del tribunal. Sin embargo, tres de sus miembros formularon votos particulares a la sentencia. El magistrado Gimeno Sendra entendió, sorprendentemente, que la prisión atenuada no podía considerarse prisión provisional porque en el ordenamiento jurídico militar no existía la posibilidad de una libertad bajo fianza. «Personalmente no alcanzo a comprender —decía— qué medidas cautelares personales podrá adoptar el juez togado militar para asegurar la futura comparecencia a juicio del recurrente si, tal como se ha adelantado, la Ley Procesal Penal Militar no contempla la libertad provisional bajo fianza. ¿Podrá dictar una nueva prórroga cuando hemos anulado la que ha constituido el objeto de este proceso? ¿Podrá disponer la prisión atenuada cuando la hemos asimilado a la prisión preventiva?»

Creo, con todo respeto, que, desde el punto de vista jurídico, la actitud de Vicente Gimeno Sendra no tiene fundamento alguno. Entender que en la normativa procesal ordinaria la prisión atenuada sí es prisión pero no lo es en la normativa procesal militar es tanto como admitir la excepcionalidad de esta última y, por tanto, su inconstitucionalidad.

Manuel Jiménez de Parga formuló asimismo un voto particular en el que se decía que «la construcción de la sentencia acaso resulte académicamente atractiva, pero la aplicación judicial de la misma puede ocasionar problemas. El Tribunal Militar Central, sin embargo, está facultado para decidir de oficio la situación personal del recurrente en libertad o en prisión, durante el curso de la causa. La nulidad de unos autos, por la extemporaneidad de los mismos, no priva al Tribunal Militar Central de su facultad de apreciar las "razones excepcionales" dentro del plazo máximo, de acuerdo con lo establecido en la Ley Orgánica Procesal Militar». Para Jiménez de Parga, «aplicando criterios de razonabilidad, hubiéramos ido derechamente a la denegación del amparo». La famosa razonabilidad prescinde por completo del derecho.

El tercer voto particular lo formuló Enrique Ruiz Vadillo. Venía a decir que «la libertad de la persona es uno de los bienes, junto con el derecho a la vida, más valiosos y, por tanto, ha de ser objeto de una especial vigilancia para que su efectividad no sea jamás perturbada. [...] Mi discrepancia [...] radica en estimar que no es conforme con los principios que nos gobiernan equiparar la prisión militar atenuada, que se contempla en los artículos 226 y 227 de la Ley Procesal Militar, con la prisión provisional o preventiva que regulan los artículos 504 y siguientes de la Ley de

Enjuiciamiento Criminal o los artículos 315 y siguientes de la Ley Orgánica Procesal Militar, porque sus específicas naturalezas son distintas y responden a situaciones muy diferentes». Consciente de que su actitud pudiera interpretarse como restrictiva de la libertad, Ruiz Vadillo añadía: «Nada más contrario a mi deseo el que pudiera vislumbrarse en este voto particular que la libertad de las personas habría de recibir una interpretación más restrictiva. En absoluto. Al contrario, cuanto más se fortalezca la libertad de las personas más se consolidará el Estado de derecho.» Las abstrusas explicaciones de Ruiz Vadillo no abonan precisamente esta bella conclusión final.

EL TRIBUNAL CONSTITUCIONAL PIERDE LA BRÚJULA

El abogado de Perote había solicitado, como consecuencia necesaria de que las resoluciones del Tribunal Militar fuesen declaradas nulas por el Tribunal Constitucional, la «inmediata puesta en libertad del coronel». Pues no. Con razonamientos confusos y evasivos, el Tribunal Constitucional entendió que la decisión de la libertad de Perote correspondía al mismo Tribunal Militar que había prorrogado ilegalmente la prisión preventiva. La prórroga de ésta fue ilegal, pero el Tribunal Constitucional mantiene *de facto* la ilegalidad confiriendo al Tribunal Militar, «teniendo en cuenta las características concretas del caso» (las conocía perfectamente el Tribunal Constitucional), la facultad de proceder en consecuencia. La sentencia no tiene pérdida.

Su fallo contiene tres apartados:

1º) Reconocer el derecho fundamental del recurrente a la libertad individual, sin que pueda ser excedido el plazo legalmente previsto par la prisión provisional.

2º) Declarar la nulidad de las resoluciones del Tribunal Militar Central acordando y confirmando la prórroga de prisión preventiva del recurrente en amparo.

3º) «Desestimar el recurso en todo lo demás.» Este «todo lo demás» significa que se acordara la inmediata puesta en libertad del recurrente indebidamente retenido en prisión preventiva. Al parecer, el Tribunal Constitucional entendía que ya era suficiente con el gozo intelectual y moral causado al recurrente por los dos primeros pronunciamientos de la sentencia. Que fuese el «brazo militar» el que pusiera la guinda. Pero la puso, y hasta qué punto, el propio Tribunal Constitucional.

El episodio podría evocar la nota que don «Inda» Prieto le pasó a Casares Quiroga durante el Consejo de Ministros del 28 de noviembre de 1932: «Definición del Tribunal de Garantías Constitucionales un día de mala leche: el Tribunal de Garantías es, en el sistema constitucional, lo mismo que el apéndice en el sistema intestinal: sólo sirve para producir cólicos.»

El coronel Perote debió pensar que el poder político sí que tenía poder en esto de la prisión preventiva. Y pudo recordar que, gracias al tremendo «chantaje» de su abogado sobre el presidente González y Juan Alberto Belloch, éste decidió mostrar su «buena voluntad» con Jesús Santaella aconsejándole, a las once de la noche del día 13 de julio de 1995, que solicitase la prisión atenuada de su cliente. Santaella pidió de inmediato su libertad o, accesoriamente, la prisión atenuada. A las once de la noche del día 14 de julio, Belloch comunicó telefónicamente a Santaella que al día siguiente estaría Perote fuera de la cárcel. A las 8:30 de la mañana del día 15, el coronel Palomino llamó por teléfono al abogado para decirle que a las once de esa misma mañana podría pasarse por la cárcel militar de Alcalá a recoger al coronel.

Entre el decisionismo de Belloch y el acendrado espíritu de independencia de Palomino las cosas se resolvieron muy fácilmente. Eran los tiempos en que las llamadas telefónicas de la cúpula del sistema a Jesús Santaella eran tan habituales que la suegra del abogado, cuando comenzó la inclemente y difamatoria campaña contra «Chantaella» (qué exhibición de ingenio), dijo que aquellos desvergonzados eran los mismos que molestaban continuamente a su yerno pocos días antes. Rosa (la mujer, socia y compañera de Jesús) aún se ríe por lo de su madre. Cosas de la razón de Estado. Más bien de la imbecilidad de Estado.

El abogado del coronel, antes de la sentencia del Constitucional, se había dirigido a medio mundo en procura de la libertad de su cliente, despreciada por el Tribunal Militar, llegando a interponer denuncia por detención ilegal contra sus miembros. La denuncia fue inadmitida por la Sala V del Tribunal Supremo, que acordó «no haber lugar a procedimiento alguno», en resolución de 27 de junio de 1996. En realidad, ya había procedimiento incoado: el 1/58/96. Sería que no había «más lugar».

Nadie movió un dedo. El Defensor del Pueblo continuó contemplando las estrellas del firmamento político español y las demás autoridades afectadas miraron a otro lado. Era un preso emblemático para el sistema. De los que éste utiliza para aparentar ejemplaridad y rigor. La libertad de Perote importaba tanto como la de Roldán o la de Mario Conde. Eran los únicos traidores, los únicos responsables de la corrupción y el crimen de Estado. Mientras Perote seguía, contra derecho y contra ley, en prisión preventiva durante nueve meses, de forma ilegal, los Barrionuevo, Vera y compañía, procesados por delitos muchísimo más graves que el imputado a Perote, disfrutaban normalmente de libertad. La justicia que complace al príncipe.

UN JUICIO DREYFUS PARA EL CORONEL

La primera decisión del tribunal (cuya composición seguía tal cual pese a la denuncia de Perote, a la recusación de sus miembros y a todos los demás abundantes pesares) fue que el juicio se celebrase a puerta cerrada. Lo exigían razones de orden público: «[...] reservar la posible divulgación de datos secretos o reservados e impedir la publicidad de informaciones que pudieran afectar al ámbito protegido por la Ley de Secretos Oficiales», proteger la seguridad nacional y hacer prevalecer a la justicia sobre la publicidad. Se habían publicado ya reiteradamente los papeles del Cesid, los medios de comunicación se habían hartado de escribir sobre pruebas y testigos del caso, éstos se habían negado sistemáticamente a contestar preguntas que pudieran rozar el secreto al que decían estar obligados, no existía en la causa ningún secreto que reservar o conservar y la Constitución ordena la publicidad salvo en situaciones muy excepcionales, que no cabía admitir en este caso.

Además, ¿qué van a pensar los ciudadanos de un juicio a puerta cerrada decidido, sin fundamento serio alguno, por una jurisdicción tan especial como excepcional? Días antes, Lorenzo Contreras alertaba sobre la más que probable decisión secretista del tribunal: «La justicia militar ha estudiado la estratagema de evitar que la vista sea pública. [...] No cabe invocar excepciones de ningún tipo, ya que la Ley Procesal Militar sólo prevé los supuestos de moralidad y orden público, inimaginables en esta situación. [...] Es de esperar que no se añada [a las irregularidades cometidas] el medroso recurso defensivo de la puerta cerrada. [...] La instrucción del caso Perote ha sido un modelo de chapuza procesal.» Contreras terminaba su análisis con una advertencia descarnada: «Cuidado con la sombra del caso Dreyfus.» [5]

Ni las alegaciones de Santaella ni las advertencias de unos y otros convencieron al tribunal, que mantuvo castrensemente su decisión. Ni tan siquiera la evocación por Jesús Santaella del caso Dreyfus conmovió a sus miembros. A puerta cerrada. Sin observadores impertinentes. Como en el Santo Oficio. Todo en familia, sin la algarabía y el mal tono de la publicidad. Que la canallesca investigase y fabulase por su cuenta.

---

[5] «La sombra de Dreyfus», *ABC*, 27 de mayo de 1997.

«No se adoptó tan excepcional prevención por capricho o arbitrariedad o por ocultismo», sino para proteger asuntos y materias de muy relevante transcendencia, incluso la vida y la integridad de agentes del Cesid, así como para facultar que los testigos no se acogiesen a su deber de secreto profesional y contestasen a las preguntas. Todo secreto. Como dijo Mayer, «el buen inquisidor expulsa al juez, pero el buen juez elimina al buen inquisidor». ¿Quién pudo con quién a la hora de acordar un juicio a puerta cerrada? ¿Lo podría responder el nunca bien celebrado Eduardo Serra? Él era el máximo juez.

En su informe final, Jesús Santaella dijo que había sido un juicio para ciegos, sordos y mudos. Para ciegos, porque no habían podido verse los documentos por cuya «sustracción» se juzgaba a Perote. Es decir, permanecía oculto el *corpus delicti*. ¿Y si no existían? ¿Y si eran diferentes a lo que se decía? ¿Pudo el coronel sustraer lo que era suyo? Pelillos a la mar. Son ciegos porque no quieren ver. Vendrán más años ciegos que nos harán más malos. Para sordos, porque el juicio fue a puerta cerrada, sin público, sin que nadie al margen del foro pudiese oír nada. Sólo la nada en la que hurgaba angustiosamente Manuel Azaña intentando explicarse la causa real de nuestra tragedia civil. Y para mudos, porque la mayoría de los testigos (pese al alborozo del tribunal porque la no publicidad les dejaba hablar con normalidad) no dijeron nada aduciendo su deber de secreto oficial, profesional o preternatural.

También el proceso contra Dreyfus fue para ciegos, sordos y mudos. Plagado de cómplices y encubridores. Zola lo dijo con una rotunda dignidad: «Mi deber es hablar; no quiero ser cómplice.» Cuando, en 1898, Zola escribe su «Yo acuso», la justicia militar francesa se ha negado a reconocer lo evidente: el traidor fue el coronel Esterházy, y se había suicidado el coronel que había falsificado las pruebas que sirvieron para incriminar a Dreyfus. Éste era completamente inocente, pero no hubo rehabilitación. Gabriel Albiac define el episodio como «una exhibición de la perversidad e incompetencia de los tribunales militares». Por lo pronto, aquí no ha prosperado el recurso de revisión del juicio contra Julián Grimau. [6] Todo puede andarse.

Es conmovedor que después de tanta argumentación inane para justificar la puerta cerrada, el tribunal entregase sin problema alguno «el acta de la celebración de la vista oral», que recoge meticulosamente todo lo ocurrido dentro de la sala. Son 107 folios muy densos que permitirían glosas y postglosas propias de la novela naturalista. Emilio Zola se removería en su tumba henchido de acusaciones y denuestos. Pero no puede ser. Como dijo Joseph Brodsky, «el paraíso es el lugar de la impotencia».

Veremos qué hace el Tribunal Supremo con el recurso de casación interpuesto contra la sentencia del Tribunal Militar Central. Por lo pronto, de los quince motivos alegados por Jesús Santaella, catorce han sido admitidos a trámite. Sin embargo, no debe el coronel hacerse ilusiones. Gente muy poderosa ha decidido, desde que trascendieron las escuchas ilegales del Cesid, que es más traidor que Bellido Dolfos, mucho más que Alcibíades y tanto como Judas Iscariote.

Leer, a estas alturas, que el fiscal jefe de Madrid, Mariano Fernández Bermejo, no acusa al teniente general Manglano por aquellas escuchas, pero sí al coronel Perote «por hacer una utilización ilegal de conversaciones grabadas lícitamente», produce cierto chasquido en el alma. Como el chasquido de Quevedo. Pese a que la Sección XV de la Audiencia Provincial de Madrid (presidida por Perfecto Andrés Ibáñez) desautorizó la tesis de que la interceptación fue aleatoria y fortuita y constituyó una lícita exploración por el Cesid del espacio radioeléctrico, nuevamente la sacó a relucir el fiscal. Ya lo había dicho Mercedes del Molino en la resolución por la que archivaba la causa. El tribunal de apelación revocó «el molinazo» y puso las cosas en su sitio. Ahora vuelve a desplazarlas Mariano Fernández Bermejo,

---

[6] «No ser cómplice», *El Mundo,* 13 de enero de 1998.

ledesmista de pro. Si las escuchas aleatorias y fortuitas se grabaron, conservaron, clasificaron y archivaron en el Cesid (precisamente las de mayor voltaje institucional, por la personalidad de las víctimas, entre ellas el jefe del Estado), eso no importa. Siguen siendo aleatorias y fortuitas. Hasta las huele-braguetas. Fue Perote el que, con su maldad congénita, tornó lo lícito en ilícito al utilizar ilegalmente lo santamente grabado.

Es lo que conviene a González, Narcís Serra, García Vargas y Alonso Manglano. Es, al parecer, lo que conviene a todo el sistema. Por eso la necesidad «histórica» de que el juicio por las escuchas criminales del Cesid sólo contemple las que se realizaron hasta 1991, como ha denunciado insistentemente Luis Regalado, abogado de Jaime Campmany, una de las víctimas casuales del celo del Gran Hermano. 1991 es el año en el que cesa Perote en el Cesid. Se favorece así, nuevamente, la impunidad de ios intocables. Por encima del coronel, nadie. Sólo son responsables los que no disfrutan de la gracia de «dios» y de Pujol. Que así se escriba y así se cumpla.

UN EJEMPLO DEL RESPETO «POLÍTICO» A LA JUSTICIA MILITAR

El día 9 de mayo de 1997 el Consejo de Ministros acordaba la concesión al general José Domingo Agredano de la Gran Cruz de la Real y Militar Orden de San Hermenegildo. Está reservada a los generales que acreditan una intachable hoja de servicios. Ningún interés tendría el episodio si no fuese porque el general Agredano había afirmado por escrito, a mediados de 1996, que «este mando no considera una necesidad del servicio la preservación del Estado de derecho».

Respondía así a la recomendación, por demás razonable, del teniente coronel José Maria Llorente, juez decano de Zaragoza, de que ciertos soldados (que habían sido condenados por salvajes novatadas) no volvieran al destino en que exhibieron «su hombría» pues podrían tomar represalias sobre sus víctimas. No contento con su respuesta sobre la preservación del Estado de derecho, el general Agredano (que sólo era coronel cuando el rifirrafe) presentó una queja oficial al jefe del Estado Mayor del Ejército, teniente general Faura, para que expedientase al juez Llorente por una «falta de respeto a sus superiores jerárquicos». El juez fue finalmente sancionado como autor de una falta leve por el Tribunal Militar Central (el mismo de Perote). Llorente recurrió en amparo al Consejo General del Poder Judicial, que el 7 de mayo de 1997 le dio la razón y denunció al general ante Eduardo Serra. El Consejo advirtió al ministro sobre la gravedad de las afirmaciones del general Agredano, que podrían constituir un atentado contra la Constitución.

Pues nada. Serra desoyó al Consejo y siguió adelante con la condecoración. El general Agredano era coronel cuando soltó su «perla constitucional». Ascendió rápidamente a general y, después, recibió la Gran Cruz de la Real y Militar Orden de San Hermenegildo. ¿Por qué no la de San Raimundo de Peñafort por sus servicios a la justicia militar? Mientras tanto, el Consejo, muy serio, decía que «el general no es superior jerárquico del juez Llorente al no existir en el marco judicial superiores jerárquicos militares en las actuaciones jurisdiccionales de los jueces togados». El Tribunal Militar Central entendió que sí y sancionó al juez y no al general. El ministro Serra (el mismo que tiene a la OTAN y al Reino Unido contra las cuerdas en lo del mando sub-regional y en lo de Gibraltar) está mucho más de acuerdo con el general y con el Tribunal Militar que con el Consejo. ¿Por qué no lo preside Eduardo Serra?

Méritos no le faltan. Uno de los penúltimos ha sido su exquisita colaboración con Javier Gómez de Liaño en la instrucción del caso Lasa-Zabala. El 23 de septiembre de 1996 el instructor solicitó de Defensa la hoja de servicios y el destino actual del comandante Fernando Rojas, que había encargado a uno de los testigos protegidos del caso que viajase a Guatemala para informarse sobre la posible implicación en la guerra sucia del teniente de la Guardia Civil Lorenzo Bárez. En seis ocasiones reiteró Liaño su petición a Serra, quien contestaba siempre diciendo que estaba pendiente de un informe del Consejo de Estado. Después de catorce meses de espera, Serra dijo que el Consejo de Estado le recomendó que no entregase a la justicia la hoja de servicios del comandante Rojas por ser materia clasificada como secreta, ya que el comandante fue agente del Cesid. Así se colabora con la justicia. Lo demás son historias.

El mismo Eduardo Serra se había constituido con anterioridad en uno de los líderes del judicialismo en nuestro país. Cuando el Gobierno había declarado públicamente, por boca de su presidente, que acataría la sentencia que dictase el Tribunal Supremo en cuanto a la entrega o no a los jueces de los papeles del Cesid, Eduardo Serra salió por su cuenta, como casi siempre, afirmando que el Gobierno no tenía por qué cumplir la sentencia del Tribunal Supremo ya que podía recurrir a determinada normativa, peculiar de la dictadura, invocando razones de orden público o de seguridad del Estado para incumplir abierta y conscientemente el mandato de nuestro más alto tribunal de justicia. Eduardo Serra se comportaba así en la mejor línea del foralismo: se acata pero no se cumple.

OTRO EPISODIO EJEMPLAR: EL ASCENSO Y LA CAÍDA DE JESÚS DEL OLMO

El ministro García Vargas, debidamente orientado por Narcís Serra, nombró secretario general del Cesid al coronel Jesús del Olmo Pastor. Era el teórico «número dos» de «La Casa», pero en la práctica actuaba como número uno «puenteando» al general Miranda, que no contaba con la confianza de Serra ni de Manglano y acabó presentando la dimisión. El relevo lo tomó —como estaba previsto— el coronel Del Olmo, que fue ascendido al generalato pocos días antes de que García Vargas y Narcís Serra se vieran obligados a dimitir una vez descubierto el escándalo de las escuchas criminales del Cesid. A sus cuarenta y siete años de edad, Jesús del Olmo pasaba a ser, al mismo tiempo, director de La Casa y el general más joven de España.

Se premiaba así su incondicionalidad a Serra y a Manglano en una etapa especialmente compleja y delicada. En realidad, el teniente general Manglano no había dejado de ser el efectivo director del Cesid, pero no podía aparecer como tal en el *nomenclator* político. Sus tareas de limpieza y reordenación de La Casa las tenía que ejecutar a través del muy obediente general Del Olmo. La oposición de entonces (PP e IU) acusó en repetidas ocasiones a Manglano y a Del Olmo de ser peones del Gobierno socialista para encubrir los trapos sucios de los servicios secretos.

El general Del Olmo sólo fue máximo responsable del Cesid durante tres meses, hasta que el Gobierno del PP lo destituyó en marzo de 1996. Cuando abandonó la dirección del centro solicitó el pase a la reserva para trabajar en una empresa privada. Pese a que su ascenso a general se realizó de forma insólita, pues no había ninguna vacante disponible en ese momento, nadie pensaba que podía prosperar el recurso que uno de sus compañeros de armas presentó contra dicho ascenso ante el Tribunal Supremo. Sin embargo, la Sala III ha declarado nulo el ascenso de Del Olmo, que, al parecer, deberá regresar al Ejército y devolver los emolumentos y condecoraciones percibidos como general.

Es posible que Jesús del Olmo (considerado un profesional capaz por sus compañeros) piense que no se arrimó a buen árbol cuando atendió los requerimientos de Narcís Serra, García Vargas y Manglano. No servían ni para recompensar a los suyos. El general Del Olmo podría repetir con el duque de Rivas: «No más servir a señores / que en gusanos se convierten.»

OTRO GENERAL SIN PLAZA NI CUARTEL: EL GENERAL RODRÍGUEZ GALINDO

El acto público y solemne de imposición del fajín de general a Rodríguez Galindo, acompañado de la plana mayor de los ministerios del Interior y Defensa, fue singularmente emblemático del impulso ético del felipismo. Pese a la magnitud de los indicios existentes sobre su vinculación con la guerra sucia, pese a que su dirección del cuartel de Intxaurrondo pasará a la historia más ominosa de la Guardia Civil y pese a la oposición de sectores proclives al Gobierno que advirtieron sobre las consecuencias escandalosas del ascenso de Galindo al generalato, éste fue propuesto de consuno por Belloch y García Vargas y bendecido augustamente por el césar González. La secretaria de Estado para la Seguridad (Margarita Robles) se negó a participar en aquella macabra pantomima, lo que dio pábulo a infinitos rumores sobre la descomposición acelerada del equipo del *khan* Belloch.

Después resultó que Galindo ingresó en la cárcel acusado de una decisiva participación en el secuestro, tortura y asesinato de Lasa y de Zabala. Aunque fue excarcelado gracias al fervor liberatorio de Carlos Granados, Clemente Auger y un tribunal de la Audiencia Nacional apresuradamente reunido en plena canícula, las confesiones de Felipe Bayo condujeron nuevamente a la cárcel al flamante general, que esta vez se negó a pagar la fianza aduciendo su lealtad a los inferiores también encarcelados.

Toda esta escandalosa realidad hubiera ocurrido igualmente, pero sin un general en la cárcel, si se hubiese cumplido la ley. Cuando Galindo fue ascendido a general no había plaza disponible. Su ascenso, igual que el de Jesús del Olmo, fue ilegal. En el caso de Galindo, no sólo ilegal, sino también éticamente reprobable. Sin embargo, ningún conmilitón interpuso demanda alguna contra el ascenso de Rodríguez Galindo. Así, si es condenado por gravísimos delitos contra la seguridad del Estado, contra la vida y contra la libertad, será condenado un general de la Guardia

Civil. Es posible que José Bergamín hubiese calificado el hecho como un episodio de «guardiacivilización de nuestras cárceles».

FINAL PARA INSUMISOS

> «No hay poder que no fomente miedo en el pueblo. No hay libertad que no lo procure a los poderosos.»
>
> Antonio García-Trevijano, *El discurso de la República.*

En el otoño de 1996 fui a Logroño a dar una charla en la Universidad de La Rioja sobre el nuevo Código Penal. En la asociación de estudiantes que me invitó al acto había un grupo de insumisos. Como ataqué duramente en mi intervención el encarnizamiento punitivo con la insumisión, suscitaron un debate muy animado sobre el tema. Les dije, porque es cierto, que muy probablemente yo no sería capaz de actuar como ellos. Compartía sus convicciones éticas, pacifistas y antimilitaristas, pero las consecuencias eran tan terribles que hacía falta un coraje y una generosidad poco comunes. No creyeron en mi temor, aunque sí en mi sinceridad.

En la Navidad de 1996, a través de una emisora de radio, me pidieron un mensaje para los insumisos presos. Su lealtad a las propias convicciones, su radical ejercicio de la desobediencia civil y del derecho a la resistencia, su orgullo de personas libres eran un ejemplo de dignidad ciudadana frente a la servidumbre, el miedo y la docilidad. Tenían mucha esperanza y ningún temor. Al revés que la inmensa mayoría, cuyo miedo excede con mucho a su esperanza. Y recordé las reflexiones de Albert Camus sobre los que rechazan la salvación si debe ser pagada por la injusticia: «Esta loca generosidad es la de la rebelión, que da sin tardanza su fuerza de amor y rechaza sin retraso la injusticia. Su honor está en no calcular, en distribuirlo todo en la vida presente y entre sus hermanos vivos... La verdadera generosidad para con el futuro consiste en darlo todo en el presente.» Los insumisos lo dan, mucho más allá de lo exigible y sin prudencia alguna. Los odian todos los carneros de Panurgo y los que dicen darlo todo por la patria. Nada por el hombre y su dignidad.

El 19 de enero de 1998 el Movimiento de Objeción de Conciencia (MOC) presentó una campaña antimilitarista de insumisión en los cuarteles que forma parte de su batalla por la desobediencia civil. Miembros del MOC denunciaron que «los juicios a los insumisos revelan el ensañamiento del Ejército contra quienes se atreven a cuestionarlo eficazmente, como es el caso de los insumisos en los cuarteles». Ese ensañamiento es un deshonor para todos nosotros.

Eduardo Serra ha calificado reiteradamente a los insumisos de «antisociales» e «insolidarios», comparándolos brillantemente con los defraudadores fiscales. Llevar la libertad ideológica y de conciencia hasta el extremo de arriesgar la libertad, el empleo y el futuro personal y profesional es calificado de «antisocial» e «insolidario». Rechazar incodicionalmente la licitud de la violencia armada, la militarización institucional de la conciencia, la defensa de las armas y de la guerra como instrumento legítimo de solución de conflictos y la propia existencia de los ejércitos es insolidario y antisocial. Lo verdaderamente solidario y generoso es prepararse para la guerra aduciendo que es preciso para conseguir o mantener la paz. Defender las matanzas «buenas» de los ejércitos amigos, obtener pingües beneficios con el comercio —legal o ilegal— de armas, plegarse por temor o por rutina a toda suerte de imposiciones pretorianas y colaborar con la violencia institucional y jerarquizada.

Pese a todos los pesares, algún adarme de la cultura pacifista y del sentido de la equidad hizo que se reaccionase, desde algunos sectores del poder político, ante el encarnizamiento represivo contra la insumisión y sus aledaños. Parecía excesivo —incluso para sectores cualificados del sistema— el espectáculo de centenares de insumisos poblando nuestras cárceles (posiblemente para ocupar los huecos de los corruptos) y la continua pesadilla de juicios y condenas contra jóvenes cuyo único delito es ser consecuentes con las ideas y principios de la no violencia, con el pacífico ejercicio de la desobediencia civil y con una decidida apuesta por la libertad y la fraternidad frente a cualquier imposición de los violentos.

Se dijo por ello que en el «Código Penal de la Democracia» se iban a eliminar las penas privativas de libertad. Se sustituirían por una suerte de muerte civil (inhabilitación absoluta, por largos años, que incluso llegaba a la incapacidad para obtener ayudas, subvenciones o becas). Los insumisos pasaban a ser los apestados de nuestro tiempo. Ellos, no otros, eran los verdugos.

En el otoño de 1995, viéndolas venir y conociendo a mis «clásicos», escribí para mi consumo personal lo siguiente bajo el título «Tierras de desolación»:

> «El Gobierno no sabe qué hacer y, en la duda, embiste contra la razón y contra la conciencia. El imparable crecimiento del número de objetores es síntoma de salud y de civismo de nuestra sociedad y, muy en especial, de nuestra juventud. Han entendido perfectamente que cualquier convivencia libre y digna es incompatible con el militarismo, con la tosquedad y la zafiedad de todos los pretorianismos que han asolado la historia de la humanidad como historia de cultura y civilización. Han comprendido que frente a ese militarismo la objeción es, mucho más que un derecho, un deber ético y ciudadano.
>
> »Pero el poder no entiende de deberes éticos, no admite ningún deber que no pase por las horcas caudinas del acatamiento. Como decía Tolstoi (que no era subversivo ni revolucionario), el poder ejerce cuatro funciones: intimida, corrompe, embrutece y seduce. Ninguna de las cuatro tolera la libertad ética e ideológica, la autodeterminación individual y social. Frente al antimilitarismo militante de cada vez mayor número de jóvenes, el poder reacciona con la irracionalidad y la brutalidad que significa endurecer el régimen de la objeción, es decir, militarizarlo aún más.

Cuando el Parlamento Europeo avala un régimen de estricta igualdad entre la objeción y el servicio militar, cuando la profesionalización del Ejército (si es que debe subsistir esta reliquia autocrática propia de una convivencia de homínidos) es un horizonte necesario, cuando un servicio civil alternativo se impone como única opción digna, el Gobierno afila el cuerno de las grandes embestidas pretorianas contra objetores e insumisos.

»La consideración de la insumisión como delito es propia de un poder patológico. El Gobierno sabe que tratar a los insumisos como criminales va contra toda ética y contra toda justicia. Sabe que la penalización de la conciencia y la dignidad moral es una iniquidad y un escándalo jurídico. Pero se empeña en la imposición de la espada y de la bota, en el ejercicio del terror, en el desprestigio de un poder ayuno de legitimidad. Para colmo, el muy "progresista" ministro de Justicia Juan Alberto Belloch anuncia que se suspenderán las penas de cárcel pero se mantendrá el delito de insumisión con penas de inhabilitación para cargos o empleos públicos. Dice Belloch que los insumisos rompen el pacto social y no merecen servir a la Función Pública. Olvida así que, como afirmaba Charles Péguy, "una sola afrenta a la justicia y al derecho, cuando es legal e institucionalmente impuesta o tolerada, basta para romper todo el pacto social; y un solo deshonor, cuando es aceptado, deshonra a todo el sistema". Es el Gobierno (el último Gobierno felipista) el que ha roto ese pacto y deshonrado el sistema. Es el poder el que debe aprender una lección: el peligro no está en los objetores y en los insumisos; el verdadero riesgo para la paz y para la justicia está en los sumisos, en los voluntarios, en los sayones del poder.

»Pero éste seguirá siendo, como decía Sócrates, misántropo y misólogo, es decir, enemigo del hombre y enemigo de la verdad. Por ello, todos los insumisos deben prepararse para una lucha dura y larga. Hasta que, al menos, los insumisos encarcelados dejen su sitio en la cárcel a los corruptos, es decir, a muchos de los que decidieron que la insumisión debía ser encarcelada mientras que la corrupción campaba a sus anchas por estas tierras de desolación.»

El nuevo Código no respondió a ese negrísimo panorama. Con una prosa legal cuartelera, tipificó diversos delitos «contra el deber de cumplimiento de la prestación social sustitutoria» condenándolos con inhabilitación absoluta de ocho a doce años y multa de doce a veinticuatro meses. Esto para la «insumisión blanda». La más radical lleva aparejada prisión de seis meses a dos años e inhabilitación absoluta por tiempo de diez a catorce años. Si es en tiempo de paz. Si es en tiempo de guerra, dos a cuatro años de prisión y la inhabilitación. En la insumisión blanda se deja de ser ciudadano (como los ilotas en Atenas). En la dura, se deja de ser persona.

Pese al clamor de protesta de los movimientos y organizaciones pacifistas, de sindicatos y de ONG, el Defensor del Pueblo, siempre fiel a sí mismo y, por tanto, más defensor del Gobierno que del pueblo, no planteó recurso de inconstitucionalidad, limitándose a realizar diversas «recomendaciones» al Congreso y al Gobierno. El Tribunal Constitucional no entendió que la penalidad fuese desproporcionada o la tipificación de los delitos contraviniese los principios de intervención mínima y humanitarismo penal. Leña a los insumisos. Gloria y poder a los pretores y a los sumisos.

La penúltima exhibición de impudor ha sido fascinante. Por un solo voto no prosperó en el Congreso de los Diputados la moción socialista de despenalización de la insumisión. Cuando el PSOE estaba en el poder, impulsó los tipos penales y las condenas que hemos visto. Cuando no está, se acuerda de los insumisos. ¿Y CiU? La formación pujolista ha estado grandiosa. Propulsó en el Parlament una moción de apoyo a la despenalización de los insumisos, que fue aprobada por aplastante mayoría. Pero ahora votó en contra de la moción socialista. Como acababa de oponerse al Plan de Humanidades del Gobierno, no quería reiterar la injuria. Es lo propio de una «democracia madura»: renunciar a los principios cuando la retribución es suficiente.

Eduardo Serra celebró alborozado la derrota de la moción. Su triunfo —dijo— hubiera sido un desastre para el plan de profesionalización de las Fuerzas Armadas. Cuando éstas sean una realidad, se acabaron los insumisos en el Código Penal y en la cárcel. Los que por uno, dos o tres años sean los últimos en disfrutar las condenas del «Código Penal de la Democracia» son, sin más, delincuentes. En mucha mayor medida que los corruptos, que los corruptores y los agiotistas. Puede ocurrir muy bien que algunos jóvenes encarcelados por insumisión piensen en la enorme razón que tenía el poeta cuando definió las estrellas como «ojos de amigos muertos / que se acuerdan de la tierra».

Las últimas noticias son favorables a la excarcelación de los insumisos. PP y CiU han presentado en el Congreso una proposición de ley para que la insumisión no sea castigada, en ningún caso, con la cárcel. Sólo con inhabilitación especial de cuatro a seis años. La nueva normativa se aplicaría con retroactividad. Los insumisos abandonarán las cárceles y las cárceles a los insumisos. Seguirán siendo delincuentes, pero más pequeños. Los que creen que así cortarán el nervio de su protesta se equivocan. Nunca aceptarán como normalidad y como decencia la legitimación de la violencia.

ÍNDICE ONOMÁSTICO